本书出版获得温州大学资助

人权保障与经济发展
——规范性与功利性的双重视角

袁楚风◎著

Protection of Human Rights and
Economic Development
–Double Perspectives of
Normative and Utilitarian

中国社会科学出版社

图书在版编目(CIP)数据

人权保障与经济发展：规范性与功利性的双重视角/袁楚风著.
—北京：中国社会科学出版社，2017.6
ISBN 978-7-5203-0748-2

Ⅰ.①人…　Ⅱ.①袁…　Ⅲ.①人权法-研究　Ⅳ.①D912.704

中国版本图书馆 CIP 数据核字(2017)第 174630 号

出 版 人	赵剑英
责任编辑	任　明
责任校对	周　昊
责任印制	李寡寡

出　　版	中国社会科学出版社
社　　址	北京鼓楼西大街甲 158 号
邮　　编	100720
网　　址	http：//www.csspw.cn
发 行 部	010-84083685
门 市 部	010-84029450
经　　销	新华书店及其他书店

印刷装订	北京君升印刷有限公司
版　　次	2017 年 6 月第 1 版
印　　次	2017 年 6 月第 1 次印刷

开　　本	710×1000　1/16
印　　张	16.75
插　　页	2
字　　数	233 千字
定　　价	80.00 元

目　录

摘　　要

从历史角度而言，经济发展与人权保障在话语与实践两个方面都是分离的，但二者与第二次世界大战后的国际政治、经济秩序等方面息息相关。联合国的创立是世界人权复兴的标志。经济发展的全球化是不可逆转的趋势，它对人权保障提出了新的挑战。世界范围内，联合国及有关机构包括联合国开发计划署（UN Development Programme）和世界银行（The World Bank）是全世界关于人权与发展理论的权威机构，也是世界性的人权与发展行动者。

人权与发展是联合国宪章的两大主题，也是我国重大的理论与实践课题。人性需要是人权与发展相互联系的基点，《发展权宣言》实现了人权与发展的统一。人权与发展的事实交叉、普遍原理、共同目标、法定义务是二者相互结合的表现。人权与发展的密切关系及人权与发展长期的实践形成了以权利为基础的经济发展方式，以权利为基础的经济发展理论的国际共识主要内容包括：所有发展项目与发展政策应当促进人权实现；人权原则引导发展规划的所有部分，包括发展的分析与评估。以权利为基础的经济发展理论的实施，一方面需要通过"民主原则"矫正不合理的权力分配；另一方面需要明确国际人权法体系所规定的具体权利、权利顺序、限制与克减，实现公民权利对政府权力的控制。

人权是个人因为发展需要的要求，人权与发展结合的直接结果是权利的范围必须包括人的全面发展，也即基本权利。基本权利具有普遍性、不可分割性与绝对性三个特征。经济全球化与市场机制背景下，基本权利保障应当加强对弱势群体与边缘群体保护，同时经济权利、社会权利与文化权利成为经济发展视野中权利保障的重点。基本权利的保护必须加大国家的义务（或政府义务）和坚持权利的平等与非歧视保护。

从规范性与功利性视角而言，环境权保障、受教育权保障及适足生活水准权保障成为以权利为基础发展经济、经济发展视域中权利保护的典型代表。人权、环境与发展问题是发展中国家经济与社会的重要课题，也即理顺人权、环境与经济发展关系问题。经济发展计划的最终目标是人的发展，从而将人纳入其过程成为可能，也即以权利为基础促进义务教育，它的核心内容是：人被赋予了权利，成为经济发展计划的核心内容，而不是福利或发展目标的对象，从而使权利人的请求与义务承担者政府的义务成为教育权保障的中心问题。适足生活水准权的实现为目前民生保障的实现原则、内容、标准等相关方面提供了新视角。"民生"其实是"民权"，否则民生会变成慈善。适足生活水准权应当及于每个人，在实践中，部分群体包括妇女、儿童与少数民族等特殊群体应当给予特别的关注。

关键词：人权保障　经济发展　规范性　功利性

Abstract

Historically, development and human rights have existed entirely separately, at the levels of both discourse and practice. Since the General Assembly the United Nations proclaimed its Universal Declaration of Human Rights on 10 December 1948, the concept of human rights has become one of the most potent in contemporary politics. In historical perspective, this fact is astonishing. A concept not long ago discredited has made a remarkable revival, and a concept widely perceived as Western has become global. It is precisely when human rights campaigning and organizing for long term political and economic change is linking to field work that the strongest impact in terms of creating rights-based social guarantees can be achieved. As a result, the rights community has to build the bridges to the development community. Economic globalization is an inevitable trend, the struggle for economic and social rights is likely to become increasingly important in the era of globalization, and this struggle will be hard. Looking at both UN theory and actions of UN Development Program (UNDP) and the World Bank, this article will show those.

Human rights and development are two central themes of the United Nations Charter, which are also Chinese Significant topic. It is critical factor for scientific development to properly understand and apply the relationship between human rights and development because development cannot define itself. Human rights and development is demonstrated by the social attributes of human and natural properties, and basic needs are the junction point for them. Human rights and development are connected by Declaration on the Right to Development. There are ' three levels' at which this interrelationship can be identified: Factual overlap; common principles and legal obligations. The relationship between human rights and development provides a rule to judge and monitor development, in order to achieve the mutual promotion of human rights.

A rights-based approach to development embodies the value choice and development strategy, is the result of traditional ways of development. The notion of sustainable development can indeed be deemed an aspect of the rights-based approach to development. A Common Understanding of the human rights based approach to Development: All programs of development, policies should further the realization of human rights, and human rights standards and principles guide all development programming, including analysis and assessment. Analysis and assessment focus on the relationship between rights-holders and duty-bearers, and a rights-based approach to development is the integration of human rights principles and development. Democracy is most important measure for development, and based on the freely expressed will of the people and their full participation in all aspects of their lives. Democracy aims to empower the people in order to avoid economic and political disadvantage interact in a vicious rights-abusive cycle by addressing the asymmetries of power in the development process, and democracy is inherently attached to the question of governance. A rights-based approach to development embodies good governance, and which is stressed in development policy. Good governance is favorable to the efficient use of resources, and also reduces poverty in developing countries. Legal foundations on a human rights-based development are to outline the legal elements involving the interrelationship between human rights and economic development: the international bill of human rights in development; the link between economic and social rights and civil and political rights; the rights subjected to restrictions, derogation; democratic society; human rights law obligations; self- determination.

The concepts of human rights and development are expanding and converging. Human rights are the claims of an individual to what is required for development, and development is process of actualizing what is believed to be good. An immediate consequence of integration of human rights into development is that the range of rights must encompass the whole of human development, which arefundamental rights. The distinction between the existence of a right and its exercise is essential in preserving the inalienable and universal nature of rights in a word of change and variety. All fundamental rights are absolute, universal and inalienable, and the nature of fundamental rights decides the content and ways of the realization of duty. Categories and scope of State obligations arise from the protection of human rights. Two categories of obligations may be identified positive and negative obligations, and three categories of obligations have been identified in this regard, the duty to respect, the duty to protect, the duty to fulfill, which also provide implementation ways of state obligations. Equality and Non-Discrimination are often described not only as a right but also a principle, which have also been described as the positive and negative statement of the same principle. Formal equality and substantive equality are the content of equality, and they are in the same important position. Non-Discrimination and positive action need state obligations, but Anti-Discrimination is also higher dimensions. For the law of international human rights protection, State Obligations may be identified obligations to respect, obligations to protect and obligations to fulfill. Obligations to respect economic, social, cultural Rights are to respect the freedom of rights holders, and the African commission on human and peoples' rights and European convention on human rights give us good examples of the implementation of economic, social, cultural Rights. In addition obligations to fulfill can be finished by legislation, regime and procedure and so on.

Human rights, environment and development appear to be the prime issues for the developing countries. The right to development redefines development, which has a potential to make significant contributions to economic development. The Draft Principles set out in the Annex to the Right of the United Nations Special Rapporteur on Human rights and Environment set out a key general concept forenvironmental protection and economic development. Environmental assessment, the right to information and the right to public participation derived from the right to environment are very important to development projects. Such will lead to the right to environment-Based Approach to development and sustainable economic development.

Development programming, with its focus on the notion and ultimate goal of human development, affords tremendous potential to integrate human rights into its process. A rights-based approach to development programming has the ability to practically infuse the goal of human development with a set of internationally endorsed duties and claims. In recognizing persons as subjects with claims rather than as objects of welfare or development targets, the rights-based approach to development programming empowers persons to become active agents in articulating their needs.

The enjoyment ofthe right to an adequate standard living depends on a combination of efforts by the subsidiary principle, state obligation and equality and non-discrimination as overarching principle. The components of the right to an adequate standard living are the rights to food, housing, and health. The requirements for it are following: availability, accessibility and acceptability. And the right to an adequate standard living is closely linked to other human rights, such as the rights to social security and civil and political rights.

Key Words: Human Rights Protection; Economic Development; Normative Perspective; Instrumental Perspective

导　论

一　问题的提出及选题背景

曾听过这样一个故事。说是有位记者跑到贫困山区，看到一个男孩在山坡上放羊，便过去问他："你为什么要放羊啊？""攒钱娶媳妇。"男孩回答。"娶媳妇做啥呀？"记者又问。"生娃。"男孩又答。"生娃干什么？"记者再问。"放羊！"男孩干脆地回答。有的人可能会觉得这个娃可怜，有的人说记者吃饱了没事干，说真的，一千个人心中有一千个哈姆雷特。[①] 放羊、挣钱、娶媳妇、生娃、又放羊、又娶媳妇、又生娃，如此循环往复。从人权与发展角度解读，放羊娃的受教育权受到损害，过度地放羊攒钱无疑是不可持续发展；人权受损导致不可持续的发展，从而形成恶性循环。那么人权保障与经济发展能否实现良性循环？人权促进发展，发展为了实现人权？人权与发展问题曾面临过这样的尴尬，在联合国相关的理论与实践当中，关于人权与发展的关系长期没有得到明确界定：人权与发展是否为两个相互区别的概念、人权在可持续发展中的功能与位置、发展实践中人权的位置、如何实现发展活动，等等。

正如学者言：人权与发展是当今世界的两大主要议题。2006年联

---

① 厦门大学研究生院优质学位课程教学平台：《放羊娃的故事》，http：//yjsy. xmu. edu. cn/CN/admin/NotImplemented. aspx? ItemID = 979&nListId = 14255，最后访问时间：2013年3月16日。

合国人权理事会成立，与经社理事会、安全理事会并列，这表明了国际社会对人权问题的重视，把人权看成与发展、安全同等重要的议题。……发展成为压倒一切的声音，而人权之声却微弱得多。这已影响并将继续影响中国经济的可持续发展和人权的充分保障。因此，如何正确认识和处理好人权与发展的关系，确保人的尊严的同时实现经济社会全面协调可持续发展，是当前我国面临的重大理论与实践课题。①

人权对不同的人意味着不同的东西，从街边妇女到联合国人权事务高级专员，从人权活动人士到政府官员，我们中的每一个人都有一个关于人权起源、人权目的与人权功能不同的人权概念。《世界人权宣言》第1条规定：人人生而自由，在尊严和权利上一律平等。第18条规定：人人有思想、良心和宗教自由的权利；此项权利包括他的宗教或信仰的自由，以及单独或集体、公开或秘密地以教义、实践、礼拜和戒律表示他的宗教或信仰的自由。我们如何定义这些宗教否认所有人权利平等的宗教信仰自由权呢？如果一些人权的实施需要违反其他人权，我们又如何去理解人权？很多情况，人权实施问题不在于缺乏政治意愿或政治利益冲突，而在于一个人的人权实施可能需要违反另一个人的人权，或者保护一个人的权利可能需要违反另一个人的相同人权。举例来说：如果一个宗教群体，禁止它的成员基于宗教信仰原因改变他们的宗教，这样，这个宗教群体的宗教信仰自由与想改变宗教信仰成员的权利矛盾。因而，人权保障存在权利自身的困扰。

另外，对于发展中国家而言，人权保障与基本需要相联系。基本需要的实现是指所有社会成员的最低水准的基本需要的满足。"朱门酒肉臭，路有冻死骨"说明，社会即使社会必需品极大丰富，但每个人的基本需要并不一定能实现。同样，难民营里的难民，即使食物极大地满足了他们的需要，但并不意味难民的食物权得到实现。因为基本需要只有提升为权利，基本需要的实现才会是持续的，需要的获取

①　龚向和：《和谐社会构建中的人权与发展》，《法学杂志》2008年第2期。

才能成为请求并有明确的义务主体确保实现。可见，人权保障与经济发展相联系，但经济社会发展并不必然导致人权保障。

在中国这样一个大国，存在东、西部经济发展与城乡经济发展不均衡、人均水准不高的情况下，人权保障特别是经济权利、社会权利与文化权利要依赖经济的发展。不可否认市场机制是目前创造财富最有效的机制。市场是社会机构旨在用于提高经济效益的一种方式。在给定数量的资源条件下，与其他方式相比较，以生产和分配为特征的市场系统的顺利运作能更大输出商品和服务。但市场培养的是效率，不是社会平等和社会所有成员个人权利的享有。为了取得集体利益的效率，市场不是确保每个人得到关怀与尊重，而是系统性地剥夺部分个人。市场对增长的贡献没有必然或设计为考虑个人需要与个人权利。因此，市场化、经济全球化与经济权利、社会权利保障并不完全一致。人权保障的难题既有权利本身的困扰，又必须面对一个多样的经济发展社会。

发展的概念来源于经济学领域。发展最初主要是被看作经济问题，最早的关于发展的著作基本上由经济学家所写。"联合国的早期历史清楚表明，'发展'实质是指国家宏观调控的经济增长。"① 发展的概念经历了一个渐进的过程，大概始于1972年联合国在斯德哥尔摩举行的人类环境会议，② 发展形成这样的概念，追求经济增长与生态保护相结合，这是发展概念的关键性融合，形成可持续发展理念。"可持续发展的一般解释是，发展是指经济增长，要求经济增长方式不得恶化后代的生存环境。"③ 可持续发展具有社会维度，这一点取得了广泛共识。最后，发展成为源于经济增长、具有社会维度的一个多方位概念。

发展是人类所面临的一个最重大的挑战，同时，也是一个永恒的

---

① John O'Manique, "Human Rights and Development", 14 *HUM.RTS.Q.*78 (1992).

② Conference on the Human Environment, Signed 3 July 1972, U.N.Doc.A/CONF.48/14 (1972).

③ Thomas G. Weiss et al., The United and Changing World Politics 173-227 (1994).

主题。随着广大第三世界国家经济发展实践的不断丰富和深化，人们对于经济发展概念的认识和理解也在发生着深刻的变革，目前，发展理论已成为世界各国和学术界长期关注的一个重要研究课题。① 然而，人权与发展相互联系、相互作用，密不可分的关系在理论与实践当中没有得到重视，长期处于分割状态。"在很长一段时间内，人权与发展在两条互不搭界的轨道上运行。在联合国及绝大多数国家的实践中，二者被分别对待。人们为二者分别设立了单独的制度和不同的程序之后，不同的专业人才开始各站一方。"②

2000 年 9 月，世界各国领导人在联合国千年首脑会议上就消除贫穷、饥饿、疾病、文盲、环境恶化和对妇女的歧视，商定千年发展目标。人权与发展密不可分的关系逐步得到联合国及其成员国的认可，并在人权保障与经济发展过程中得到运用。"历史经验和教训从正反两个方面，促成人们日益深化对人权与发展辩证关系的认知：一方面，偏离人权保障方向的发展很可能误入歧途，背离人权保障目标的发展注定是没有前途的，而以牺牲人权为代价的发展则肯定是不道德的；另一方面，离开发展支持的人权保障如同无源之水，未融入发展行动当中的人权保障无异于纸上谈兵，而与发展消极对立起来的人权保障恐怕只能成为空中楼阁。"③

由此可见，人权与发展问题的研究具有重要的理论与实践意义。因而，本书将"人权保障与经济发展"作为写作主题。

二　文献综述

人权保障与经济发展问题并不是人权问题与发展问题的简单相加

---

① 常江：《经济发展理论研究综述》，《社会纵横》2007 年第 5 期。
② 龚向和：《和谐社会构建中的人权与发展》，《法学杂志》2008 年第 2 期。
③ 罗豪才：《通过科学发展提升人权保障水平》，《人权》2010 年第 6 期。

或重叠。人权保障与经济发展问题在国际话语体系中，又可简称为
"人权与发展"。只是前者着力凸显权利的保障与经济发展之间的关
系，并在此基础上实现人权保护与经济发展。由于中国对人权问题认
知的历史原因，国内对于人权与发展的研究成果并不多见。人权与发
展问题尤其是发展问题得到广大发展中国家的关注。但对于发达国家
而言，他们更加关注人权问题。而人权理论又存在巨大的分歧，对于
西方而言，传统的人权是指公民权利与政治权利；发展中国家则长期
关注经济权利、社会权利与文化权利。人权的实施又处于资本主义操
控全球的世界，西方理论界对于人权与发展并不十分热衷，即便有所
研究，关注的对象只是发展援助与发展项目的操作。因此，总体而
言，人权与发展问题研究资料相当匮乏。

国外关于人权问题研究成果可谓汗牛充栋，发展问题研究的成果
在数量上次之。相比于人权与发展问题的双向研究，国内关于人权问
题与发展问题的单个研究无论在量还是质方面都超过了前者。但人权
保障与经济发展问题的研究的大背景是以二者存在相互联系、相互影
响与相互融合的关系为条件。因此，相对而言，资料查找的范围大大
地缩小了。

（一）国内关于人权与发展问题的研究

1. 关于人权与发展的关系问题研究

罗艳华认为："人权与发展的关系实际是这样的：经济发展—人
权—经济进一步发展。现在发达国家与发展中国家的斗争实际上是双
方从各自不同的发展阶段出发，对如上三个阶段的关系给予了不同的
侧重。但从根本上讲，经济发展是享受人权的前提保证。"① U. O. 乌
姆祖里克在《人权与发展》一文中指出，没有人权就没有发展。人们
要想获得高度的发展就必须享受发展成果，限制对发展成果的享有势

---

① 罗艳华：《如何看待人权与发展的关系——后冷战时代南北方斗争的焦点之一》，
《世界经济与政治》1996 年第 8 期。

必阻碍发展。① 金纬亘认为，发展的要义必须是促进人的全面发展，必须是人民充分而自由享有人权的发展。要实现这种发展，必须建立和完善保障人民充分享有权利的民主法治机制。人权的现实境界——人的全面发展的程度——既体现一个社会的文明发展程度，反过来又促进社会的加速发展。② 肖巍与钱箭星认为：对于包括中国在内的广大发展中国家来说，个人权利固然重要，但如果没有集体维护的生存权、发展权，或者说消除贫困、促进发展的权利，其他人权就也无从谈起。发展又必须是可持续的，发展必须兼顾同样被规定为权利的环境权，关注有关环境的代内公平和代际公平问题。③ 张晓玲认为，人权与发展是相互依存、相辅相成的关系。人权的普遍实现，离不开发展。发展离开了人权也会失去方向和意义。人权作为目标、内容和标准对发展提出了新的要求。④ 关于人权与发展关系问题，国内学者首次进行较为详细论述的当属龚向和教授，他指出，"人权与发展是当今世界的两大主要议题，构建和谐社会必须处理好人权与发展之间的关系。人权与发展是和谐社会的两大巨轮，彼此依存、相互促进；人权既是发展的目的又是发展的手段；而通过以人权为基础的发展方法，发展实质上成为扩展人权的过程"⑤。

上述研究及其结论可以概括为：（1）人权与发展相互依存、相辅相成；（2）人权与发展紧密联系、不可分割；（3）人权与发展可以相互促进，实现良性循环；（4）人权与发展问题当中的第三代人权，如集体权、环境权保障具有现实的迫切性。

2. 基于人权保障的经济发展问题研究

这方面国内研究甚少涉及。夏民、刘红军、甘德怀在《权力经济

① U. O. 乌姆祖里克：《人权与发展》，黄语生译，中国知网。
② 金纬亘：《论人权与发展》，《江西社会科学》2002 年第 12 期。
③ 肖巍、钱箭星：《人权与发展》，《复旦学报》（社会科学版）2004 年第 3 期。
④ 张晓玲：《论人权与发展的关系》，《太平洋学报》2008 年第 11 期。
⑤ 龚向和：《和谐社会构建中的人权与发展》，《法学杂志》2008 年第 2 期。

与权利经济比较分析》一文中认为：计划经济是权力经济，在这个体制下，政府表现为全能政府。而市场经济是一种权利经济，在这种体制下，政府为有限政府。从权力经济走向权利经济，要求政府转换职能，建立权力的制度化机制。[①] 常健的《市场经济与权利规范》认为：权利是以肯定方式限制主体自由的社会规范，在从计划经济体制向市场经济体制转型的过程中，权利规范将从严格限制个人的自由权利，转向充分肯定个人平等享有的自由权利，同时社会对个人生活的全面和平均的保障方式将相应改变，个人需要为自己的选择承担风险和责任；权利规范的这种转变要求在社会生活的各个方面对个人的自由权利予以平等的尊重和充分的保护，同时要求个人独立地承担起与自由权利相联系的义务和责任。[②] 郭熙保认为：中国经济的成功模式概括为，增长优先、沿海先行、投资驱动和出口鼓励四个方面。这种模式在产生巨大成功的同时也带来了严重的问题，这种发展模式必须转变为：增长优先型应转为增长与公平并重，沿海先行转为平衡增长，投资驱动转为消费驱动，出口鼓励转为出口中性，实现模式转换需要树立科学发展观的理念，抛弃增长中心主义的思路，加快体制改革步伐和实施新的政绩考核体系。[③]

上述研究主要阐明了以下论点：（1）计划经济向市场经济转向的本质是权力经济转变为权利经济，要求实现权利对权力的控制；（2）中国经济发展方式带来了成功的同时也存在诸多挑战，需要新的发展方式，从而实现发展转型。

3. 经济发展视域中的人权保障问题

匈牙利著名经济学家科尔内曾把社会主义国家的经济概称为短缺经济，他指出，短缺是社会主义经济学的一个中心课题，短缺在理解

---

① 夏民、刘红军、甘德怀：《权力经济与权利经济比较分析》，《淮阴师范学院学报》1999 年第 2 期。

② 常健：《市场经济与权利规范》，《教学与研究》1999 年第 11 期。

③ 郭熙保：《论中国经济发展模式及其转变》，《当代财经》2011 年第 3 期。

社会主义经济的许多问题中所起的作用如同失业在描述资本主义经济中所起的作用一样重要。① 邱本同样认为，社会主义国家的经济作为一种短缺经济从根本上说是短缺权利。对中国的经济而言，正是因为短缺权利，才走过了跌宕起伏、缓慢曲折的发展历程，也正是因为短缺权利，才制约着当今持续发展的进程。从根本上说，中国的经济是一种短缺权利的经济。② 王文燕认为，权利本位是市场经济的客观要求、法治是实现政府权力与公民权利平衡的均衡点，使公民和企业的自由权利得到恢复和保障，从而推动市场经济的发展，最终实现社会公平与正义。③ 付子堂与常安的《民生法治论》认为，全面落实依法治国基本方略，必须深化研究民生法治理论。和谐社会以民生为本，而法治作为基本的治国方略，对于破解当代中国社会转型期的民生难题，有理由也有可能做出自己的独特贡献。一方面，法治的实践性品格要求其必须回应转型期中国的民生难题；另外一方面，法治在破解民生难题方面也具有自己的独特优势。民生问题从表面上看是一个社会、经济问题，但其实质，则是一个典型的权利问题。而权利正是法治的要义所在。法治关注民生、构建民生法治是解决民生问题必由之路。④

以上研究主要反映了以下论点：（1）权利短缺成为制约中国经济发展的原因；（2）市场经济必须确立权利本位；（3）民生问题是民权问题，其实是中国目前经济发展过程中的权利保障问题。

（二）国外关于人权与发展问题的研究

1. 人权与发展关系问题

1998年诺尔贝经济学奖获得者阿玛蒂亚·森把"发展"定义为

---

① ［匈］科尔内：《短缺与改革》，荣敬本、邱树芳、刘吉瑞译，黑龙江人民出版社1987年版，第18页。

② 邱本：《短缺权利的经济》，《江海学刊》1998年第6期。

③ 王文燕：《论市场经济中权利与权力的平衡》，《山西经济管理干部学院学报》2009年第1期。

④ 付子堂、常安：《民生法治论》，《中国法学》2009年第6期。

人的能力的扩展与实质性的人的自由，经济的发展就其本性而言是自由的发展，这是国外学者对人权与发展关系问题最为突出的论述。阿玛蒂亚·森的《以自由看待发展》认为发展就是扩展自由，论述了一种特定的发展观：自由是发展的首要目的，自由也是促进发展的不可或缺的重要手段，对发展问题提出了一个以"自由"来概括的新视角。同为诺尔贝经济学奖获得者阿罗认为《以自由看待发展》广泛地阐述了这样一个概念：经济发展就其本性而言是自由的增长。① 阿玛蒂亚·森关于发展的观点为联合国的发展工作提供了有益的启示。《以自由看待发展》在理论上消融了人权与发展的壁垒，为人权与发展提供了理论与实践经验方面的支持。

此外，美国学者唐纳利运用实证方法，以巴西、韩国的案例论证了《发展与权利的相互交换：需要与平等》与《发展与权利的相互交换：政治压制》的相关理论与结论。他从实证的角度，论述了巴西"成功"的悲剧，巴西经历了经济增长的奇迹高峰期，但在巴西，穷困、不平等和压制又系统地相互强化。因此，他认为：单是经济增长率本身还并不能保证民众更多地享有经济和社会权利。增长的好处不会自动地、有保证地、大量地回流到穷人手中，而收入和平等不是人均国民生产总值达到相对高水平后的自然结果，如果经济官僚、政治精英地位牢固，并确信自己掌握着不受来自下面的政治制约的行动权的话，情况尤其如此。②

2. 人权保障与经济发展问题研究

Peter Uvin 所著的《人权与发展》(*Human Rights and Development*)③，从人权实践者与发展援助角度出发论述了人权与发展的一般

---

① ［印度］阿玛蒂亚·森：《以自由看待发展》，任赜、于真译，中国人民大学出版社 2002 年版。

② ［美］唐纳利：《普遍人权的理论与实践》，王浦劬译，中国社会科学出版社 2001 年版，第 199 页。

③ Peter Uvin, *Human Rights and Development*, Kumaria Press, Inc. , 2004.

性问题。例如，他从发达国家对发展中国家的援助角度论述了以权利为基础的发展及发展援助的政治条件、发展面对的挑战等问题。Philip Alston 与 Mary Robinson 主编的论文集《走向相互增强的人权与发展》（*Human Rights and Development：Towards Mutual Reinforcement*）①从社会权利与经济权利、土地权与妇女授权、童工与受教育的机会、法律与司法改革、私营部门促进人权的角色、发展计划与人权结合的过程、世界银行与人权几个方面论述了人权与发展的相关问题。Harris 与 O'Boyle 及 Warbrick 所著的《欧洲人权公约法》（*Law of the European Convention on Human Rights*）②论述了欧洲对于人权保护的基本方法与原则。Hilkka 与 Grainne 等多位作者所著的《人权法》（*Human Rights Law*）从实践角度论述了人权保护的有关理论与经验。③

与国内有关研究相比较，上述研究具有鲜明的特点：（1）从论证方式而言，是典型的规范论证方式，通过案例、法条与国际文件概括出一般的理论与结论；（2）内容广泛且丰富，从经济发展角度而言，涉及经济全球化过程中跨国公司的人权义务；从权利保障角度而言涉及司法改革、少数人权利保障，如妇女、儿童等；（3）凸显了人权与发展的实践性质。这些著作为人权与发展问题的研究提供了理论支持与多方面的启示。

3. 联合国及其机构关于人权与发展问题的理论与实践

联合国及有关机构包括联合国开发计划署（UN Development Programme）和世界银行（The World Bank）是全世界关于人权与发展理论的权威机构，也是世界性的人权与发展行动者。2003 年联合国机构

---

① Philip Alston, Mary Robinson, *Human Rights and Development：Towards Mutual Reinforcement*, London：Oxford University Press, 2005.

② Harris, O'Boyle ＆Warbrick, *Law of the European Convention on Human Rights*, Oxford University Press, 2009.

③ Hilkka, Grainne, *Human Rights Law*, Oxford University Press, 2011.

在一次研讨会上设定了以权利为基础发展的一般原则与要素，相关内容可见《基于人权方式的发展合作：联合国机构共同理解》，这也称作以权利为基础发展的共识。共识要点包括：（1）所有合作发展项目、发展政策与技术援助应当促进《世界人权宣言》和其他批准生效的国际人权公约所规定人权的实现。（2）《世界人权宣言》和其他批准生效的国际人权公约所规定人权标准引导发展规划的所有部分。（3）发展合作为了义务承担者能力发展能够满足他们履行义务或者权利持有人的请求。从而，最终形成了以权利为基础的经济发展理论。①

（三）目前国内相关研究的局限

目前国内对人权与发展问题，众多学者从法学、经济学、政治学与哲学角度进行了多方面的探讨，成就巨大，但通过上述颇具代表性的著作与论文分析，仍然存在局限，主要表现为：

1. 人权与发展关系的界定仍然是粗线条，人权与发展相互联系与相互作用的关系需要进一步研究，否则，人权与发展的关系问题研究会流于形式与口号，不能合理推导出人权定义发展、人权监控发展与人权促进发展的结论与依据，进而落实人权与发展的相互推动作用，为人权保障与经济发展提供理论支持与实践经验。部分研究者仍然从意识形态的立场出发论证人权与发展问题，政治挂帅、斗争第一。或许从国际层面而言发达国家与发展中国家在人权与发展问题上存在分歧与斗争，但不可否认人权的普遍性、不可分割性与相互依存性。第二次世界大战后，人权并没有只是倒向资本主义。由于历史等诸多方面的原因，人权受到长期排斥，国内人权研究仍然处于初级阶段。总体而言，国内人权的研究特别是对于基础理论的探索是比较少的。

2. 人权保障问题。由于人权基础理论研究的薄弱又导致了对权利

---

① The Second Interagency Workshop on Implementing a Human Rights Based Approach in the context of UN reform (Stamford, Connecticut, 3 - 5 May 2003): The Human Rights Based Approach to Development Cooperation: Towards a Common Understanding among UN Agencies (Statement of Common Understanding).

问题认识与理解的混乱。中国已经进入小康社会，生存权与发展权是否仍然是首要人权？集体权利是否优于个人人权利？在经济全球化与市场化背景下，权利保障的原则是什么？权利保障重心在哪里？发展经济是否可以成为否认或暂停人权的理由？经济社会发展是否成为实现人权的前置条件或经济发展就会自动实现人权？相关权利实现是否存在顺序？这些问题仍然有待深入探讨。

3. 经济发展问题。人权基础理论的薄弱导致人权保障理论的混乱，同样表现在经济发展方面。当前如何实现"发展"或称之为"科学发展"，成为我国迫切的理论与实践课题。但发展由于自身的特点，并不能自我定义是否科学。众多论著从循环经济、低碳经济、区域经济、转变政府职能、善治等角度探讨中国目前经济发展的转型与民生问题。然而，离开人权保障方向的经济发展必然误入歧途。目前中国经济发展理论与实践有意或无意地绕开了人权保障话题，更遑论人权原则在经济发展中的运用与指导。国际理论与实践经验显示，只有以权利为基础的发展才能真正实现经济发展的转型、找出民生问题的解决方法。

本书正是围绕上述不足对以下几个问题进行理论与实践方面的探究：（1）人权与发展关系的相关问题；（2）以权利为基础的发展；（3）经济发展视域中的权利保障；（4）当前关于人权与发展最为迫切的现实问题。

三　研究方法

功利主义是一种规范伦理，亦被称为后果论，本质是将行为的后果或遵循行为规则的后果能否有助于所有当事人功利（快乐、安康、利益、益处、效用、偏好与幸福）总量的最大化视为其是否合乎道德的标准。因此，判断某一行为或规则的道德性时，不是依据其自身的性质，而是基于其所导致的预期或事实上出现的后果，即对普遍福利的贡献度。"功利主义曾经被评论为狭隘庸俗的市侩哲学，这在相当程度上误解或忽视了它的理论长处：在复杂情境下，功利主义的判定标准直白易懂、简单便利；功利主义只对结果敏感，而不一味依赖形而上学命题，多少可以回避规范性理论所面临的难题；功利主义作为一种务实的理论，对结果的关注使其不受习俗和教条的束缚，表现出乐于社会改革和进步的倾向。"[①] 这就是功利主义者信奉的所谓的"最大幸福原则"。在西方法律思想史上，功利主义对法学价值判断与法学分析方法产生了相当重要的影响。

　　法是调整人们行为的一种社会规范，规范主义已经成为法学研究的重要方法。"规范主义是指这样一种法律的思想倾向：法律只能存在于一个封闭的、等级森严的规范体系的形式之中，这个规范体系包含着普遍化了的行为的预期强制，既含有对可行行为的期待，又预示对非如此行为者的威吓与可能的惩戒。"[②] 法不仅仅是因为规范性而得到有效遵守，规则与原则作为法的规范的构造结构蕴含了丰富的法律思想，如法的道德性、法的功利性。因此，法的规范性研究同样为法学分析与价值追求提供了合理视角。

　　这就是说，规范性研究与功利性研究为人权保障与经济发展问题研究提供了理想视角，原因是：一方面，在人权保障领域，人权概念因为国际人权法或国内人权法成为人权规范；另一方面，从功利角度而言，人权保障能够促进经济发展，如受教育权保障，经济发展又有利于人权保障，如经济增长对经济权利、社会权利与文化权利的作用。人权保障与经济发展问题在研究方式上实现了规范性与功利性两个视角的契合与相互补充。本书关于人权保障与经济发展问题论证采取了以下方法：

　　[①] 刘雪梅、顾肃：《功利主义的理论优势及其在当代的新发展》，《学术月刊》2007年第 8 期。

　　[②] 葛洪义：《规范主义·概念主义·国家主义（上）——评我国法概念研究理论框架的逻辑实证倾向》，《政治与法律》1989 年第 8 期。

1. 规范性视角，或称作规范性研究。规范性人权保障理论认为，人权概念已经转化为人权规范，人权保障应当以人权规范为基础，国际人权公约与人权法构成了援引法律与道德义务；由于人权与发展存在不可分割的紧密联系，因而人权保障成为发展实施框架的必要部分。以规范性人权保障为基础的理论所反映的事实是人权是目的。人权的固有价值及人权在国际与国内法律体系日益增长的广泛表达，意味着人权在经济发展工作中必须得到专门的、明确的考虑。因此，人权具有规范性地位，不能在经济发展政策的选择过程中被交换。

规范论证的方式以联合国及相关机构的有关文件、共识作为理论支撑，以国际人权公约或地区人权公约作为人权论证规范。这样一方面避免因为人权概念的不同理解陷入政治争执或意识形态的纷争；另一方面避免了臆测，使结论或分析显得更加客观，期待能够得出一般性的理论与经验。在国际层面，人权规范来源于联合国体系内的人权公约及其批准生效承担人权义务的国际公约，如《联合国宪章》《世界人权宣言》《公民权利与政治权利国际公约》《经济、社会与经济权利国际公约》。

2. 功利性视角，或称作功利性研究。（1）以功利性为基础的经济发展理论动因在于确信"经济发展"能实现减少贫困的目标或防止暴力、维护社会稳定，从而能产生更有成效的发展规划，能够为权利保障提供有利条件。（2）以功利性为基础的权利保障理论认为，权利保障能够为经济发展提供推动力，从而导致更好的发展规划，似乎更加全面地激发发展行为者各方面的兴趣。这种理论利用人权思想与人权活力，帮助那些被抛弃和被遗忘的人或者强化参与方式，授权人们作为发展方实现他们自己的发展，通过民主原则矫正权力分配，加强政府机构的义务。

3. 人权保障与经济发展的规范性研究与功利性研究的区别与联系。从规范性视角而言，人权得到保障是因为人权概念已经转化为人权法规范，人权必须得到尊重。《世界人权宣言》《公民权利与政治权利国际公约》与《经济、社会与经济权利国际公约》所列举的权利都是普遍的、不可分割、相互依存，公民权利、政治权利、经济权利、社会权利与文化权利构成了一个整体的权利，都必须得到保障，这是绝对的。人权保障促进了经济发展或经济发展为人权保障创造条件是基于功利的视角，并不影响也不能影响所有人权的保障，从这一角度而言，功利性是相对的。例如：国外学者唐纳利研究认为，政治压制不是发展经济的前提。阿玛蒂亚·森认为，有证据表明尊重公民权利、政治权利与经济增长之间正面或负面的关联度都不大，违反这些权利不是经济增长的必要条件。这样对于功利主义者而言，尊重公民权利、政治权利变得可有可无。而规范研究会认为，公民权利、政治权利必须得到保障，因为公民权利、政治权利是国际人权体系的人权法规范，国家作为人权义务的主要承担者，必须尊重、保护与实现所有权利。因此，对人权保障而言，规范性是基础，功利性是补充。对于人权保障能够促进经济发展或经济发展有利于人权保障的功利视角，有利于提高各方面的兴趣，为人权保障创造条件。也就是说，这两种研究方式有同一性也有差异性。

以上是本书相对突出的论证方法，但并不排斥其他论证方法，如实证方法。

四　本书的架构及基本思路

本书整体上分为导论、正文和结语三个部分。

正文部分共包括四章：

第一章论述了"人权问题与经济发展问题的历史沿革"。21 世纪人权及权利相关问题又与第二次世界大战后的国际政治、经济秩序等方面息息相关。联合国的创立是世界人权的复兴标志。关于人权的代际理论、人权异议与人权干预仍然是 21 世纪的人权议题。从历史角度而言，经济发展与人权在话语与实践两个方面都是完全分开的。但长期的政治与经济变化、人权实践必然会产生以权利为基础的经济发展方式。因此，人权保障与经济发展的相互联系、相互结合是必然的结果。经济发展的全球化是不可逆转的趋势，它对于权利保护提出了新的挑战。联合国开发计划署和世界银行是全世界关于人权与发展理论的权威机构，也是世界性的人权与发展行动者。联合国及有关机构的相关文件与共识为我们提供了客观、公正的人权与发展问题的相关理论。

第二章论述了"人权保障与经济发展：以权利为基础的经济发展方式"。人权与发展是联合国宪章的两大主题，也是我国重大的理论与实践课题。人性需要是二者相互联系的基点，《发展权宣言》实现了人权与发展的统一。人权与发展相互联系与统一为判断、监控发展提供了标尺，从而实现了人权与发展的相互促进、双边加强。在此基础上，联合国达成了以权利为基础的发展理论的共识。以权利为基础发展理论的实施：一方面需要通过"民主原则"矫正不合理的权力分配，从而避免弱势群体因为经济贫困与权利贫困陷入恶性循环；另一方面需要明确国际人权法体系所规定的具体权利，经济权利、社会权利、文化权利与公民权利、政治权利二者的相互关系，权利顺序、限制与克减，实现公民权利对政府权力的控制。本章第一节"人权与发展的关系基础"对人权与发展为什么产生联系进行具体论证。第二节论述了以权利为基础发展的具体内容、评估与实践。第三节"以权利为基础的经济发展的民主原则"为实现"以权利为基础发展"提供了条件，并分析了政府"善治"的作用与局限性。第四节"以权利为基础的发展的法律问题"集中探讨了"发展经济是否可以成为否认或暂停人权的理由，经济社会发展是否成为实现人权的前置条件或经济发展就会自动实现人权，相关权利实现是否存在顺序"等相关问题。

第三章论述了"人权保障与经济发展：经济发展视域中的权利保护"。人权与发展结合的直接结果是权利的范围必须包括人的全面发展。因此，在经济发展过程中的人权保障必然产生一个基本权利群体。市场经济背景下的基本权利保障，必须加大国家的义务，特别是有关经济权利与社会权利方面的保护，同时必须坚持权利的平等与非歧视保护。本章第一节"人权、经济发展与基本权利"论述人权与发展相结合所产生的基本权利的内容及基本权利的性质。第二节"基本权利保障的国家义务"探讨了国家义务的范畴、基本权利的限制及其限制的技术，即权利保障的国家义务原则，同时论述了关于经济、社会与文化方面基本权利的国家义务。第三节"基本权利的平等与非歧视保护"论述了基本权利的保护原则，即平等与非歧视原则。

　　第四章论述了"人权保障与经济发展：从理论到实践"。举例论证了环境权保障、受教育权保障及适足生活水准权保障。这是因为从实践方面而言这个三个权利的保障正是中国现实社会的迫切需要，从理论方面而言又正好体现了规范性与功利性的双重视角，具有典型代表性。本章第一节"环境权保障：环境保护与经济发展"论述了环境权与经济发展关系问题，环境权的环境评估、知情权与公众参与权对经济发展的计划与项目具有重要的现实价值。第二节"受教育权保障：义务教育与人性尊严"着重分析了以权利为基础促进义务教育的方式、内容与途径。第三节"适足生活水准权保障"论述了市场经济背景下弱势群体及少数人权益保障的内容及其途径。适足生活水准权应当及于每个人。在实践中，部分群体因为他们自身的脆弱性，很容易受忽视，应当给予特别的注意，这类群体包括妇女、儿童与少数民族等特殊群体。

第一章

人权问题与经济发展问题的历史沿革

人权对我们而言不是陌生的概念，但 21 世纪人权及权利相关问题又与第二次世界大战后的国际政治、经济秩序等方面息息相关。联合国的创立是世界人权复兴的标志。21 世纪关于人权异议与人权干预话题仍将进行。从历史角度而言，经济发展与人权在话语与实践两个方面都是分开的。但长期的政治、经济变化与人权实践必然会产生以权利为基础的经济发展方式。因此，人权保障与经济发展的相互联系、相互结合是必然的结果。经济发展的全球化是不可逆转的趋势，对于权利保障提出了新的挑战：（1）人权 vs 发展？（2）全球化对人权的作用；（3）经济权利与社会权利的保障问题。关于人权与发展的理论与实践主要由联合国开发计划署和世界银行制定与实施，联合国及有关机构为我们提供了客观、公正的人权与发展问题的相关理论与实践。

第一节　21 世纪的人权问题

一　历史的视角：1945 年后权利的新时代

今天，人权的概念是如此的熟悉，以致我们所要关注的只是人权研究的最新成果。正如所言，权利的概念在古代文化暗示"不可偷盗的戒律"，如财产权。然而，许多学者认为，古希腊的法律纷争决定的是共同利益，而不是各方的权利。因此，在历史与文化背景下思考人权的概念有助于我们对 21 世纪人权及权利相关问题的理解。

（一）联合国与人权的复兴

自从 1948 年 12 月 10 日联合国大会通过《世界人权宣言》以来，人权的概念成为目前最有说服力的术语之一。从历史的角度而言，这一事实是令人惊叹的。之前并不显赫的人权概念取得了令人瞩目的复兴，人权作为西方的概念已成为全球性的法律术语。

在近代历史记录当中，我们现在称之为人权事务的具有国际影响的事件是反对奴隶贸易和奴隶制度的运动、人道主义的战争法、保护少数族裔和女性解放运动。1890 年开始禁止奴隶贸易，1926 年起草禁止奴隶制度。"第一次世界大战与第二次世界大战期间人权的国际关注受到限制，主要是因为国际劳动组织关于工人权利方面的工作与国际联盟保护少数人的某些条款，尽管后者只是适用于少数国家。"[①] 然而，人权复兴的直接原因是第二次世界大战期间对于纳粹暴行不断增长的知识和认识。1942 年 1 月 1 日盟国政府在联合国发表声明，宣称实现胜利的关键是"维护人权和正义"。在 19 世纪，无论是功利主义还是科学的实证主义，这两大哲学都能恰如其分地解释邪恶的纳粹主义的本质，人权的适用能力得到进一步加强。

第二次世界大战结束后，联合国根据战争所奋斗的基本原则建立了新的国际秩序，人权承诺得到西方国家、拉美国家与第三世界国家支持。部分分歧与不同意见主要来自大国，特别是美国和苏联。

《联合国宪章》在序言里申明其组织的主要目的之一是："重申基本人权，人格尊严与价值，以及男女与大小各国平等权利之信念。"第 1 条阐明联合国的主要目的是"维持国际和平及安全……增进并激励对于全体人类之人权及基本自由之尊重"。第 55 条规定联合国应当促进：全体人类之人权及基本自由之普遍尊重与遵守，不分种族、性

---

① Donnelly, *Universal Human Rights in Theory and Practice*, NY: Cornell University Press, 1989, p. 210.

别、语言或宗教。第 56 条规定，各会员国担允采取共同及个别行动
与本组织合作。第 68 条要求：经济及社会理事会应设立经济与社会
部门及以提倡人权为目的之各种委员会，并得设立于行使职务所必需
之其他委员会。第 62 条阐明：本理事会为增进全体人类之人权及基
本自由之尊重及维护起见，得做成建议案。

　　上述条款符合第 2 条规定，第 2（7）条要求，本宪章不得认为授
权联合国干涉在本质上属于任何国家国内管辖之事件，且并不要求会
员国将该项事件依本宪章提请解决；但此项原则不妨碍第七章内执行
办法之适用。这里的问题是，是否违反了人权在人权法与人权政治上
是最具争议的问题之一。

　　（二）《世界人权宣言》：人权的普遍性

　　《世界人权宣言》对于其支持者来说是准神圣的文本，但它的批
评者却把它看作坏哲学中笨拙的片段，毫无意义。联合国大会于 1948
年 12 月 10 日通过了《世界人权宣言》，48 个国家投票赞成，无反对
票，8 票弃权。大部分国家赞成宣言，但这些国家主要来自欧洲、北
美与南美国家，只有少数国家来自非洲与亚洲。许多在宣言起草与通
过过程中扮演领导角色的国家曾经是殖民帝国。当时世界上大量的人
口仍然由殖民主义所统治。自从《世界人权宣言》生效后，会员国已
经增长两倍以上，这些新的会员国主要来自非洲与亚洲。宣言的适用
能力成为世界关注的问题。因为这些国家存在不同的文化与社会背
景，有穷国、富裕国家，基督教、穆斯林、印度教和佛教在这些国家
占有重要位置。虽然存在这些挑战，但不能否定宣言的本质与宣言所
实现的目标。《世界人权宣言》主要目的是阻止纳粹曾犯下的那种暴
行再次发生。这一点在宣言的序言中得到阐明，即国家为使人类不致
迫不得已铤而走险对暴政和压迫进行反叛，有必要使人权受法治的
保护。

　　联合国的人权概念在《世界人权宣言》中得到阐述，但同时也出
现了一个困扰。人权的概念是否存在一个哲学判断或哲学理由，这在
一定程度上是有争议的，因为所有的权利理论都是有争议的。那么，

人权的概念是否不需要存在哲学上认为是正当的理由呢？然而，如果不存在哲学理由，那么具有道德意义上的请求不能成立。人权宣言避开了这方面的尴尬，暗示人权的概念在一定程度上超越这一困境。一些法律人士认为解决这一困境的方法是通过法律条款，说明人权法是法律，而不论其哲学地位。然而，这种方式并没有完全解决问题，因为联合国的人权概念出现于人权法之前，是传统的自然权利。《联合国宪章》"重申"联合国对人权的信仰。虽然人权请求因为它的哲学理由仍然存在一定的模糊性，但《世界人权宣言》无疑以现代的衣装复兴了人权的概念。

美国学者唐纳利认为《世界人权宣言》包含了一个相对特定的制度，即自由民主福利国家。① 这引发了一个问题，对于这个机构是否存在一组权力？同时产生了文化相对主义的问题。《世界人权宣言》是一个声明，不是哲学论，也不是世界范围的社会政策，文本以相对简单的术语呈现给观众。因此，对于政策制定者而言人权宣言需要进一步简化、评估它所包含的原则，通过经验调查它的影响并得出判断。这些正是我们对于《世界人权宣言》应当关注的任务。

综上所述，《世界人权宣言》因为其历史环境、世界的多样性及人权概念的哲学挑战等多方面的原因，人权的普遍实现仍然是21世纪人权的重要任务。也正是这些原因，说明了地区与国家人权法、人权机构对于实现人权的重要意义。普遍人权的实现单凭宪法上"尊重与保护人权"的只言片语是远远不够的。

（三）从理论到实践的人权：冷战前与冷战后

1. 冷战前

《世界人权宣言》只是一个声明，它并没有为人权的实施提供条款。宣言为每个人分配了权利，但很少涉及确保权利得到尊重的义务

① Donnelly, *International Human Rights* (2nd *edn.*), Boulder, CO: Westview Press, 1998, p. 155.

主体。1948 年联合国致力于国家主权和人权。当时几乎所有国家都认为宣言没有法律约束力。除了奴役罪、种族灭绝罪和严重侵犯外国人的权利，根据当时的国际法，没有其他的规范认定违反人权行为是非法的。联合国建立了人权委员会，但它由政府代表组成。该委员会在起草公约时因为代表的各自背景受到很大的限制。1947 年，经济及社会理事会认为不论从哪方面而言委员会对于违反人权事件的反应缺乏权威。由于申诉机制的建立，联合国每年都收到成千上万的申诉。该组织的人权秘书处的负责人把人权委员会描述为"世界上最精致的纸篓"。① 从 1948 年到 20 世纪 60 年代，联合国或国际社会为保护人权而采取有效措施的能力相当有限。②

　　1948 年后，因为冷战原因，政府不愿意本国人权事务服从国际人权规范得到强化。结果是，在 20 世纪 50 年代，不论是《世界人权宣言》还是人权议题重新沦落为国际政策的边缘。两大冷战主角美国和苏联利用人权的概念进行自我宣传，力图削减对手而自家得分，这样直接或间接参与了严重的人权侵犯。推出具有约束力的人权公约的计划延迟到 20 世纪中后期。

　　20 世纪 60 年代，世界广泛的殖民地自治化运动增加了许多联合国新的成员国。反种族主义、非殖民地化与自决等新的问题成为人权议程。联合国大会在 1965 年 12 月 21 日通过《消除一切形式种族歧视国际公约》。联合国新的成员国的增加注入了新的人权行为方式的活力，尽管这只是选择性的。南非、以色列和智利成为特别关注的国家。联合国人权行动的增加，一方面暴露了威胁人权的普遍性的政治阻力，另一方面推动了人权的普遍性。因为这些具有代表性的人权行动设定了先例，之后得到推广。

　　1966 年，《公民权利和政治权利国际公约》（ICCPR）与《经济、

---

　　① O'Donovan, "The United Nations and Human Rights: A Critical Appraisal", In P. Alston (ed.), *The Economic and Social Council*, Oxford: Clarendon Press, 1992, p. 117.

　　② Ibid., p. 119.

社会与文化权利国际公约》（ICESCR）两个国际公约得到签署和批准，1976 年生效。《世界人权宣言》《公民权利和政治权利国际公约》与《经济、社会与文化权利国际公约》，成为众所周知的权利清单，共同构成了国际人权法的核心。

人权事务委员会（The Human Rights Committee）在 1976 年建立，由独立的专家组成，主要任务是监督《公民权利和政治权利国际公约》得到遵守。条约缔约国政府有义务提交关于公约所规定权利的实施情况。人权事务委员会接受条约国政府的申诉及根据《任择议定书》个人提交的申诉。

20 世纪 70 年代，为了人权的实施，一些国家在对外政策方面采取了新的举措。1975 年，美国要求对外援助政策考虑接受援助国家的人权实施情况。1977 年，吉米·卡特成为美国总统，他把人权引入他的外交政策，这是促进人权实践的一项创新，虽然这一政策在实践过程中实施效果并不理想。[①]

这一时期的发展问题因为冷战的冲击而黯然失色，无可避免地对人权产生了负面影响。共产主义国家内部出现了严重的人权问题，而由美国领导的西方力量在世界各地支持严重侵犯人权的政权。具有讽刺意味的是，冷战力量平衡的不稳定状态，为人权进步创造了开放条件。20 世纪 70 年代早期，共产主义集团在安全与经济方面寻求与西方力量妥协，而西方依次要求人权保障。

20 世纪 80 年代及 90 年代早期，文化相对主义的议题在联合国的人权辩论中显得尤其突出。1984 年，伊斯兰国家伊朗建议，应修改《世界人权宣言》中的某些概念，并宣布伊朗将不承认违反伊斯兰教的国际原则的效力。此后 1993 年维也纳举行的世界人权会议多方面谈到了亚洲的价值观和人权之间的冲突。维也纳世界人权会议的最后决议重申了人权的普遍性，但承认人权：不分种族、性别、

---

① Donnelly J., *International Human Rights*（2nd edn.），CO：Westview Press, 1998, p. 10.

语言、宗教……尊重他们的文化和特性的价值和多姿多彩。①

2. 冷战后

尽管冷战结束带来人权的迅速提高，例如：东欧原共产主义国家建立了公民权利与政治权利保障机制；新的国际秩序形成了更为多样的人权保障模式，从而联合国大会与人权事务委员会显得更为积极。人权议程由西方力量支配的局面因为南南贫穷国家的积极斗争有所改变。联合国维护和平与保护人权的目标日益结合，例如，1991 年"沙漠风暴"计划结束了伊拉克对科威特的军事占领。

因为南斯拉夫问题和卢旺达的种族灭绝而设立国际刑事法庭是联合国人权保护举措的创新，并以此为基础建立了一个普遍性的国际刑事法庭。人权法与政治的这种结合是否取得了成功有待进一步观察。一些批评者担心，法律可能会破坏政治解决的机会。②

联合国长期有小规模的人权技术援助基金项目，支持人权法律制度方面的建设，在 20 世纪 90 年代早期有过一定程度的规模扩大。一些观察家赞同这种建设性的援助，认为这样人权能承受更大的对抗压力；而另一部分专家则认为这样的计划作用甚小，转移了人们对人权侵犯的关注。联合国还通过联合国难民署的作用，以减轻因为人权侵犯行为所造成的损害。③

1993 年维也纳举行的世界人权会议重申了人权的普遍性、不可分割性与相互依靠性，同时强调某些群体的特殊脆弱性，如妇女、儿童、少数人群体、土著人民、残疾人、迁徙工人和难民。④

全球化无疑是一个非常复杂的话题。进入 21 世纪后，开始关注

---

① 维也纳宣言和行动纲领：世界人权会议 1993 年 6 月 25 日通过（第 A/CONF. 157/23 号文件）。

② Forsythe, "The UN and Human Rights at Fifty: An Incremental but Incomplete Revolution", *Global Governance*, 1995, pp. 313-314.

③ Ibid., pp. 307-309.

④ 维也纳宣言和行动纲领：世界人权会议 1993 年 6 月 25 日通过（第 A/CONF. 157/23 号文件）。

的议题是全球化对人权的威胁或影响。由于经济权利与社会权利的保障问题，对全球化的关注甚至在一定程度上转移了人权的议题。全球化提出了非政府方的人权义务，如跨国公司。另一个与全球化相联系的人权问题是寻求庇护者数量的增长。

二　21世纪人权：人权代际理论、人权异议与人权干预

权利的代际理论其实主要突出了两个方面的问题：首先，随着世界的变化及非西方群体不断增长的影响，人权是一个不断发展的过程；其次，强调人权的普遍性。那么普遍的人权是否还存在异见？人权干预是否成为人权普遍实现的手段？关于人权代际理论的争议仍然是21世纪人权问题，同时21世纪关于人权异议与人权干预话题仍将进行。

（一）人权的代际理论

人权思想源于欧洲自然权利哲学和启蒙时代反对绝对君主制的斗争。人权思想创造了一种新的公民与国家的关系，取代了原来公民与国家之间的关系。这种新的关系成为个人主义和自由主义理解社会的基础。美国独立宣言、法国大革命与后来的自由主义思想都表达了人权理念关于公民与国家之间的这种新型关系。

更为详细的历史诠释了人权思想的发展，通常可以划分为三个代际。第一代人权由公民权利和政治权利组成；第二代包括经济权利、社会权利和文化权利；第三代称为集体人权，如发展权、环境权、和平权和自决权。有国外学者这样描述：第一代人权为蓝色，属于资产阶级；第二代人权为红色，属于工人阶级，第三代人权为绿色，属于社会运动。[①]

1986年联合国大会通过了发展权宣言。时到今日，第三代人权在以下几个方面受到质疑：（1）"代际"（generation）用语是不准确的，

---

① Johan Galtung, "Menneskerettigheder: Vestlige, Universellf Eller Begge Deler?" *Human Rights: Western, Universal or Both*, 1997, p. 138.

因为代际的成功在于彼此之间，并不适用于人权；（2）"代际"概念的前提是人权的可靠历史：假定的前两代人权都得到普遍的认可；（3）这些权利的持有者是个人、民族、国家还是这些的结合仍然不确定；（4）这些权利承载什么仍然不确定；（5）权利的义务承担者仍然不确定；（6）这些权利要求为违反已经认可人权的独裁政府提供了掩盖；（7）第三代人权已经包含在已经建立的人权当中，如发展权相当部分由经济权利与社会权利所覆盖。[①]

（二）人权异议

人权的历史告诉我们，不仅人权的概念具有争议性，而且人权的具体内容同样存在准确性的问题。18 世纪晚期与 19 世纪早期关于人权（The Rights of Man）的批评至今仍然有启示作用，例如：批评家伯克（Burke）认为人权概念忽视了国家传统的价值；英国哲学家边沁（Bentham）认为人权的概念忽视了社会道德和法律概念的本质；马克思（Marx）抱怨人权概念掩盖且合法化剥削和压迫性的社会结构，这些争议至今仍然存在。目前，世界范围人权事业的进步容易产生自满与教条主义，这是相当危险的。面对相对主义者反对人权普遍性，人权倡导者会在重温反对纳粹主义的强烈情绪中，很好地重拾人权的概念。但人权倡导者也应当很好地记忆第二次世界大战后因为柬埔寨和卢旺达种族灭绝的受害者。因此，人权概念受到哲学和实践的批评是合理的、有益的。

我们难以预知未来的人权，但社会科学可以洒出一些光，照耀前面的黑暗。例如，有专家认为，对于违反人权的政府，来自内部与外部的压力将带来人权进步。[②] 1993 年维也纳世界人权会议重申了国际

[①]　Donnelly J. , "Peoples and Minorities in International Law. Third Generation Rights", In C. Brolmann, R. Lefeber and M. Zieck (eds.), Dordrecht: Martinus Nijhoff, 1993, pp. 119-150.

[②]　Risse, T. , Ropp S. C. and Sikkink, K. , *The Power of Human Rights: International norms and Deomestic Change*, Cambridge: Cambridge University Press, 1999.

社会认可的人权普通性原则。大部分国家对保障人权做出了正式承诺。相比于 20 年前，赤裸裸地侵犯人权的政府少了许多，人权保护在全世界范围得到了极大提高。然而严重违反人权的现象仍然存在，特别是弱势群体的人权得不到保障，如妇女、儿童、土著人民、流动人口、农民工、少数人群体、寻求庇护者。这表明了法律的有限性及对社会科学进一步研究的迫切需求。我们应当明确，人权话语并没有只是倒向资本主义，我们需要的是更多地从政治、经济方面探讨人权。

社会主义对资本主义的批判已经转换为一个更为现实的关注，即全球化。全球化是一种复杂的和有争议的现象，对人权有复杂的影响。一方面，人权的概念在理论上是普遍性，在实践上是全球化，人权活动家对于全球化的批评应当谨慎，因为全球化也能促进人权；另一方面，全球化最强大的推动力量是国家、大型的民营企业与国际金融机构，人权活动同样能进入且人权同样应当得到保障。

美国学者唐纳利强调国家主权的持久性是人权进步的障碍。[①] 这无疑是正确的，但不是全部：首先，国家不是人权的唯一滥用者，部分独立于国家的跨国公司（MNCs）和国际金融机构（IFIs）也能成为人权违反者；其次，国家行为由国家意志的行动者实施，将来的人权与主权之间的关系可能会改变，正如以前所发生的一样。

（三）人权干预

在某些状态下国家主权往往成为人权实现的障碍，部分原因是国家领导者利用主权压制人权，部分原因是因为普通大众为捍卫他人的人权做出牺牲的愿望有限。即使我们有意志去捍卫人权，这也是非常困难的事情。然而，1999 年，北约在南斯拉夫进行了人权干预。"随着人权国际化的日益深化，国际人道主义干预开始出现，并在国际关系中产生重要影响。就本身而言，国际人道主义干预的出现有一定的

---

① Donnelly J., *International Human Rights* (2nd *edn.*), Boulder, CO: Westview Press, 1998, pp. 152-153.

缘由，但是在当今远非完善的国际关系现实下，它在实践中常常并非出于维护国际正义，而是带有强烈的霸权和强权政治色彩。因而遭到许多国家包括中国在内的发展中国家的反对。"[①] 对于人权干预，同样有着不同声音。

人权的概念并不足以去理解人权问题的复杂性。人权有助于我们认识问题，但如何去解决问题并不充分。现代人权法落后于现实任务的需要。人权可以帮助我们说明伊拉克入侵科威特是非法的。伊拉克政府严重违反了人权，但对伊拉克的经济制裁可能成为成千上万的伊拉克儿童的死亡原因，这可能给我们的道德投下阴影。即使来自外部的人权干预在短期内制止了人权侵犯，但所引起的经济、社会与政治问题及重建问题同样可怕。

人权干预的尴尬是不干预似乎又嘲笑了人权的理想主义的声明，而干预又可能非常昂贵，甚至起反作用。这解释了当时国际社会对于卢旺达、波斯尼亚人权灾难实际的、试探性的反应。这样学术界与政治界有了关于人权灾难早期预警需要的讨论。当然，这又出现了另一个难题。目前而言，关于人权灾难早期预警现象的社会科学知识已经有相当水平。例如，小规模但持续性、系统性的人权侵犯常常是大规模人权灾难的前兆。问题是早期预警意味早期干预，但早期干预可能不成比例或起反作用。因此，人权灾难早期预警也难以解决人权干预的尴尬问题。

三　经济发展中的人权实践

从历史角度而言，经济发展与人权在话语与实践两个方面都是完全分开的。原因在于两者，只不过是一种选择性行为，二者的分离不是必然的结果。其结果是，经济发展与人权的实践者与政策制定者从根本上失去了相互学习、相互合作的可能。国际人权社会，特别是富裕的发达国家，在资源、知名度与影响力多方面控制了全球人权运

① 　刘杰：《论人权国际化与国际人道主义干预》，《学术月刊》1999 年第 12 期。

动，他们长期以来几乎全部集中关注公民权利与政治权利，而不是经济权利、社会权利与文化权利。除了少数的学者和一些联合国委员会的关注，经济权利、社会权利与文化权利被忽略了，更不用提集体权利。除超越常规的所有权利不可分割的原则性声明，近半个世纪的大部分时间，大部分经济权利、社会权利与文化权利并没有成为人权实践部分。

专制制度还是民主制度更有利于发展曾经是经济发展领域长期存在的讨论。大量著作论述了这个问题，一些实践者至今仍在争论。在早期的经济发展中，更多人相信专制政体能够更好地坚持有利于经济增长的政策，因为专制政体最有能力克服异议者，并使之失去挑战现状的立场。近阶段，知识的潮流正在转向，民主又卷土重来。理由是，只有民选政府，自由市场政策才能合法；只有能够被问责的政府才能够正确实施经济发展政策。印度经济学阿玛蒂亚·森做出了当前最为突出的论述，他把"发展"定义为人的能力的扩展与实质性的人的自由，经济的发展就其本性而言是自由的发展。[①]

20世纪90年代以来，关于经济发展中的人权实践问题风向的转变主要是因为以下原因：一是发展领域外部条件的改变，即冷战的终结。冷战的结束肯定了自由主义的胜利，对于国际体系的经济政治组织产生了深远影响。二是在同一时期，经济发展领域知识结构的变化。20世纪80年代以来发展中国家为了解决国内沉重的经济危机，集中力量进行经济调整计划，其中许多国家的调整计划失败了。究其原因，一定程度上是经济调整计划不能持续进行。随后，由于对经济危机和对危机的政策效果了解的逐步加深，人们认识到主要原因是缺乏政府的义务。主流发展专家开始推动政府的善治与民主。三是发展领域更为彻底的人们，他们中间的许多人并不赞同经济调整计划，继续倡导他们的发展理论，把发展重新定义为更快的经济增长，发展的

---

① ［印度］阿玛蒂亚·森：《以自由看待发展》，任赜、于真译，中国人民大学出版社2002年版。

内容更广泛，全面定义发展的内容，当然也包括人权。

20 世纪 90 年代，单边或双边援助机构发表了一系列的政策声明、指导方针和文件，将人权纳入其任务。"随着对经济权利与社会发展成为发展援助的一个主要需要因素的不断增长，捐助者都倾向于重新制定各自的目标。首先是世界银行在 1993 年维也纳世界人权会议的声明，之后常常可以听到个人捐赠机构的宣称。所提出的要求是所有的发展援助应当有助于经济权利与社会权利。农业项目不论其性质，直接要求应当有助于食物权的实现。"① 这样，人权与发展实现了"修辞合并"。从而"人权术语成为一个经典的发展性话语"。②

需要提醒的是：我们对人权的兴趣不是因为我们是社会保障的爱好者或法律文本的崇拜者，只是因为我们认为人权与发展工作能够提高人们的生活。我们提倡人道主义援助方式，但我们知道这是不可持续的。人道援助与人权不能简单等同。因此，我们赞同给予因为人权违反行为而遭受痛苦的人紧急救济，但更为重要的是阻止结构性人权违反行为发生的长期工作。人权保障与经济发展的策略相互作用，二者可以相互促进。长期的政治与经济变化与人权实践必然会产生以权利为基础的社会保障与经济发展方式。因此，人权保护与经济发展的相互联系、相互结合是必然的结果。

经济发展中的人权实践必须解决人权与经济发展的关系问题，所要求的工作不是简单地指出人权与发展之间存在一个自动暗示另一个、一个与另一个平行或一个归入另一个。这只是语言手段，仅仅重新贴标签而已，不是诚恳地试图解决这一复杂问题。经济权利、社会权利与文化权利在发展过程中实现的难题在于：它们的实施很昂贵；国际公约规定的经济权利、社会权利与文化权利的实施是逐步实现，这样它们沦为了政治目标而不是权利；如何将经济权利、社会权利与

---

① Frankovits, Andre, "Rejoinder: The Rights Way to Development", *Food Policy*, 21/1, 1996, pp. 123-128.

② Peter Uvin, *Human Rights and Development*, 2004, p. 50.

文化权利与经济发展结合。事实上，发展合作、发展项目与经济发展计划的概念自动指明了经济权利、社会权利与文化权利的实施，因为发展合作、发展项目与经济发展计划的目的在于提高群体人口的健康和食物水平。这种基于权利的方式指明了政府与公民的关系。[1] 我们可以发现，从积极效果方面来说，在某地区增加食品制造、在某城镇为贫民修建房子或为了促进某一村庄居民的健康而购买医疗设备，没有分别自动地实现了食物权、住房权与健康权。因为权利是长期的保障、一组结构性的权利请求，这对于弱势群体、边缘群体与被排斥群体尤其重要。权利的实现不是简单的一份礼物、一种慈善行为或者一个精巧的政策蓝图。因此，良好的经济发展与人道工作不会自动构成人权进步，人权进步需要法律与社会保障，特别是政府层面的保障。

第二节　发展与全球化：经济与人权

21 世纪的经济发展问题是与全球化联系在一起的，虽然全球化是多维度的，包括经济、文化、政治、军事与社会等多个向度，但主要以经济全球化为驱动力。另外，经济发展与人权保障存在不可分割的关系，因而产生了发展与全球化或者主要表现为以经济发展与人权为特征的错综复杂的关系。发展与全球化或经济与人权之间的关系尽管相当复杂，但主要问题可以概括为：人权与发展是否存在冲突；全球化与人权是否存在一致性；全球化与市场化背景下的经济权利与社会权利的位置。由于全球化与人权、民主与发展等问题存在诸多观点与争执，众多学者已经从不同角度进行了解读，本书仅从不同角度予以引证论述，力图对上述问题给出立体的、全方位的看法，也就是说，

---

① Windfuhr, Michael, "In working Together: The Human Rights Based Approach to Development Cooperation", *Economic, Social and Cultural Rights and Development Cooperation, Compiled by Andre Frankovits and Patrick Earle*, 2000, p. 25.

本书对于"人权问题与经济发展的历史沿革"问题不预设立场。

一　人权 vs. 发展？

　　冷战时期，世界分裂为自由资本主义的西方和共产主义的东方两个部分，所谓普遍的人权不得不各行其道。同时人权必须面对脱离了殖民化的新兴国家的挑战，这些国家非常贫困，"自决"与"发展"对它们来说具有更高的价值。在这些国家的影响下，1974 年联合国大会倡导新的国际经济秩序，解决全球不平等这一问题。人权的概念得到重新诠释，人权不仅是指政府对公民的法律义务，而且是指全球不平等的结构性原因。这也是具有争议的第三代人权所关注的主要问题之一。第三世界国家甚至直到现在还在强调经济权利、社会权利与文化权利，将公民权利与政治权利边缘化。西方政府与人权活动家则捍卫公民权利与政治权利的重要性。然而，1993 年维也纳世界人权会议之后，所有人权不可分割性与相互依存性的观点得到大会国家的确认。

　　冷战的结束是自由主义的胜利，一些原社会主义国家的公民权利与政治权利得到了迅速提高。但目前人权的实施处于一个资本主义操控全球的世界。西方发达资本主义国家认为人权与自由主义市场经济相互补充。然而，即使市场是创造财富的最有效方式，但市场的设置并不是为了保护普遍的经济权利与社会权利。因此，冷战结束后，我们可以发现许多国家的公民权利与政治权利得到了提高，但是经济权利与社会权利的保护并没有取得太大的进步，甚至还有下降。

　　人权与发展的关系仍然没有得到很好理解，可以肯定的是它们之间关系的复杂，不仅仅是因为人权的概念与发展的概念有着多种含义。我们可以发现快速的经济发展可能与经济权利、社会权利得到尊重相联系，但也可能与公民权利和政治权利的被侵犯相联系，如韩国与我国台湾地区的发展。公民权利、政治权利与经济权利、社会权利之间的分歧演变为"面包第一、自由稍后"。经济发展甚至成为尊重人权的前提条件。然而，一些国家的经济发展案例表明，经济发展与社会财富的增长并不一定带来公民权利与政治权利保护。拉美国家的经济增长反而成为社会动荡的起点。

罗伯特·古丁（Robert Goodin）述评了几个最为常见的，认为发展必须限制人权的命题：（1）尊重经济权利与社会权利将导致资源从储蓄、投资和资本积累领域转移，从而使经济发展放缓。（2）民主政策有利于特殊利益，但以国家经济为代价。这两种说法的同一观点认为行业工会有利于消费超过投资，因而会降低经济增长。（3）公民权利降低了政府控制能力，阻碍了经济发展。（4）对公民权利与政治权利的限制能够确保创造稳定的社会环境，这样有利于吸收外资，反过来又有助于经济发展。罗伯特·古丁认为，与之相反，尊重经济权利与社会权利，如健康权、受教育权与工作权将会成为一种人力资本投资……对于外商投资，民主体制将会提供一个更加稳定的社会环境。[①]

阿玛蒂亚·森认为，有证据表明尊重公民权利、政治权利与经济增长之间正面或负面的关联度不大，违反这些权利不是经济增长的必要条件。威权政治不是经济增长的原因。与之相反，公民权利与政治权利使政府承担责任，防止如饥荒这样的灾害。因此，公民权利与政治权利在保证政府政策有利于发展与人权方面有工具性价值，同时这些权利在确认人性尊严方面具有内在的功能。阿玛蒂亚·森补充认为，人权对于概念化经济需求内容是必要因素。事实上，发展的含义本身体现了尊重公民权利与政治权利，这些权利成为发展策略民主化的内在原因。[②]

泽赫拉（Zehra Arat）认为，发展中国家保障经济权利与社会权

---

① Goodin, R. E., *The Development-rights Trade-off: Some Unwarranted Economic and Political Assumptions*, Universal Human Rights, 1979, pp. 31–42.

② Sen, A., "The East Asian Challenge for Human Rights", In J. R. Bauer and D. A. Bell (eds.), *Human Rights and Economic Achievements*, Cambridge: Cambridge University Press, 1999, pp. 88–99.

利，对公民权利与政治权利的保护产生积极作用。不平等的发展将破坏发展中国家政权的合法性，也会导致独裁主义。无节制资本主义将导致不均衡，不受管制的资本主义发展不太可能导致人权的保护。①

为发展而牺牲人权的观点往往未能带来发展，因而曾经风行一时的以"人权交换发展"理论由强调"善治"的理论取代。尽管善治关注的主要是经济效率而不是人权。相对"交换理论"而言，"善治"对人权更友好。"善治"理念与政府应当提供民主相联系，善治尊重公民权利与政治权利，发展主要依靠市场力量。但是这可能导致经济权利与社会权利的保障出现困难。民营经济体特别是跨国公司的人权责任问题引起了人权活动家与学者的关注。许多跨国公司比许多国家还要富裕，更加强大。尽管跨国公司违反人权的记录良好，但我们缺乏系统性的证据记录情况。以世界贸易组织（WTO）为代表的国际贸易体制不是为保护人权而设置，其整合全球贸易体制和人权制度的可能性甚小。②

二　全球化与人权

近年来，建构新的国际经济秩序的理想已经被全球化的事实淹灭了。全球化是多维度的，包括经济、文化、政治、军事与社会等方面，经济全球化产生了新的相关的全球性论题。全球化与新自由主义的意识形态相联系，有利于自由市场发展，有利于减少经济事务中政府的干预。全球化将对人权产生深远的影响：全球化存在削弱国际人权体系的风险，以致要求政府在实施人权保护包括经济权利与社会权利过程中承担更大的义务。然而，新自由主义又反对强势政府。这也

---

① Arat, Z. F., *Democracy and Human Rights in Developing Countries*, Boulder, CO: Lynne Rienner, 1991.

② Forythe, D. P., *Human Rights in International Relations*, Cambridge: Cambridge University Press, 2000, pp. 19, 191, 195-196, 199.

导致了国际社会一些政策的不连贯或相互脱节。联合国人权机构继续要求政府承担人权实施的责任，然而金融机构如国际货币基金组织（IMF）要求各国实施的政策将导致人权保护更加困难，特别是本国公民的经济权利与社会权利。全球化在全球范围内吸收了更多的妇女成为劳动力，但女性不成比例地成为最受剥削的工人。这也导致了所谓的"女性贫困"问题。妇女在全球经济决策机构的代表不足，但在全球化受害者的比例又过高。①

戴维·赫尔德（David Held）和他的同事主张更为全面地分析全球化概念。尽管他们认识到国家主权仍然是国际政治的重要元素。他们把全球化看作一种充满活力的动力形式，它能够改变世界的结构。因此，世界理所当然被认为应当由国际法来主导秩序，当然包括国际人权法。其结果必然是，国际人权体系的关键概念，如国家主权与自决权受到超越国家边界力量的覆盖，国家领土完整的原则受到蔑视。从这方面而言，国际人权体系本身就是全球化形式。因此，我们不能简单地认为全球化对人权不利。②

国际法的神话是世界被分成主权、独立的国家。这种状态其实过去不是，将来不会。在欧洲帝国主义时代，王权的传播表达了帝国国家的主权，它否定了殖民地被统治人民的主权。帝国主义是体制，不仅仅是国家力量而且是强有力的私人经济组织（早期的跨国公司）和文化企业。随着全球政治与经济影响的增长、跨国技术的发展、全球性质活动的出现，最先的如1865年的国际电信联盟，全球体制诞生。第二次世界大战后，令人耳目一新的国际人权体制建立。国际人权体系为国家合法性引入了一个新的原则，即人权原则，与传统的国家主

---

① Oloka-Onyango, J. and Udagma, D., The Realization of Economic, Social and Cultural Rights: Globalization and Its Impact on the Full Enjoyment of Human Rights. Preliminary report submitted to UN sub-commission on the Promotion and Protection of Human Rights, 52nd session, 15 June, E/CN. 4/Sub. 2/2000/13.

② Held, D., Mcgrew, A., Goldblatt, D. and Perraton, J., *Global Transformations: Politics, Economics and Culture*, Cambridge: Polity, 1999, pp. 8-9, 28-31.

权原则有潜在的冲突。其结果是，人权的概念不仅削弱了主权国家的主权概念，而且削弱了传统意义上的国际法的全球话语权。换言之，全球化使主权国家仍然是力量强大的主角，但它们与跨国公司、国际体系、非政府组织分享世界。世界政府曾经是一些国际化的自由主义者的理想，从现实角度及更深层次而言，认为既无可能也不理想，但必须提高对人权的关注。跨国界问题，如国际犯罪、迁徙、健康事务（如艾滋病毒和艾滋病斗争）推导出全球治理的概念。这种形式的出现，国家主权与人权的概念都被卷入一个复杂的全球系统，传统的静止的国际法版图模式已经难以适应。国家与国家的法律体系已经参与到一个全球性的法律和超法律体系当中。①

　　联合国体系建立在国家主权基础之上，但它有全球目标，如和平，通过世界银行、国际货币基金组织这些机构调节全球经济，又如人权与发展、对犯罪的控制、各种形式的技术规定。尽管联合国是权力体系，但不同于传统意义的国家主权的体制，它不是赤裸裸的权力体制，特别是因为人权理念，联合国已经高度道德化。第二次世界大战后，对纳粹战犯的纽伦堡审判认为：国际社会可以要求反人类罪的国家承担责任；个人对于高于国家的权威（如联合国）有义务。因此，国际人权法既是集权者，因为国家是人权义务的主要承担者，也是超越集权者，因为超国家主体认为国家有义务。②

　　发展问题、经济权利与社会权利问题必须得到解决，而主权国家又必须在它们权力受到限制的环境中行动。经济全球化所带来的利益是不均衡分配：东亚国家在全球化过程中表现突出，比非洲撒哈拉以南国家的发展要好。有一个普遍的看法是，近阶段的全球化增大了国家之间的竞争，这反过来又削弱了福利国家，甚至削弱了最富裕国家的经济权利与社会权利的实施。富裕国家的福利预算是否真的有下

---

① Held, D., Mcgrew, A., Goldblatt, D. and Perraton, J., Global Transformations: Politics, Economics and Culture, Cambridge: Polity, 1999, pp. 8-9, 28-31.

② Ibid., pp. 62, 72, 74.

降，这是存在争议的。全球化是否为富裕国家福利预算下降的真正原因，还是政治家们趁机削减福利的借口。可以明确的是，这些想在21世纪维持较高福利水平的国家必须在全球化与由 WTO 控制的国际贸易体制的背景下做出努力。许多人们认为全球金融交易很难调节国际贸易，但赫尔德（Held）和他的同事指出：国家在它的司法管辖范围内调节金融机构；全球金融机构只要它们有意愿那么做，是能够调节国际金融的。全球金融从来没有受市场驱动，全球金融市场动力为经济权利与社会权利的实施带来了困难。①

　　世界上有调节全球贸易和金融的国际体制，虽然它们不一定对人权有利，但没有调节跨国公司的国际体制。占主导地位的新自由主义的意识形态，意味着发展中国家对于跨国公司的直接投资更加开放。这一点得到世界银行的认可，在世界贸易组织（WTO）主导的贸易体制中得到加强。承受压力的发展中国家为了吸收外资，不仅降低了经济权利与社会权利的公共开支，而且减少了跨国公司的负担，如工作场地的安全与环境保护。一些评论家强调，跨国公司受到它们"母国"法规的限制，其他的评论家认为跨国公司"自由自在"，能够移动到对它们来说生存更为轻松的任何地方，也就是成本最低的地方。跨国公司在一定程度受到监管，但是跨国公司的相对移动性意味着它们对于"母国"政府与投资国政府有相当大的自主权，它们相当容易撤资。简单地推测跨国公司对人权有害是不正确的，因为跨国公司可以创造工作机会与健康条件，虽然它们不是人权机构，有时甚至卷入严重的人权侵犯。②

　　国外学者（Gingranelli 和 Richards）已经利用统计方法尝试验证资本主义与人权的关系。他们认为发展中国家的外商直接投资的增加与政府尊重公民权、政治权有着非常紧密的联系。他们发现，除开冷

---

① Held, D., Mcgrew, A., Goldblatt, D. and perraton, J., Global Transformations: Politics, Economics and Culture, Cambridge: Polity, 1999, pp. 8-9, 28-31.

② Ibid..

战后的民主化程度的变化，只有全球的经济参与程度对冷战前和冷战后相关政府关于政治犯政策的改变产生统计学上的显著效果。[①] 国外学者 Mitchell 与 McCormick 的研究认为存在两方面的积极联系：一是资本主义和第三世界国家之间的贸易联系；二是政治犯与酷刑。[②] Davenport 发现经济发展和压制之间不存在依赖关系。[③] 也就是说政治压制（压制公民权利与政治权利）不是经济发展的前提条件。

William Meyer 通过对美国公司的研究，调查了私人企业在第三世界国家违反还是提高了人权的问题。他指出，基于新自由主义的全球经济的意识形态不只是源于国际金融机构（IFSs），部分是美国对外政策的产品，通过经济"软"力量和与之差不多的军事"硬"力量操作：微软公司和麦当劳对世界的冲击比美国的原子核武器还要大得多。发展经济的共产主义模式的崩溃导致欠发达的国家寻求资本主义的发展模式，希望跨国公司能够带来投资与工作，从而降低贫困。Meyer 的统计研究表明，外商直接投资与第三世界的公民权利、政治权利与经济权利、社会权利正相关。外商直接投资与预期寿命延长正相关，并降低婴儿死亡率、失业率和减少文盲。Meyer 得出结论，认为跨国公司是发展的"发动机"，促进了公民权利、政治权利和社会福利。跨国公司在第三世界国家的投资对人权产生积极作用。与特定跨国公司在特定第三世界国家违反人权的记录比较，这一结论是一致的。[④]

---

① Cingranelli, D. L. and Richards, D. L., "Respect for Human Rights After the end of the Cold War", *Journal of Peace Research*, 36 (5), 1999, pp. 511-534.

② Mitchell, N. J. and McCormick, J. M., "Economic and Political Explanations of Human Rights Violations", *World Politics*, 40 (4), 1988, pp. 476-498.

③ Davenport, C. A., "Constitutional Promises and Repressive Reality: A Cross-national Time-series Investigation of Why Political and Civil Liberties are Suppressed", *Journal of Politics*, 58 (3), 1996, pp. 627-654.

④ Meyer, W. H., "Human Rights and MNCs: Theory Versus Quantitative Analysis", *Human Rights Quarterly*, 18 (2), 1996, pp. 368-397.

　　Bruce Moon 使用不同的方式分析，发现目前的跨国公司与满足低水平的基本需求相联系。他总结说，基本需求的提高不会降低经济增长。事实上，基本需求得到相对良好满足的国家比得不到满足的国家经济增长更快。① Smith、Bolyyard 与 Ippolito 三位学者认为，Meyer 的结论仅仅验证了美国的跨国公司，对人权的影响有限。他们认为外国直接投资与人权存在的关系是负相关或无关联。作为回应，Meyer 指出，两个研究使用了不同方法，第二个研究并不与第一个冲突。这两个研究共同表明，在跨国家层面而言，跨国公司与人权联系的效果是混合的。从案例研究层面而言，效果也是混合的。这就为希望提高人权特别是在跨国公司取得成功的媒体和非政府组织的活动提供了空间。②

　　为了反对违反人权的跨国公司，活动人士动员了消费者、股东、投资者甚至本地政府。这样，活动人士绕过了制定外交政策的国家，与设想中的现实主义国际关系理论相左。但这些行动可能在国际政治当中扮演相当重要的角色。例如，私人银行对实施种族隔离政策的南非政权的制裁对于该政权最后的崩溃产生了重要影响。公司可能会受到各种因素的困扰：消费者和股东花费足够的资源来处理他们之间的竞争，结果往往显示相互让步相比于斗争要合算。因而，非政府人权组织改变了反对方式，首先了解跨国公司的利益及公司的义务是什么。因为对跨国公司的行动受到限制基于一个事实，跨国公司是由自利而驱动，而不是人权。WTO 的国际贸易体制促进贸易，不是以人权作为其首要目标。③

———————

① Moon, B. E., "The Political Economy of Basic Human Needs", *Ithaca*, NY: Cornell University Press, 1991.

② Meyer, W. H., "Confirming, Infirming, and Falsifying Theories of Human Rights: Reflections on Smith, Bolyard, and Ippolito through the Lens of Lakatos", *Human Rights Quarterly*, 21 (1), 1999, pp. 220-228.

③ Rodman, K. A., "Think Globally, Qunish Locally: Nonstate Actors, Multinational Corporations, and Human Rights Sanctions", *Ethics and International Affairs*, 12, 1998, pp. 19-41.

　　联合国与其他国际组织如国际特赦组织，试图让跨国公司采用公司人权行为准则，总体而言，成效甚微。20 世纪 90 年代，许多主要零售商、服装公司采用了政策强制劳动者、童工工作，工会的权利与就业存在歧视，健康和安全得不到保障，出现工资最小化，工作时间最大化等违反人权案件。一些跨国公司退出严重违反人权的国家，如缅甸。大约 800 家企业已经成立一个称作"企业社会责任组织"的协会，协会有人权计划。据估计，只有不到 10% 的美国跨国公司有人权准则，意识到它们自己有人权义务并有所行动，总体而言，进步相当有限。① 1999 年 1 月，联合国秘书长安南为跨国公司提出了一个"全球契约"。这是跨国公司自愿遵守的九条人权与环境原则的规定。一些有相当影响力的跨国公司已经签字，并且已经采取了一些具体的措施。"全球契约"将会很好地测试以下问题：全球资本主义是否必然敌视人权；唯心主义还是唯意志论观点——哪里有意志，哪里就有提高人权的方法。这份契约是跨国公司根据人权标准的公开承诺，因此有助于跨国公司承担更多的责任。②

　　常常有人会认为全球化简直是糟蹋人权。然而，人权体系和人权运动是文化、法律与政治全球化的构成部分。文化全球化与其配套的基础技术设施（如卫星电视、互联网）把人权思想传播到了全世界，同时也携带敌视人权的思想，如种族歧视和宗教狂热。有学者认为，全球人权运动是矛盾的，不完全有利于人权。因为西方的人权观念有特权，引发了狭隘的西方霸权的反应。③ 人权及其批判之间的辩证关系应当是文化全球化的一个特征，但很难看到它的相互作用，总体而言，有利于人权。西方的人权概念受到挑战，这是好事，尽管有些对

---

　　① Cassel, D., "Corporate Initiatives: A Second Human Rights Revolution?" *Fordham International Law Journal*, 19, 1996, pp. 1963–1984.

　　② United Nations 2001, http: www. undp. org/hdr2001.

　　③ Mc Grew, A. G., "Human Rights in a Global Age: Coming to Terms with Globalization", In T. Evans (ed.), *Human Rights Fifty Years on: A Reappraisal*, Manchester: Manchester University press, 1998, p. 205.

人权并不有利。进一步而言，人权概念不仅仅是一个全球性概念，已经在全球范围得到扩展。因而，为了人权获得更好的保障需要存在一个全球性的人权实施机构。全球人权运动是全球社会运动，预示着一个全球性的道德社区。民族国家、跨国公司和对人权存在敌对的力量行使相当大的权力，而人权正是在这种环境当中实施。人权的概念以多种方式与全球化息息相关。人权思想家与活动家的任务不是宣告全球化的到来，而是全方位地理解全球化，知道如何在全球化过程中有效地行动。①

三　经济权利、社会权利②与全球化、市场化

国际公约关于国家对经济权利、社会权利的义务规定不够明确。《经济、社会与文化权利国际公约》（ICESCR）要求缔约国承担义务："每一缔约国家承担尽最大能力个别采取步骤或经由国际援助和合作，特别是经济和技术方面的援助和合作，采取步骤，以便用一切适当方法，尤其包括用立法方法，逐渐达到本公约中所承认的权利的充分实现。"③ 这解释为，政府有义务采取措施立刻实施、最大能力利用资源、采取一切适当方法、采取步骤充分实现条约权利。政府必须为最大范围享有这些权利而努力，特别强调对社会弱势群体成员权利的保障。④ Bard-Anders Andreassen 和他的同事提议采取最低门槛方式，利用指标衡量营养、婴儿死亡率、疾病的频率、寿命、收入、失业和粮

---

① McCorquodale, R. and Fairbrotherm, R., "Globalization and Human Rights", *Human Rights Quarterly*, 21 (3), 1999, pp. 735–766.

② 这里的经济权利与社会权利包括：工作权、公正和良好的工作条件权、组织和参加工会权、罢工权、社会安全与社会保障权、家庭得到保护与援助权（家庭、母亲、儿童、少年保护）、适足生活水准的权利、享有能达到的最高的体质和心理健康标准的权利。

③ ICESCR, Article 2.

④ Hunt, P., Reclaiming Social Rights: International and Comparative Perspectives, Aldershot: Ashgate, 1996.

食消费。① 这与联合国所使用的人类发展指数的方法相类似。艾德（Eide）认为政府实现经济权利与社会权利的义务在相当大的程度上必须与上下背景相联系，而这些权利的实现必须是务实的。② 部分经济权利与社会权利的实施由联合国的特殊机构执行，如国际劳动组织、世界卫生组织。

　　经济权利、社会权利常常与公民权利、政治权利相比较，原因是经济权利与社会权利不是"由法庭裁决的"，也就是说，不能在法庭上决定。这种区分是受到质疑的。然而，对于法庭而言，判断个人是否有足够的食物与个人是否得到公正审判一样困难。③ 联合国经济、社会与文化权利委员会已经确定有些权利能够由法律制度来实现：男人与妇女的平等权；同工同酬；组建工会与加入工会的权利和罢工权；获得免费的初等义务教育的权利；选择非公立学校的权利；创立学校的权利；科学研究与创作的自由。社会保障的权利可以在专门法庭审理。工业法庭审理劳资纠纷。房屋法庭可以决定有关住房权纠纷。这样，经济权利、社会权利与文化权利在一定程度上得到司法审理。法律途径是否为经济权利、社会权利与文化权利实施最佳方式仍然没有定论。④ 对于法律方式存在两类反对理由：第一，一些权利是以令人反感的方式而得到指定，这可能违反了其他权利。例如，私立

---

① Andreassen, B. -A., Skalnes, T., Smith, A. G. and Stokke, H., "Assessing Human Rights Performance in Developing Countries: The Case for a Minimal Threshold Approach to the Economic and Social Rights", In B. - A. Andreassen and A. Eide (eds.), *Human Rights in Developing Countries 1987/88*, Copenhagen: Akademisk Ferlag, 1988, pp. 333-355.

② Eide, A., "Realization of Social and economic rights and the minimum threshold approach", *Human Rights Law Journal*, 10 (1-2), 1989, pp. 35-51.

③ Andreassen, B. -A., Skalnes, T., Smith, A. G. and Stokke, H., "Assessing human rights performance in developing countries: the case for a minimal threshold approach to the economic and social rights", In B. -A. Andreassen and A. Eide (eds.), *Human Rights in Developing Countries 1987/88*, Copenhagen: Akademisk Ferlag, 1988, pp. 333-355.

④ Hunt, P., "Reclaiming Social Rights: international and comparative perspectives", *Aldersot: Ashagate*, 1996, pp. 26-29.

教育的权利是公开的异议，它引起了机会的不平等。第二个反对理由是把这些事务从政治转化到法律违反了民主。这些相信经济权利、社会权利与文化权利的人也会相信他们需要制度保障。为了实现这一目标，法律制度是否为最佳方式？我们不能笼统地说有信心。

国际法的传统观点是政府或国家对人权的实施负责。有一个普遍的观念是经济权利、社会权利的实施需要强势政府，这更有可能违反公民权利和政治权利。我们现在知道，这样的政府有时候能够相当有效地实施经济权利和社会权利，但它们常常也没有这样。还有一种普遍的看法，自由市场会做得更好。但很明显，不受监管的市场几乎可以肯定不会做得好。也就是说，国家与市场都不能理所当然地认为可以保障经济权利与社会权利。这样，社会运动、非政府组织方式看起来似乎最为理想。毫无疑问，非政府组织在人权保护过程中扮演了重要角色，但存在资源、物力方面的诸多限制及非政府组织的问责问题。目前而言，经济权利、社会权利仍然是相当边缘化的人权领域。①

在全球化时代，为经济权利与社会权利的奋斗显得更加重要。这是因为经济权利与社会权利保护面对的阻挠力量比之前似乎更为强大。奋斗的失败不仅仅是不公正，它几乎肯定会助长持续的暴力冲突，这种暴力冲突已经困扰世界各地。这其实又与严重违反公民权利、政治权利相联系。

第三节　人权与经济发展问题：联合国与相关机构的理论与实践

发展一直是一个有争论的概念。由于发展概念的争议性导致了发展的原初意思——经济发展受到更多质疑。正如和平、安全、人权其

---

① Hunt, P., 1996: " Reclaiming Social Rights: international and comparative perspectives", *Aldersot: Ashagate*, 1996.

他概念，发展是联合国备受争议的焦点。"联合国的早期历史清楚表明，发展实质是指国家宏观调控的经济增长。"① 在这一渐进的过程，大概始于 1972 年联合国在斯德哥尔摩的人类环境会议，② 形成这样的发展概念，追求经济增长与生态保护相结合。这是发展概念的关键性融合，形成可持续发展。"可持续发展的一般解释是，发展是指经济增长，要求经济增长方式不得恶化后代的生存环境。"③ 可持续发展有社会维度，这一点取得了广泛共识。毕竟，所谈论的发展是人的可持续发展。人的可持续发展的社会维度，尤其涉及妇女方面的，在 1995 年联合国社会发展世界首脑会议得到确认。④

　　联合国关于人权与发展的理论与实践的制定和实施的机构主要是联合国开发计划署和世界银行。在联合国相关的理论与实践当中，关于人权与发展的关系长期没有得到明确界定。例如：它们是否为两个相互区别的概念；人权在可持续发展中的功能与位置；发展实践中公民权利与政治权利的位置；联合国是否支持民主发展；联合国的发展活动等。直到 2003 年，联合国机构在一次研讨会上设定了以权利为基础发展的一般原则与要素，这也称作以权利为基础发展的共识，从而最终在理论上解决了人权与发展关系的相关问题。

一　联合国关于人权与经济发展的理论与实践

　　由于冷战原因，联合国在起先的 40 年对于人权和发展问题处于间歇性分裂状态。1948 年联合国通过了《世界人权宣言》，1966 年通过了《公民权利与政治权利国际公约》，一直致力于人权与民主，认为每个公民应有以下权利和机会：（1）直接或通过自由选择的代表参

---

① John O'Manique, Human Rights and Development, 14 HUM. RTS. Q. 78 (1992).

② Conference on the Human Environment, Signed 3 July 1972, U. N. Doc. A/CONF. 48/14 (1972).

③ Thomas G. Weiss et al., The United and Changing World Politics 173-227 (1994).

④ United Nations, UN Chronicle, Vol. 32, No. 2, at 56-57 (June 1995).

与公共事务；（2）在真正的定期的选举中选举和被选举，这种选举应当是普遍的和平等的并以无记名投票方式进行，以保证选举人的意志的自由表达；（3）在一般的平等的条件下，参加本国公务。① 到 1996 年，全世界超过 130 个国家在法律上坚持《公民权利和政治权利国际公约》。

直到 1985 年，笼统且抽象的民主与联合国关于发展的宣言很少联系。联合国人权中心前主任 Theo van Boven 指出，联合国人权标准没有任何频率或一致性地被纳入联合国关于发展的纲领性声明当中。② 在一定程度上，民主与发展的联系相当模糊。这方面的联系来自发展中国家的努力，但它们早期认为公民权利和政治权利无法在欠发达的国家实现。在早期的这段时间，联合国对于支持民主处于一种根本性的矛盾状态之中。

在 20 世纪 70 年代，联合国关于发展的措辞开始变化。1986 年联合国大会的发展宣言谈到了个人积极、自由、全面的参与发展，并认为：人是发展的主体，因此，人应成为发展权利的积极参与者和受益者。③ 发展宣言重申了《世界人权宣言》《公民权利和政治权利国际公约》。无论发展宣言包含了什么内容及发展权的属性如何，在联合国理论当中参与权与发展产生了联系。

20 世纪 90 年代，联合国举行国际经济关系特别会议，不论西方国家还是东欧前共产主义国家、发展中国家（G—77），都赞同在发展计划中实现更高程度的公众参与。④ 西方国家连同一些发展中国家公开发言，谈论民主问题，而其他国家则笼统、模糊地谈及民众参与。最后的共识文件因为重要的创造性、创新性和主动性，成为未指

---

① 《公民权利和政治权利国际公约》第 25 条。

② United Nations Centre for Human Rights, Human Rights-Status of International Instruments, Chart of Ratifications as at June 1996, at 10, U. N. Doc. ST/HR/4/Rev. 2.

③ 《发展权利宣言》第 1 条。

④ Russell Lawrence Barsch, A Special Session of the UN General Assembly Rethinks the Economic Rights and Duties of States, 85 AM. J. INT' L. 192 (1991).

定的国际人权。这些语言含蓄地至少暗示了公民权利的重要性，抛开政治因素，这些权利是国际权利体系的政治权利与经济权利。

在此背景下，秘书长布特罗斯·加利于 1994 年发表了他的发展议程（Agenda for Development），他强调民主发展的重要性。① 这是联合国官员第一次做出了关于发展的议程。不同于世界银行，加利秘书长清楚、明晰地把民主列为善治的内容。根据发展议程：民主与发展产生联系是因为民主为协调伦理、宗教、文化与利益之间的竞争，提供了唯一长期的基础，民主方式能够最大限制降低内部冲突的风险。民主与发展的联系是因为民主本质上是"善治"的问题，会对发展的各方面产生影响。民主与发展的联系是因为民主是基本人权，民主的优势在于它本身也是发展的重要措施。民主与发展的联系是因为民众参与影响他们生活的决策的过程是发展的基本宗旨。② 因此，民主与发展存在根本上的联系。秘书长在他的发展议程第 21 段赞扬民主发展的优点。发展议程规定了善治，包含民主。秘书长强调管理事务的重要性：提高与加强管理是任何议程与发展方略成功的一个必要条件。在国家控制范围内善治可能是唯一最重要的发展变量。③

与此同一时间，民主发展成为西方捐助国政府的口头禅，这些国家对于联合国发展活动的基金至关重要。美国的国际发展机构领导多次赞扬民主发展。④ 德国政府支持美国坚持发展援助的政治条件，即民主成为调整援助的条件。⑤ 其他西方国家从斯堪的纳维亚到法国一致达成共识。欧共

---

① Agenda for Development, Report by Secretary-General, U. N. GAOR, 48th Sess., Agenda Item 91, at 44–49, U. N. Doc. A/48/935 (1994).

② Russell Lawrence Barsch, A Special Session of the UN General Assembly Rethinks the Economic Rights and Duties of States, 85 AM. J. INT' L. 192 (1991).

③ Ibid..

④ J. Brian Atwood, Speech to the Advisory Committee on Voluntary Foreign Aid, Washington, D. C. (12 Mar. 1969).

⑤ Human Rights and Development: German International Comments and Documents (Rainer Tetzlaff pub/ed., 1993).

体，即现在的欧盟发表了一项声明，支持援助的政治条件和民主要求。[①]甚至日本也在他们的对外援助项目中谈论人权与民主。[②]

　　与之相应，联合国开发计划署的领导层持同样的看法。联合国开发计划署的前领导人 James Gustave Speth，多次支持民主管理作为发展的基本特征。他在 1993 年 9 月的一次非政府组织会议上发表了上述看法。[③] 在同一年的"人权日"声明中，James Gustave Speth 谈到了自由、参与及真正的参与式民主。[④] 1994 年 6 月，在华盛顿的一次海外发展委员会议上，Speth 强调了民主与人权。[⑤] 联合国开发计划署在它的年度人类发展报告，一如既往地指出了民主与参与。然而，报告模糊了争议的问题，指出民主可能发生的经济、社会和政治领域。[⑥] 为了避免政治纷争，以这种方式指出民主，绕开了宏观民主，把注意力转向微观民主是可取的。

　　2000 年 9 月联合国首脑会议上，由 189 个国家签署的《联合国千年宣言》成为国际社会为促进人的发展和减少贫困最重要的努力，也成为人权与发展所关注的焦点问题。2003 年《联合国千年发展目标》成为联合国追求 21 世纪初期目标的战略性文本，代表了依据从前的努力而建立的发展目标。"为推进联合国千年发展目标的实现，发达国家在增加官方发展援助、改善发展中国家贸易条件、债务减免以及增加基本药物和技术的提供等方面曾做出承诺。"[⑦] 千年发展目标的兑

---

　　① J. Brian Atwood, Speech to the Advisory Committee on Voluntary Foreign Aid, Washington, D. C. 273 (12 Mar. 1969).

　　② David Arase, Japanese Policy toward Democracy and Human Rights in Asia, 33 Asia Surv. 935 (1993).

　　③ James Gustave Speth, Address to conference of NGOs (8 Sept. 1993).

　　④ James Gustave Speth, Statement on Human Rights Day (10 Dec. 1993).

　　⑤ James Gustave Speth, Address to the Overseas Development Council (10 Dec. 1993).

　　⑥ UNDP, Human Development Report, Chs. 2 & 4 (1993).

　　⑦ 黄梅波、陈燕鸿：《联合国千年发展目标及发达国家承诺的履行》，《发展与援助》，IEC, No. 12, 2008。

现时间表，为不同国家的领导人，包括发达国家与发展中国家指明了一个共同的努力方向。

表1-1 联合国千年发展目标

联合国千年发展目标	具体目标	监测指标（最新数据、定义、理由和计算方法）
目标1：消灭极端贫穷和饥饿	具体目标1.A：每日收入低于1美元的人口比例减半 具体目标1.B：使所有人包括妇女和青年人都享有充分的生产就业和体面工作 具体目标1.C：挨饿的人口比例减半	• 指标1.1：每日收入低于1美元（平价购买力）的人口比率 • 指标1.2：贫穷差距比（发生率×贫穷程度） • 指标1.3：最贫穷的五分之一人口在国民消费中所占份额 • 指标1.4：受雇者人均国内总产值增长率 • 指标1.5：就业与人口比率 • 指标1.6：每日靠不到1美元（购买力平价）为生的受雇者比例 • 指标1.7：自营工作者和贡献收入的家庭劳力在就业总人数中的比例 • 指标1.8：体重不足儿童（5岁以下）的普遍性 • 指标1.9：低于食物能量消耗最低水平的人口比例
目标2：实现普及初等教育	具体目标2.A：确保不论男童或女童都能完成全部初等教育课程	• 指标2.1：初等教育净入学率 • 指标2.2：一年级学生读到五年级的比例 • 指标2.3：15—24岁男女人口识字率
目标3：促进两性平等并赋予妇女权力	具体目标3.A：最好到2005年消除初等教育和中等教育中的两性差距，并至迟于2015年消除所有各级教育中的这种差距	• 指标3.1：初等、中等和高等教育中女童和男童的比例 • 指标3.2：妇女在非农业部门挣工资者中所占份额 • 指标3.3：国家议会中妇女所占席位比例
目标4：降低儿童死亡率	具体目标4.A：将5岁以下儿童死亡率降低2/3	• 指标4.1：5岁以下儿童死亡率 • 指标4.2：婴儿死亡率 • 指标4.3：接受麻疹免疫接种的1岁儿童比例
目标5：改善产妇保健	具体目标5.A：产妇死亡率降低3/4 具体目标5.B：到2015年实现普遍享有生殖保健	• 指标5.1：产妇死亡率 • 指标5.2：由熟练保健人员接生的比例 • 指标5.3：避孕药具普及率 • 指标5.4：少年生育率 • 指标5.5：产前护理覆盖率（至少一次和至少四次接受产前检查） • 指标5.6：未得到满足的计划生育需要

续表

联合国 千年发展目标	具体目标	监测指标 （最新数据、定义、理由和计算方法）
目标 6：与艾滋病毒/艾滋病、疟疾和其他疾病作斗争	具体目标 6.A：到 2015 年遏制并开始扭转艾滋病毒/艾滋病的蔓延 具体目标 6.B：到 2010 年向所有需要者普遍提供艾滋病毒/艾滋病治疗 具体目标 6.C：到 2015 年遏制并开始扭转疟疾和其他主要疾病的发病率	• 指标 6.1：15—24 岁孕妇感染艾滋病毒的普遍程度 • 指标 6.2：上一次高风险性行为中保险套的使用率 • 指标 6.3：全面正确了解艾滋病毒/艾滋病的 15—24 岁人口比例 • 指标 6.4：因艾滋病毒/艾滋病而成为孤儿的人数 • 指标 6.5：可获得抗逆转录病毒药物的艾滋病毒重度感染者比例 • 指标 6.6：疟疾发病率及与疟疾有关的死亡率 • 指标 6.7：可在驱虫蚊帐内睡觉的 5 岁以下儿童比例，以及发烧后获得适当疟疾药品治疗的 5 岁以下儿童比例 • 指标 6.8：与肺结核有关的发病率、流行率及死亡率 • 指标 6.9：短期直接观察治疗方案下查出和治愈的肺结核病例比例
目标 7：确保环境的可持续能力	具体目标 7.A：将可持续发展原则纳入国家政策和方案，并扭转环境资源的损失 具体目标 7.B：减少生物多样性的丧失，到 2010 年显著降低丧失率 具体目标 7.C：到 2015 年将无法持续获得安全饮用水和基本卫生设施的人口比例减半 具体目标 7.D：到 2020 年使至少 1 亿贫民窟居民的生活明显改善	• 指标 7.1：森林覆盖地带所占比例 • 指标 7.2：二氧化碳排放量：总量、人均量和国内总产值（购买力平价）每 1 美元排放量，以及臭氧消耗物质消费量 • 指标 7.3：安全生物界线内鱼类种群的比例 • 指标 7.4：所使用水资源总量的比例 • 指标 7.5：受保护的陆地和海洋区比例 • 指标 7.6：面临灭绝威胁的物种比例 • 指标 7.7：可以持续获得改良水源的人口比例 • 指标 7.8：卫生条件改善的人口比例 • 指标 7.9：享有可靠房地产保有权的人口比例

续表

联合国 千年发展目标	具体目标	监测指标 （最新数据、定义、理由和计算方法）
目标 8：制定促进发展的全球伙伴关系	具体目标 8.A：进一步发展开放的、遵循规则的、可预测的、非歧视性的贸易和金融体制。包括在国家和国际两级致力于善政、发展和减轻贫穷 具体目标 8.B：满足最不发达国家的特殊需要。包括：对最不发达国家出口品免征关税、不实行配额；加强重债穷国的减债方案，注销官方双边债务；向致力于减贫的国家提供更为慷慨的官方发展援助 具体目标 8.C：通过《小岛屿发展中国家可持续发展行动纲领》和大会第二十二届特别会议成果满足内陆发展中国家和小岛屿发展中国家的特殊需要 具体目标 8.D：通过国家和国际措施全面处理发展中国家的债务问题，以便能长期持续承受债务 具体目标 8.E：与制药公司合作，在发展中国家提供负担得起的基本药物 具体目标 8.F：与私营部门合作，普及新技术特别是信息和通信的利益	官方发展援助 ●指标 8.1：给予最不发达国家的官方发展援助净额和总额在经济合作与发展组织/发展援助委员会捐助国国民总收入中所占百分数 ●指标 8.2：经合组织/发援会捐助国提供的双边、可在部门间分配的官方发展援助总额中用于基本社会服务（基础教育、初级保健、营养、安全饮水和环境卫生）的比例 ●指标 8.3：经合组织/发援会捐助国提供不附带条件的双边官方发展援助比例 ●指标 8.4：内陆发展中国家收到的官方发展援助占其国民总收入比例 ●指标 8.5：小岛屿发展中国家收到的官方发展援助占其国民总收入比例 市场准入 ●指标 8.6：发达国家从发展中国家和最不发达国家免关税进口的总值（按价值计算，不包括军火）所占比例 ●指标 8.7：发达国家对来自发展中国家的农产品以及纺织品和服装平均征收的关税 ●指标 8.8：经合组织国家农业补贴估计值占国内总产值的百分比 ●指标 8.9：为帮助建立贸易能力而提供的官方发展援助比例 持续承受债务能力 ●指标 8.10：达到重债穷国决定点的国家总数和达到重债穷国完成点（累计）的国家总数 ●指标 8.11：根据重债穷国倡议和多边债务减免倡议所承诺的债务减免 ●指标 8.12：还本付息额占货物和劳务出口额的百分比 8.B：监测指标（同上） 8.C：监测指标（同上） 8.D：监测指标（同上） 监测指标（最新数据、定义、理由和计算方法） ●指标 8.13：可以持续获得负担得起的基本药物的人口比例 ●指标 8.14：每 100 人电话线用户 ●指标 8.15：每 100 人手机用户 ●指标 8.16：每 100 人互联网用户

资料来源：联合国千年发展报告。

　　在最近的评估中，联合国秘书长认为联合国的千年发展目标"已经改变了全球发展的面目，产生了前所未有的协调行动"，[①] 联合国、世界银行、国际货币基金、国际发展援助的主要捐助者与千年发展目标的发展中国家的表现体现了这一点。"联合国开发计划署自 1990 年以来，每年都发布一份《人类发展报告》，其宗旨是对人类发展的现状进行评估。《人类发展报告》的重要意义在于：不仅提出了关于'人类发展'的定义，而且提出了超越 GDP 核算标准的发展评价尺度，即人类发展指数。"[②] 2000 年发布了《人权与人类发展》（*Human Development and Human Rights*）的人类发展报告。正如上述所述，发展目标使用了人权标准、人权指标等技术手段，促进了人权目标的实现。从而，人权与发展的评论与研究进入了量化的新阶段。特别为经济权利与社会权利的保障提供了标尺。

表 1-2　　　　　　历年人类发展报告（1990—2009 年）

年份	主题	英语标题
1990	人类发展的概念和测量	Defining and Measuring Human Development
1991	资助人类发展	Financing Human Development
1992	全球的人类发展	Global Dimensions of Human Development
1993	人们的参与	People's Participation
1994	人类安全的方面	New Dimensions of Human Development
1995	性别与人类发展	Gender and Human Development
1996	经济增长和人类发展	Economic Growth and Human Development
1997	人类发展、消除贫困	Human Development to Eradicate Poverty
1998	消费促进人类发展	Changing Today's Consumption Patterns for Tomorrow's Human Development
1999	富有人性的全球化	Globalization with a Human Rights
2000	人权与人类发展	Human Development and Human Rights

---

　　① Implementation of the United Nations Millennium Declaration：Report of the Secretary-General, U. N. GAOR, 59th Sess., Agenda Item 56, p 39, U. N. Doc. A/59/282（2004）.

　　② 朱成全：《以自由看发展》，人民出版社 2011 年版，第 193 页。

续表

年份	主题	英语标题
2001	让技术发展为人类服务	Make New Technologies Work for Human Development
2002	分裂的世界的民主进程	Deepening Democracy in a Fragmented World
2003	千年发展目标	Millennium Development Goals：A Compact Among Nations to end Human Poverty
2004	多样化世界的文化自由	Cultural Liberty in Today's Diverse World
2005	处于十字路口的国际合作：不均衡世界中的援助、贸易与安全	International Cooperation at a Crossroads：Aid, Trade and Security in an Unequal World
2006	透视贫水：权力、贫困与全球水危机	Beyond Scarcity：Power, Poverty and the Global Water Crisis
2007—2008	应对气候变化：分化世界中的人类团结	Fighting Climate Change：Human Solidarity in a Divided World
2009	人员流动与发展	Overcoming Barrier：Human Mobility and Development

　　20 世纪 90 年代，作为世界范围经济结构调整时期经济发展失败的反应，以权利为基础的发展在不同背景以多种形式得到扩展，从以社区为基础的人的能力发展到把宏观政策背景下的人权整合到国家发展规划的发展。1995 年，澳大利亚人权委员会（HRCA）出版了《权利方式发展：人权方式与发展援助》。① 联合国机构在 2003 年的一次研讨会上，设定了以权利为基础发展的一般原则与要素，这也称作联合国关于以权利为基础发展的共识：《基于人权方式的发展合作：联合国机构共同理解》，联合国从而在理论上完成了人权与发展关系的界定。

二　世界银行关于人权与经济发展的理论与实践

　　世界银行作为联合国系统的多边发展机构，它有自己的组织方式、领导机构和决策程序，长期摇摆于人权与经济发展事务之间。20

---

　　① The Rights Way to Development：Human Rights Approach to Development Assistance（Human Rights Council of Australia eds., 1995）.

世纪 70 年代罗伯特·麦克纳马拉担任行长期间，世行开始关注弱势群体。然而这个时期，世行很谨慎地表明，所关注的是贫穷、脆弱群体，基本人类需求不是以人权为基础的发展。世行强调国家内部个人的经济发展，但对国际社会已确认的人权不持立场。世行的职员，大部分接受传统的经济学培训，对他们而言，人权是根深蒂固的政治概念。

世行逐步认同善治的概念作为发展与经济交易的一个方面。世行仍旧在政治方面的善治、强调人权与民主，与强调技术方面的问责制、透明度以及依据法律的会计处理方法之间转圈。因为世行受到条款的限制，不允许涉足贷款方的国内政治。世行从自身的经验知道某些形式的独裁主义阻碍经济持续增长。当然，这不会引起世行修改其章程，正式或非正式加入口头赞成民主发展。世行明确一致地支持民主作为善治的一部分吗？答案是否定的，世行只是在其出版物与声明当中，定期地强调这一看法。

早在 1981 年，一份世行的公开文件认为部落民族没有充分参与影响它们的政策制定，因此，提高它们的参与是可取的。① 这份文件最终撤出了公共领域，但它表明了世行内部工作人员观点的变化。1988 年，一位世行的法律官员写道："人权侵害可能是特殊的案例，对国家的稳定、预期的信用效力或执行银行财政计划的能力有着广泛的影响。这些因素是世行应当考虑的，在一定程度上应当核实具体案例的相关情况。"② 这句话并没有解释民主本身，然而与民主相联系的政治参与、言论自由与集会，明显影响一个国家的稳定，对经济运行产生作用。世行法律顾问试图在政治考虑和政治局势两者之间划出界线，因为世行不允许涉及前者，但可以考虑后者。根据前世行官员，

---

① World Bank, Economic Development and Tribal Peoples: Human Ecologic Considerations (1981).

② Katarina Tomasevski, Development Aid and Human Rights Revisited (1993).

即使是削弱经济增长的腐败对银行而言也是过度政治化解读。①

　　1992 年，世行发表了关于《治理和发展》这一具有开创性的报告。② 报告强调管理、责任、法治与信息透明。然而，报告没有明确呼吁政府应当通过自由、定期与真实的选举方式向他们的国民负责。世行从经济效率、阻止腐败、限制军费开支角度讨论了信息公开与透明。其他的世行文件则说明世行对经济发展的关注与对人权的关注保持平行。

　　世行与国际货币基金组织（IMF）因为坚持经济结构调整计划受到广泛的批评。原因是调整计划在短期内对社会弱势群体过于苛刻，只有专制政府才有可能执行这些计划。因此有观点认为世行与国际货币基金组织已经极大地伤害了民主。同时，世行在理论上缺乏对民主权利的关注，对于民主的实践产生了严重了后果。此外，有观点认为世行阐明的善治概念是不明确的定义。世行官方仍然与联合国支持民主发展的口头共识保持距离。在同一时期，世行发行了一系列关于多方面人权的出版物，其中有包括妇女、本地人及其他人的参与权。③世界银行支持生态政策但不是人权政策。几十年来，世行有生态顾问，但没有人权顾问，世行官方把生态看作非政治化而人权是政治问题。事实上，生态与人权常常与经济表现相联系，这才是世行关注的中心。世行调情人权的系统性关注，是因为大部分公民权利与政治权利与经济存在联系。世行得到授权的是处理经济问题，避免政治纷争。当然，世行知道经济学与人权政治的相互联系。相比之下，欧洲重建和发展银行在创立时，明确表明推进民主发展。④ 但世界银行不

---

① The World Turns Against Corruption, INT'L. & Pol. 39, 66 (1988).

② World Bank, Governance and Development (1992).

③ Voting for Reform: Democracy, Political Liberalization, and Economic Adjustment (Stephan Haggard & Steven B. Webb eds., 1994).

④ European Bank for Reconstruction and Development: Hearings Before the Subcomm. On Int'l Econ. Policy, Trade, Oceans and Env't of the Senate Comm. On Foreign Relations, 101st Cong., 2d Sess. (1990).

是为实现这样的目标而创立，是否跟随欧行的脚步，尚未明确。实践有力证明了一些参与性权利与银行项目的融合，但世行试图努力维持含糊的概念，并使之不同于国际认可的人权标准。

世界银行对于人权与发展相关联系及其相互增强的关系，并不能完全免疫。在《世界人权宣言》50周年纪念日，世行出版了《发展与人权：世界银行的角色》（1998），这是世行采取更积极姿态的证据。"世界银行有助于实现《世界人权宣言》中阐述的许多人权。通过对义务教育、健康保健、营养、卫生、住房与环境的支持，世行已经帮助数以百万计的人获得重要的经济利益和社会权利。在其他领域，世界银行的贡献虽然不是那么直接，但同样显著——帮助反腐败斗争、提高透明度、提高管理的责任、强化司法系统和现代化金融部门，世界银行为环境保护做出了贡献，从而人们能够更好地追求更为广泛的人权。"① 世界银行1998年有关人权的出版物指出，世行关于管理方面的工作对于更为广泛的人权产生间接利益。

因此，世界银行的官方立场显示：世行政策和人权层面的实践，可以描绘为偶然或意外的巧合；世行活动与人权的相互重叠，概括性地表现为实质性和事实上的行动。② 这种活动方式既没有指明这些行动没有以保护人权为目标，也没有确定权利所要求得到的相应义务，同时也没有指明这些领域的重叠干预事实上伤害还是降低了人权保护标准的问题。这样，世行的姿态正如所描述的，通过发展策略与发展行动支持人权。也就是说，人权与世行之间的联系方式，更多的是由世行经济事务的策略与原则方面来证明。世界银行毕竟不是人权保障的执行者，它扮演了一个乐于助人的角色，帮助它的成员国实现它们的人权义务。

---

① World Bank, Development and Human Rights: the Role of the World Bank, World Bank, Washington DC, 1998, www. worldbank. org/htm/extdr/rights/hrtext. pdf.

② Shihato, I. F. I., Political Activity Prohibited in: World Bank Legal Papers, op. cit, Chapter 9, p. 233.

　　本节论述了以下几个问题：（1）联合国作为世界大家庭或体系结构，赞同民主发展为经济发展首选方式；（2）联合国通过经济活动，没有直接支持传统意义上的民主发展；（3）联合国的经济发展计划支持社会经济活动的某些类型的公众参与；（4）民主发展与传统意义上的民主是不相同的。从长远看，或许有助于民主发展。联合国经济计划或经济项目支持微观民主而不是宏观民主。此外，本节显示了，联合国越来越赞同民主发展，尽管世界银行由于各方面的因素并没有明确表示；联合国开发计划署与世界银行现在更多地支持它们的经济发展计划中的公众参与；国际认可的各项参与权利与发展的融合成为人权保障与经济发展问题中备受关注的议题；2000 年的《联合国千年发展目标》及 1990 年以来联合国开发计划署在《人类发展报告》中提出以"人类发展指数"（HDI）衡量各成员国的经济社会发展水平，使人权定义发展、人权引导发展、人权监控发展、人权促进发展成为可能，并提供了理论与技术支持；而 2003 年联合国关于以权利为基础的发展最后为基于权利方式的经济发展奠定了理论基础和提供了法理依据。

第二章

人权保障与经济发展：以权利为
基础的经济发展方式

人权与发展是《联合国宪章》的两大主题，也是我国重大的理论与实践课题。科学发展在于正确认识和运用人权与发展的关系，因为发展并不能定义自身。人性需要是人权与发展相互联系的基点，《发展权宣言》实现了二者的统一。人权与发展的事实交叉、普遍原理、共同目标、法定义务是二者相互结合的表现。人权与发展相互联系与统一为判断、监控发展提供了标尺，从而实现了人权与发展的相互促进、双边加强。

人权与发展的密切关系及人权与发展的长期实践形成了以权利为基础的经济发展方式。以权利为基础的发展体现了价值选择与发展策略，是传统发展方式的必然结果。可持续发展是以权利为基础的发展理论的一部分。以权利为基础的经济发展理论的国际共识的主要内容包括：所有发展项目与发展政策应当促进人权实现；人权原则引导发展规划的所有部分，包括发展的分析与评估。以权利为基础发展的分析与评估主要集中于权利持有人与义务承担者之间的关系，实践方式是人权原则与发展的整合。以权利为基础的经济发展理论的实施，一方面需要通过"民主原则"矫正不合理的权力分配；另一方面需要明确国际人权法体系所规定的具体权利、权利顺序、限制与克减，实现公民权利对政府权力的控制。

当经济发展方式不是以权利为基础会产生：不平等、精英掌控、个人或群体的选择与行动权被剥夺及极端贫困等现象。民主是经济发展的重要措施。民主的基础是自由表达意愿与充分参与，通过赋权与确认公民权利，矫正不合理的权力分配，从而避免弱势群体因为经济贫困与权利贫困陷入恶性循环。民主的本质是"治理"问题，善治是以权利为基础的经济发展的内在要求。以权利为基础的经济发展的法律问题主要是人权与经济发展所涉及的法律基本因素：经济发展过程中国际人权法体系所规定的具体权利；经济权利、社会权利、文化权利与公民权利、政治权利二者的相互关系、权利顺序、限制与克减，民主社会的需要；民主社会的经济发展与权利保障需要政府义务、民主决策与人民自决，从而为以权利为基础的经济发展与权利保障提供法理依据。

第一节　人权与发展的关系基础①

人权与发展是联合国宪章的两大主题，但人权与发展经历了习惯性的单独对待。人权理念可以追溯到古代先知与哲学家的著述，人权的普遍性及基本人权思想日渐得到世界各国与人们的认同。但即便如此，直到 1948 年联合国大会通过了《联合国人权宣言》，人权才成为现代及全世界的术语，成为建构第二次世界大战后国际秩序的基础。与人权理论相比较，发展理论没有同样根深的理论基础，发展理论成长于第二次世界大战后殖民地自治化过程，但对于创造一个更加公正

---

① 当前中国如何实现科学发展是人权与发展问题研究的大背景。关于人权与发展的关系问题研究，国内学者首次进行较为详细论述的当属龚向和教授，参见《和谐社会构建的人权与发展》，《法学杂志》2008 年第 2 期。相关成果可参见罗艳华《如何看待人权与发展的关系——后冷战时代南北方斗争的焦点之一》，《世界经济与政治》1996 年第 8 期；金纬亘《论人权与发展》，《江西社会科学》2002 年第 12 期；肖巍、钱箭星《人权与发展》，《复旦学报》（社会科学版）2004 年第 3 期；张晓玲：《论人权与发展的关系》，《太平洋学报》2008 年第 11 期；龚向和、袁立：《以人权促进发展：工具性人权论》，《河北法学》2011 年 5 月；译著参见 U. O. 乌姆祖里克《人权与发展》，黄语生译。本书正是受到了龚向和教授相关论述的启发，在此表示感谢。

的国际秩序起到了推动作用。人权与发展存在区别，但又是相互联系的概念：发展似乎是促进人权，如适足生活水准权、受教育权、工作权与社会保障权实现的有效工具；另外，环境权应当优先于发展。2000年9月联合国千年首脑会议的"千年发展目标"，"确立了为'为了人权发展'和'基于发展的人权保障'的理念"①。同时，中国从1949年到1976年、1978年到目前两个发展阶段的正反两方面的历史经验与教训说明正确处理人权与发展关系的重要性。当前如何实现"发展"或称之为"科学发展"成为我国迫切的理论与实践课题。但发展由于自身的特点，并不能自我定义是否科学。本节正是基于人权与发展不可分割的特点，论述人权与发展相互联系的基础、人权与发展的统一、人权与发展相互结合的表现，全面论证人权与发展的关系，也即"发展必须存在于人权框架内……发展应当看作人权的内在部分"②，为判断与监控发展提供了标尺，从而实现人权与发展的相互促进。

一　人性需要：人权与发展相互联系的基点

人和人类社会是自然界发展到一定阶段的产物。人类社会作为物质运动的高级复杂的形式，同自然界保持一致性、统一性，又同自然界保持着相对独立性。人是自然的一员，但人同时具有不同于一般自然物的特征，即人的社会属性。人是自然属性与社会属性的统一体。人权与发展正好体现了人的两个基本维度，也即人的社会属性与自然属性。人性需要到人与社会发展的过程是人的自然习性的结果，人性需要到人权的过程是社会的必然产物。因此，人权与发展是自然人与社会人实现人的需要的两种方式。

①　罗豪才：《通过科学发展提升人权保障水平》，《人权》2010年。

②　The Rights way to Development：A Human Rights Approach to Development Assistance (Human Rights Council of Australia eds.，1995).

（一）人的需要到人与社会发展的演变

达尔文关于所有生物必须"为生存而斗争"①的进化论为人的需要与发展之间存在的联系提供了视角："人类的动物起源既然已被清楚地证实，达尔文因而就遵循在动物进化系统中某些特征的进化来深入研究人类进化过程中的某些机制。"②尽管新达尔文主义者的理论认为进化是一个非目的的过程。生物改变的发生不是为特定目的，而是因为基因的变化及与环境的相互作用。基因变化存在概率的可能，但接受或拒绝变化的结果是由自然确定的。随机的基因改变促使下代生物体的变化。如果这些发生在后代的变化能提高后代存活并繁殖的机会，则改良了的基因得到遗传的机会也会得到增加。除非生物体繁殖，否则不管在特殊环境下得到多大的潜在的有益改变都会消失。繁殖成为选择适应环境变化的必要条件。因此，仅仅个体的生存是不够的，个体全面发展包括繁殖下代必不可少。在这里，发展的概念取代了纯粹的进化。

全面发展的要求成为一个物种不可或缺的习性。这些习性会因物种与环境而变化，但必定包括营养需要、寻求对天敌的庇护，当然也包括生物体的繁衍需要。然而，这里的发展仍然与目的无关。这些习惯性倾向本身是基因改变与自然选择的结果，但是这些基本习性的集合体是发展过程的关键基础，或称之为发展的根源。任何基本习性集合体之一的缺失，如植物对水的习性、绵羊对狼的习惯性逃避，都会导致生物体不能发展。

如果我们把生物体全面发展的倾向称为最低条件习性集合，则可把发展倾向定义为进化过程的基本必要条件。达尔文关于为生存而斗争的思想，"同种的个体和变种间生存斗争最为激烈"，"这种生物和其他生物争夺食物或住所，它或者势必避开它们，或者把它

①　[英]达尔文：《物种起源》，李贤标、高慧编译，北京出版社 2012 年版，第 7 页。
②　[法]德尼·布伊康：《达尔文与达尔文主义》，史美珍译，商务印书馆 1999 年版，第 62 页。

们吃掉"，① 常常被理解为"赢者通吃"。霍布斯关于自然世界的想象是自然状态是战争状态，"这种战争是每一个人对每一个人的战争"。② 霍布斯进一步认为，"这种人人相互为战的战争状态……是与非以及公正与不公正的观念在这儿都不能存在。没有共同权力的地方就没有法律，而没有法律的地方就无所谓不公正"。③ 霍布斯关于人的想象："人的自然本性首先在于自保、生存，从而自私自利、恐惧、贪婪、残暴无情，人对人互相防范、敌对、争战不已，像狼和狼一样处于可怕的自然状态中。"④ 达尔文关于自然状态下的物竞天择及霍布斯思想者的观点只是自然状态的否定与静止的一方面。自然状态的想象并不一定存在。狼像其他所有动物体与他者以暴力、恶毒种种方式竞争，但在种群范围内，合作同样普遍存在，且作为进化过程的基本要素。

寻求合作的进化是有目的的发展，发展成为可以控制的过程，主要体现在个体对基本条件的需要方面。对人类而言，发展进入了一个新的境界，也即个人的发展具有社会维度。社会是人的社会，在一定程度上是以人性为基础的。人性在社会中得到进化发展，社会又影响了人性。进化理论与人性理论提供了解释社会的方法。人作为物种进化系统的一部分，人的发展是人性使然，并且具有社会维度。当然不管是人的生存需要还是全面发展需要，仍然存在最低条件习性集合，这也是个体发展的基本必要条件。从而使基于社会的人性发展与人性需要密不可分。可以简化为以下命题：（1）人必须发展（人性）；（2）人需要 X、Y、Z 才能发展（经验判断）；（3）发展是一个相互合作的过程与结果（社会）。

---

① The Rights way to Development: A Human Rights Approach to Development Assistance (Human Rights Council of Australia eds., 1995).

② ［英］霍布斯：《利维坦》，黎思复、黎廷弼译，商务印书馆 1985 年版，第 95 页。

③ 同上书，第 96 页。

④ 同上书，第 5 页。

（二）人的需要到人权的过程

人的需要是由人的习性所决定的，是人维持生存与全面发展的基础。人的生存包括食物、衣服、住房、健康与自由这类需要。这种需要的外在表现形式是多方面的，包括物质方面，如食物，也包括非物质方面的，如安全制度。同时，人的需要又不是静止的，在社会发展过程中不断得到认识并获得完善。这些需要存在一个维持每个人获取适足生活产品及服务的基本需要。基本需要要求维护人的基本生存不能低于一定水准，这些需要的量与标准难以用一般性的术语准确说明，主要依靠所生活的社会条件与状况及其分配制度。基本需要的基本点是每个人都能体面地、全面地参与人际交往、社会交流，不会自惭形秽或存在其他不合理的阻碍。换言之，就是每个人应当在维护人性尊严的条件下能享有他们的基本需要。物质方面的基本需要，用经济学术语说，是指社会贫困线以上的生活标准。显然，人的需要不止于物质方面，还包括非物质方面。根据《公民权利和政治权利国际公约》（ICCPR）、《经济、社会与文化权利国际公约》（ICESCR），基本需要包括：食物、住所、没有威胁存在的环境、安全、健康、知识、工作、良心与信仰自由、表达自由、结社自由、自我决定。

基本需要是维护人的尊严需要。人权基于一个设想，人不仅是理性的人，而且具有社会同情心，关心同类的尊严。通过国家适当的措施，如提供涵盖全国范围的社会公共产品，使这种理性与良心转变成现实。因此，人权对于人的基本需求获取的正当性具有道义与政治方面的强大力量，因而人权对于基本需要的实现具有重要意义。

基本需要的实现是指所有社会成员的最低水准的基本需要的满足。在理想状态下，如果每个社会成员身体健康、受过良好教育，自身都能实现适足水准生活的享有，基本需要的实现都不会成为问题。真实状态是风险社会中的每个社会成员都有可能失去获取适足生活水准的能力，每个人都会年老体弱。然而，在现实社会中，基本需要的满足或实现并不容易解决：富裕国家或社会的人们或许不会大面积出现营养不良，每个人能享受基本教育，但同时也可能存在部分人们的基本需要如工作、住房根本性得到满足或者他们享有的标准远远低于该社会的水平，从而不可接受；贫穷国家或社会的人们营养不良，但可能没有被饿死，人们对食物与基本服务享有有限的机会。"朱门酒肉臭，路有冻死骨"说明，即使社会必需品极大丰富，但每个人的基本需要并不一定能实现。同样，难民营里的难民，即使食物极大地满足了难民的需要，但并不意味难民的食物权得到实现。因为只有提升为权利，基本需要的实现才会是持续的，需要的获取才能成为请求并有明确的义务主体确保实现。这里的命题可以简化为：（1）我需要X、Y、Z才能发展（经验判断）；（2）我应该得到X、Y、Z实现发展（基本人权）。

（三）人性需要之于人权与发展

人的发展需要食物、健康、住房等方面的生理需要，同时也包括良心与信仰自由、表达自由等方面的心理需要，这两方面共同构成了人的完整需要。完整需要包含一个最低条件的需要集合，简称基本需要。如前所述，人与人类基于习性需要发展，满足人自身与人类的需要，发展在物质方面一定程度上是指增加需要的有效供给，包括质与量两个方面。因此，发展必须认为是一个符合人性需要的好的过程。同时，从人性需要到人权的过程表明，社会可能出现产品极大丰富但人的基本需要不能得到满足或不能持续得到实现的情况。只有当人的需要提升到人权，每个人的需要才能实现。在这一过程，人权充当了社会产品或服务的分配角色。因此，人权通过人性需要把人的信息传递给发展，定义、监控与促进发展。从而，人权与发展实现了相互贯通：人权（个人）⟷需要（人与人性）⟷发展（个人与社会）⟷人权（个人）。传递信息方式主要如下：

1. 人权定义发展。人的发展与社会的发展是基于人的习性，因而发展必须是正方向的、符合人性的需要，认为是好的过程。但发展自身并不能定义自己是否科学，是否为正方向。根据基本需要对应基本人权的方法，人权对发展的定义功能体现为：发展不能损害人性需要。其主要方面：一是判断发展模式与建构发展秩序。第二次世界大战对法西斯的审判认为，任何损害他者需要的发展都违反了人权，是非正义的，从而建构了第二次世界大战后以人权为基础的国际秩序。二是判断发展方向与过程。发展必须是满足人的需要，只有个人与众人认为是好的过程才是发展。三是判断发展的品量。有毒奶粉、地沟油、环境污染违背了人性需要，因而损害了人权，不是正方向的发展，从而确保产品与服务的质量。

2. 人权监控发展。国家作为一个整体拥有容量巨大的资源和财富，但弱势群体获取基本需要的权利可能受到限制。从需要到权利的过程其实是需要得到实现的过程。基本需要通过人权方式实现需要，应当集中到一个目标，也即基本需要包括基本商品与服务的实现成为人的完整生活。如何定义"人的完整生活"，及如何监控"人的完整生活"，成为基本需要实现的核心问题。人权通过设立基本需要的实现标准监控与评价发展，规范政府作为义务主体的活动。通过人的寿命、未成年人死亡率，监控与阻止各种不同形式的营养不良。1990 年联合国开发署在《人类发展报告》中提出以"人类发展指数"（HDI）衡量各成员国的经济社会发展水平。比较而言，物质方面的基本需要比非物质方面的基本需要，如文化生活、参与等方面，容易设立指标进行监控。然而，这些非物质方面需要的实现更加凸显了基本需要的重要性。因此，人权为发展确立了标准与评价体系。

3. 人权促进发展。现代社会更加重视有关人的持续的基本需要的研究及人们对这些需要的认同，人们更加挑剔发展的策略。基本需要的实现或实现程度主要取决于两个方面，一是分配的正当性，二是基本需要的有效供给。增加社会产品与服务的供给存在很多方式，与社会发展阶段，特别是与人的技术水平相联系。例如，干净水被广泛认为是人的基本需要，能够有效提高人的身体健康，但必须以人的卫生教育与相应设施存在为条件；免于天花是健康的基本需要，但直到近阶段医学技术提高才实现，因而教育权的实现有利于发展。人权促进人的发展，进而促进社会的发展。只有人权的充分实现，才能实现人与社会更好更快的发展。从而，人权促使社会的发展又回归到人的发展。

二　从发展到发展权：人权与发展的统一

人权与发展的实践在历史上曾经相互分离，处于"人权（个人）……分离……发展（社会）"状态。正如学者言："在很长一段时间内，人权与发展在两条互不搭界的轨道上运行。"① 分离的结果是人权与发展的实践者与政策制定者忽视了彼此的相互学习、相互合作。人权与发展的分离源于人权实践与发展实践双方局部的认识。随着各方面认识的加强及人权与发展实践的不断深化，二者逐步也必然由分离走向相互贯通、相互融合。

发展的概念来源于经济学领域。"发展最初主要是——事实上也近乎完全是——被看作一个经济问题，最早的关于这个专题的著作都是经济学家写的。"② 早期经济学家，如亚当·斯密、大卫·李嘉图、托马斯·马尔萨斯和托马斯·马歇尔等所关注的主要是工业化国家。第二次世界大战后，20 世纪 40 年代、50 年代和 60 年代印度、菲律宾、埃及和后来许多新兴国家的出现，经济学领域的重心才转移到新兴国家。③ 新兴国家传统的经济发展与社会体系对于满足人们的基本生活条件的失败引起世界广泛的思考，从而优先获取基本社会产品与服务，实现普遍需要成为共识。这种认识得到了经济学家、哲学家与人权法学家的赞同。20 世纪 70 年代，发展经济学家采用了基本需要的发展理论解释发展中国家在消除贫困方面失败的原因。发展经济学家有关基本需要理论的目标与罗尔斯哲学体系关于每个人应当得到"基本社会产品"④ 的结论相类似。与此同时，国际人权法关于基本

---

① 龚向和：《和谐社会构建中的人权与发展》，《法学杂志》2008 年第 2 期。

② 江金权：《科学发展观学习读本》，人民出版社 2007 年版，第 231 页。

③ 同上。

④ ［美］约翰·罗尔斯：《正义论》，何怀宏、何包钢、廖申白译，中国社会科学出版社 2009 年版，第 218 页。

需要的权利首次于 1966 年得到《经济、社会与文化权利国际公约》确认。[①] 随后，基本需要在 1986 年作为《发展权宣言》的一部分再次得到确认。[②] 至此，发展权的确立实现了人权与发展的统一。从而人权与发展进入人权（个人）—发展权—发展（个人和社会）相互联系与统一的阶段。

（一）发展权[③]的本真含义

《发展权宣言》第 1 条第 1 款：发展权是一项不可剥夺的人权，由于这种权利，每个人和所有各国人民均有权参与、促进并享受经济、社会、文化和政治发展，在这种发展中，所有人权和基本自由都能获得充分实现。发展权与其他人权一样，在于实现"人人有权要求一种社会的和国际的秩序，在这种秩序中，本宣言所载的权利和自由能获得充分实现"。[④]

发展权成为人权与发展统一的基点，主要因为发展权具有以下特点：（1）把发展定义为"经济、社会、文化与政治"多方面的综合过程，发展的目的是不断提高全体人民与所有个人的幸福；（2）实现"所有人权"是发展的基本要义；（3）重申"有效、自由与全面"参与权，包括参与个人与集体的所有与发展相关的决定；（4）规定发展不得存在歧视与排斥；（5）规定发展必须合理分配利益，发展利益应当及于每个人，发展成果共同享有；（6）规定了发展必须以人为本；

---

① 《经济、社会与文化权利国际公约》序言：实现自由人类享有免于恐惧和匮乏的自由的理想。第二条（一）：每一缔约国家承担尽最大能力个别采取步骤或经由国际援助和合作，特别是经济和技术方面的援助和合作，采取步骤，以便用一切适当方法，尤其包括用立法方法，逐渐达到本公约中所承认的权利的充分实现。

② 《发展权宣言》（1986）第 1 条。

③ 对于发展权的研究，国内学者论述主要可参见汪习根《发展权法理探析》，《法学研究》1999 年第 4 期；《发展权含义的法哲学分析》，《现代法学》2004 年第 6 期；肖巍《作为人权的发展权与反贫困》，《社会科学》2005 年第 10 期；夏清瑕《个人发展权探究》，《政法论坛》2004 年 11 月。本书仅从人权与发展角度解读。

④ 《世界人权宣言》第 28 条。

（7）要求"所有人权的实现"是评估发展的基本标准。

发展权要求通过促进与提供基本需要与服务方式推动所有权利包括所有权利人的公民权利与政治权利的实现。发展权的平等与非歧视原则、参与原则、国家义务原则与透明原则共同组成了人权的基本标准与准则。发展权把不同权利的实现与基本需要的供给与服务紧密联结在一起，从而为全部人权的每一个权利的实现提供了一个最大价值的指示器。发展权同时又为可持续发展提供了法理依据：禁止不可持续发展，维护可支撑的自然环境；促进人的发展。

（二）个人发展权与集体发展权

传统意义或者严格意义上的人权是指个人的权利。因为只有个人才能吃喝、选举与表达。人权的本来含意是"个人面对政府权力机关或机构有自治与自由的请求"，[①]从而形成公民权利控制政府权力的基本法治架构。集体权利或群体权利所指的是个人权利的集合体。只有当个人权利与集体权利的竞争或紧张存在于个人权利的享有与其他个人权利享有或者一个群体内的个人权利的享有与其他群体个人权利享有之间，竞争或紧张的概念才是有意义的。这种竞争或紧张关系说到底还是个人之间。

个人与集体分裂的原因在于对个人的独立性与相互竞争性的过分强调及对国家、社会与人性的不同理解。[②]个人、社会或国家的概念常常看成对立的、不兼容的。事实上，在任何情况下人必须整体看待与整个环境的联系，包括与具有一致目的的共同社会的其他人、为促进权利享有而设立机构的关系，只有这样，个人才能理性与真实。关于集体与个人关系，卡尔·马克思的早期作品认为：个

---

① Walter Laqueur and Barry Rubin, eds., The Human Rights Reader（New York：New A-merican Library, 1979），p. 61.

② 对于国家、社会与人性的不同理解必然得出权利的不同理解。这是发展中国家与发达国家、民主国家与专制国家除开利益争夺方面的原因而产生人权认识分歧的理论根源。

人自由的社会属于个人，因此，社会的概念应当包含于个人的概念。①
因此，将个人权利吸收到抽象的群体或集体，掩盖实际的权利，才导
致了个人与集体、群体与群体之间的陷阱。使用语言的例子正好可以
解释个人权利与集体权利的行使。权利人使用某种语言的权利派生于
自由表达权、结社自由权、受教育权与工作权。鉴于语言权利显著的
重要性，社会及其政府有义务确保个人权利的享有，即使在多语言社
会，社会及其政府同样有义务寻求相互合作的方式确保权利实现。语
言的个人权利正好在群体或社会中实现。

综上所述，虽然发展权的属性存在诸多争议。② 但发展权的本真
意义及个人权利与集体权利的关系说明集体发展权并没有也不能凌驾
于个人发展权之上。这是由发展权的普遍性、不可分割性决定的。③
同时，也是由所有人权保护的平等与非歧视基本原则所决定的。也就
是所有人权都是平等的、普遍的、不可分割的。

三 事实交叉、普遍原理与共同目标、法定义务：人权与发展相互结合的三重表现

无论从实质还是事实角度而言，人权与发展显然是深深交织在一
起的概念，这是毋庸置疑的。在人权与发展日益全球化的背景下，这
种表现再明显不过。④ 总体而言，人权与发展相互联系、相互贯通主
要表现在以下几个方面：事实与实质方面；二者的普遍原理与共同目
标；法定义务方面。

---

① Karl Mark, "Every emancipate on is a restoration of the human world and of human relation-ships to man himself", T. B. Bottomore, ed., *Karl Mark Early Writings* (New York: McGraw-Hill, 1964), p. 31.

② 参见何志鹏《权利基本理论：反思与构建》，北京大学出版社 2012 年版，第 168—193 页。

③ 《发展权宣言》第 1（2）条。

④ Brysk, A. (ed.), Globalization and Human Rights, University of California Press, Berkeley, 2002.

（一）事实交叉

人权与发展在实践上或事实上的交叉表现在国际金融组织在功能、责任与行动方面不断扩大的范围与基本人权公约关于物质供给方面的规定。[1] 这一层面的连接是指事实上的控制，目前国际发展援助的范围或项目的捐赠无可否认地具有人权维度。主要体现在以下领域：（1）受发展实践影响的领域或行动的范围是广泛的，很少受到具体项目的限制，但必须承担人权义务，与此相联系的是非国家行为者包括国际金融组织的经济与政治力量的显著扩张，主要体现在国际方面。[2]（2）事实上的重叠不是人权对发展产生影响的效果分析，而是对人权政策及对人权保护的自觉理解与遵守。发展政策不断与人权远景一体化，[3] 其方式要么是"方向明确"，要么是"不谋而合"。发展机构与发展银行的授权任务是消除贫困、促进人与社会的发展。贫困的理解是复杂的，存在多种术语，但从人权到发展的本质关联性越来越明确。[4]

人权与发展除了上述两个方面的事实上的重合，与之相连贯的趋势是捐赠者把人权融合到发展策略当中，从人权对话到明确的人权计划、详细的人权关爱，再到以权利为方式的发展。人权与发展的相互

---

[1] Brodnig, G., The Word Bank and Human Rights: Mission Impossible? Carr Center for Human Rights Working policy, Working paper T-01-05, Carr Center for Human Rights Policy, Kennedy School of Government, Harvard University, Cambridge, 2001.

[2] Wahi, N., Human Rights Accountability of the IMPE and the World Bank: A Critique of Existing Mechanisms and Articulation of a Theory of Horizontal Accountability, UC Davis International Law & Policy, Vol. 12, 2005-2006, pp. 331-407, 332.

[3] OECD DAC, Integrating Human Rights Into Development, Donor Approaches, Experiences and Challenges, OECD, Paris, 2006.

[4] World Bank, "Comprehensive Development Framework Earlier", see President Robert Mc-Namara, Address to the Meeting of the Board of Governors Copenhagen, Denmark, 21 September 1970 as quoted in: Mason, E. and Asher, R., The World Bank since Bretton Woods, Brookings Institution, Washington DC, 1973, at p. 475.

重合与人权与发展的相互依赖成为潜在的互补的方法。① 日臻完善的发展概念与人权和发展相互补充的方法是一致的，同时为实现二者共同的全部目标、相互增强提供了机会。人权与发展的互补性和相互依赖性得到了日渐增长的系列国际行动的认可。② 2003 年联合国关于《以人权为基础发展合作的共识》和 2005 年联合国《千年发展目标》报告体现了这一认识。

人权与发展的事实重叠说明了人权与发展在许多领域有着共同的基础。人权与发展之间的相互关系得到认可是因为人权与发展促进了彼此的增强、助成了共同的目标能够得到理解和实现。但应当指出的是，无论是从目的还是结果方面而言，不是所有的理论上的相关行动都对应于人权，也不是所有的重合能说明发展行动能促进人权。明确人权与发展的相互联系旨在促进发展过程中的人权保护及发展行动不能忽视或侵害人权。

（二）普遍原则与共同目标

从普遍原则与共同目标方面分析，更多的是从策略层面而言。人权与发展存在一个明确的共同的作为普遍原则的集合。这个集合不能因为人权与发展偶尔的重叠而打折扣，也不能在实施中流于形式而被忽视。目前，数个人权原则成为发展的中心议题，被认为是成功发展与可持续发展的关键。这些原则日渐整合到发展策略与发展实践当中。主要包括以下几个原则：责任原则、参与原则、平等原则及良好管理。良好管理是实现可持续发展的必要条件。

就原则层面而言，这几项原则成为人权与发展的基本原则的交集是因为：一是发展概念的完善，丰富了目前有关发展的属性、目标与参数。发展不再专属于经济增长、资本投资、基础设施发展、贸易与工业化范围。发展被广泛认为与人的能力提高、以权利消除贫困、基

---

① Office of the High Commissioner for Human Rights（OHCHR），Righting the MDGs，UN，Geneva，forthcoming 2007，p. 13.

② 世界银行：《人权与发展：世界银行的角色》，世界银行（华盛顿），1998，p. 2。

本自由方面相联系。① 二是认识到经济发展不能鉴定自身，也就是说发展本身不能定位与鉴定发展。因此，合乎逻辑地认为，发展的最终目的是提高人的条件，根除贫困。因为贫困不仅仅是经济方面的匮乏或物质方面的剥夺，发展的目标必须在实质自由与提高人的能力方面寻找答案，将发展的全部术语置于人权框架内。因此，在一定程度上，人权的目标才是发展问题的本质。结构性不平等的原因与结果、不自由都与发展密切相关，与人权所关注的是相同问题，人权与发展其实是从不同角度、不同侧重点使用不同术语进行论述。以下关于发展原则与人权原则的双边加强的论证反映了人权与发展的共性。

1. 管理

管理是公共机构行使职能，谨慎、精明、节俭地安排公共资源、交付公共产品与服务、进行基础设施建设、创造投资环境等，相关公共事务行为依法治理的过程。因此，政府得到支持的理论基础在于，责任与义务、政治稳定、透明、法治与各种形式的反腐。良好管理是消除贫困与发展经济的必要条件。相反，腐败与弱势管理常常造成支持经济发展与穷人获得发展机会的资源的浪费，这些资源被腐败分子或腐败集团自肥或瓜分。世界银行的政策与各种行动都反复强调管理与反腐。② 因此，我们可以发现成功的管理与人权的实现是一致的。

管理与人权保护条款之间的重合与一致值得我们关注。管理直接与公民权利、政治权利相关，好的管理以尊重人权为系统特征。政府的政局稳定与健全的经济管理在于与人权相结合。《公民权利和政治权利国际公约》（ICCPR）的第九条与第十条规定的自由权、第二十二条规定的自由结社权、第二十五条的参加公共事务的权利，如果没有好的管理，就难以实现。与此相类似的是经济权利与社会权利的实

---

① ［印度］阿玛蒂亚·森：《以自由看待发展》，任赜、于真译，中国人民大学出版社2002年版。

② World Bank, Helping Countries Combat Corruption: The Role of the World Bank, World Bank, Washington, 1997.

现，管理同样至关重要，特别是公共资源与公共产品的分配、公共服务的平等机会。① 如果政治不稳定、相关公共部门管理混乱，《经济、社会与文化权利国际公约》（ICESCR）第十二条的健康权、第十三条的受教育权将会岌岌可危。最新研究表明社会权利与经济权利的实现需要法律、政治与履行经济义务三者之间的相互配合与协作。② 可见，良好管理是实现人权的必要条件。

以上是管理成为人权实现的必要因素。那么人权又为管理提供了什么呢？人权原则为所讨论的管理的多个领域建构产生影响。例如，公民社会的建设、议会、市民与公民团体，人权方面的有关透明、信息自由、磋商、集会自由、政治动员及责任原则等是有效管理的基础。

2. 问责

责任原则是整个人权框架的中心，在许多方面定义人权的特有目的。权利给了个人方法或授权个人，通过具体形式约束政府及通过与权利相关的义务限制相关方。责任是要求执行义务的资格或潜在可能实施的基础。权利提供了确保义务实施的方法与形式，在一定程度也确保了责任的落实。区别的是，权利的实施通过义务的实现体现责任。因此可以认为，有效的问责是人权促进发展的方式，也是人权原则对发展的重要作用。

责任与许多关键的发展政策的目标及行动相联系，甚至被看作许多发展目标与行动的前提条件。宏观层面而言，责任与发展机构有义务为预期用途有效使用捐赠基金相联系，从而通过程序确保成功操作，确保基金使用的效能。③ 这里基金使用以法律或信托义务为特征，

① Betting, J. et al. (eds.), Human Rights in a pluralist World: Individuals and Collectivities, Meckler, London/Westport, 1990, p. 247.

② Gauri, V. and Brinks, D., The Impact of Legal Strategies for Social and Economic Rights in Developing Countries, Cambridge University Press, Cambridge, 2008.

③ World Bank, Governance: The World Bank's Experience, World Bank, Washington, D. C., 1994.

接受援助或捐赠的政府或机构负有对称义务，从而确保政府或机构对捐赠者和受捐赠者的责任。① 2005 年《巴黎宣言》原则有关的共同责任，强调通过责任机制、充分监督、互惠委托以提高援助的有效利用，正是这方面的例子。② 社会责任原则在发展政策中的突出作用是因为社会责任与消除贫困、持续发展直接相关。③ 世界银行认为：社会责任机制是指一个范围广泛的社会行为，公民、社团、社会组织能够控制政府官员与机构并使之承担责任。这些行为不仅仅限于选举，包括公民参与公共政策的制定、参与预算、参与公共支出跟踪，市民监督公共服务的给付、参与咨询委员会，市民能够参与游说与倡议活动，相关证明显示公民参与公共资源管理机制相当有成效。④

综上所述，在发展环境下，以人权原则为参照理解诸如责任原则的定义和内容，将会强化与丰富实践上的发展原则。特别是人权原则将会促进各种层级包括水平与垂直方向的责任审查、强化各种类型责任的落实，如经济、政治、社会与法律方面的，同时推动发展原则的有效实施。总之，通过凸显义务方式，人权框架对发展政策与责任原则的理解与实现产生了实质作用。

3. 参与

责任原则很大程度依赖于参与的措施，它的品质同样依靠参与方式的特点，包括信息体系的利用、权力结构通道与发言权的使用等。⑤ 参与过程认为是许多核心人权的关键，参与因为它的内在价

---

① 2005 UN Social Forum（UN Sub-Commission for the Protection of Human Rights）on Poverty and economic grow：challenges to human rights（July 2005）.

② www. oecd. org/dataoecd/11/41/34428351. pdf，最后访问时间 2012 年 12 月 31 日。

③ E. G. Ackerman, J., Social Accountability in the Public Sector：A Conceptual Discussion, Social Development Paper No. 82, World Bank, Washington, D. C., 2005.

④ http：//worldbank. org，最后访问时间：2012 年 12 月 31 日。

⑤ Vene Klasenm, L., Miller, V., Clarke, C. and Reilly, M., Rights-based approaches and beyond：challenges of linking rights and participation, IDS working paper no. 235, Institute of Development Studies, Falmer, Brighton, 2004.

值得到社会认可。参与的特征理解为拥有机会，直接与权利相关。没有参与，许多公民权利与政治权利将失去意义或者无法实现。[①]相反地，参与权又依赖于其他很多权利。[②] 因此，参与居于人权框架的中心位置。

从发展行动角度看，参与对于确保发展策略是对穷人的真实需要的回应及发展的可持续必不可少。参与作为好的发展实践的基本要求，成为消除贫困策略的中心，它的重要性是显而易见的。[③] 参与对于发展作用的有效性与可靠性是普遍的。世界银行特别强调参与原则与消除贫困的关系：参与是利益相关者影响、控制优先顺序制定、政策制定、资源分配或项目实施的过程。参与不是蓝图，因为参与在不同背景实现不同目的充当了角色。因此，发展中国家在经济宏观与微观层面以相互补充为方式，采取社会各方面分享合作的方法才能取得最大的效益。这些方法应当包括以下几个要素：以结果为导向的参与行动计划；信息公开策略；管理上的多方利益相关者参与的制度安排。因而，参与为发展政策、发展实践与人权原则的结合提供了又一例证。[④]

事实上，因为与人权的结合，参与原则得到进一步的强化。这就是人权原则能够矫正权力失衡、相关程序的不对称，确保穷人与弱势群体的参与及全部信息共享的原因。用合乎实际的术语说，人权框架似乎已经界定了发展过程。

---

① 《世界人权宣言》第 21（2）条关于有平等机会参与本国公务的权利；第 29（1）条关于人人对社会负有义务，因为只有在社会中他的个性才可能得到自由和充分的发展。

② 《世界人权宣言》第 18 条关于思想、良心与宗教自由的权利；第 19 条关于自由表达的权利；第 26 条关于受教育的权利。

③ World Bank, Participation in Poverty Reduction Strategy Papers: A Retrospective, World Bank, Washington DC, 2002.

④ Nyamu, C. and Cornwall, A., What is the "Rights-Based Approach" all about? Perspectives from the International Development Agencies, IDS working paper 234, Institute of Development Studies, Falmer, Brighton, November 2004.

4. 平等

平等与非歧视原则是国际人权法的基础。平等既是原则又是权利，平等确保权利得到尊重、保护与实现。在国际人权法框架内，平等的概念为不平等的本质及不平等的复杂多样的表现提供了丰富的法理解释。通过调节直接与间接歧视、目的性与非目的性歧视，国际人权框架提供了系列卓有成效的方法与方式消除结构性、系统性与具体环境下的不平等，消除个人歧视及多重形式结合的歧视。因而，平等有了丰富与多样的定义，不仅仅理解为法律思考或法律的运用。从人权角度而言的平等，认识到权利形式平等是不够的，人权要求实现实质内容与分配结果的平等。

2006 年关于《平等与发展》的世界发展报告广泛认为不公平待遇与发展相关联，结构性与系统性不平等妨碍经济增长。不平等事务不仅有内在的原因，而且有结构性的原因。2006 年世界发展报告认为平等建立在两个基本原则之上：机会平等；避免绝对剥夺。在这一点上，平等的概念包含过程，也即形式维度上的平等，也包括结果，也即实质方面的平等两个方面。报告从结构与系统两个方面调查国家内部与国家之间的不平等现象，关注相关政策运用，推断机会不平等与绝对剥夺是否危害了长期繁荣。国际社会普遍认可重新分配理论的重要性，也即强势群体、富人与穷困群体之间的重新分配。权衡平等与效率，从长远的观点看，平等的价值应当得到认可。所有宏观与微观经济政策要求在增长的效率方面与分配的平等方面都要取得成果。

平等原则阐明人权与发展存在一个可证明、同一的重合。从人权角度，人权的平等原则系统性地与发展结合，将会进一步强化并丰富发展过程的平等原则，从而取得更透明、更有效、更持续的发展。在所有例子中，人权原则与发展原则的结合将会确保发展中的责任，从而推动全面、协调与可持续的发展。

（三）法定义务

义务是人权与发展相互联系的又一交叉点。"人权的与众不同是隐含着义务。"①"权利需要相应的义务。"② 因此，没有义务也就没有权利。那么在发展背景中识别人权义务的正确起点是什么？人权的核心机制是政府义务，政府是天生的、必然的义务来源者与提供者，这是识别人权责任的法律逻辑起点。在一定程度上义务机制是与发展相联系的。世界上大部分国家批准了有关核心人权公约，如《经济、社会与文化权利国际公约》包含了实质性发展维度的条款，直接要求实现发展行动。因此，作为人权责任的法律逻辑起点始于义务，又与发展自然地联系在一起。这里当然不排斥其他广泛人权的存在，且能够与非政府主体行动一致。所以，这里论证的内容不是克减或贬损其他类型的人权义务与将来的发展规划，而是与可持续发展相关的各类法律的相互补充、相互作用。同时，由各类法律所产生的义务认为是相互兼容的而不是相互排斥的。

国际人权学者艾德（Eide）认为，政府义务内容的分类或者称为政府在人权与发展背景下履行义务的方式主要是：尊重义务，保护义务与实现义务。③ 政府的尊重义务是指政府通过不干预个人权利的享有方式实现权利人的权利，个人权利得到尊重可以理解为政府最低义务的一部分。政府的保护义务与对第三方行为的调整相联系，是指政府有义务采取积极措施确保人权不被侵犯。政府保护义务的核心问题是对第三者人权侵犯行为与相关保护措施的责任。政府的实现义务要求政府采取积极措施确保人权体系所认可的但通过个人努力不能取得效果的权利的实现，要求采取集体或国家行动。

与发展权相联系的政府义务具有一定的独特性，因为其来源与内

---

① Waldron, J. (ed.), Theories of Rights, Oxford University Press, Oxford, 1984.

② Eide, A., "Economic, Social and Cultural Rights as Human Rights", in Eide, A., Krause, C. and Rosas, A., *Economic, Socail and Cultural Rights: A Textbook, Martinus Nijhoff, Dordrecht*, 2001, p. 22.

③ Eide, A. and Krause, C. (eds.), A., Economic, Social and Cultural Rights: A Textbook, Kluwer, The Hague, 2001, p. 139.

容是一组不同的考虑。① 与其他具体人权相比较而言，发展权是第三代人权，也称为集体权，意味着它的义务是一个更为分散的集合，一般而言是潜在的共享，不是限定于个人与政府的二进制和线性关系，而是既定的群体、集体甚至于代际。因而潜在的义务实施更多地具有集体性。② 与此一致，《发展权宣言》强调合作，③ 可以推断政府的义务，包括个人方面与集体方面的，应当彼此协调，确保发展并消除发展中的不利因素。④

　　这里的主要观点是政府负有保障人权不可推卸的法定义务，这一焦点问题能够通过有效请求得到推动，从而最终在发展过程中实现所有的人权目标。所指的国家义务的核心内容主要是对国际人权框架的认同，人权成为发展的价值体系，同时明确要求所有法定义务的全部内容得到实现。国家义务法律依据的关键性与结构性前提是：一是需要作为国际组织的成员国把所承担的人权义务分解到发展中；⑤ 二是出于实践目的，政府义务的焦点是基本义务，包括国际体系中政府行为的义务。⑥ 强调法律义务的目的是发展的适应性，通过引证人权方式加强政府发展责任的实现，政府的义务和责任应当援引人权体系的现行规定。"适用与政府实质义务相联系的现行程序，包括联合国人权公约规定的报告机制、国际人权主体实践的一般性意见和建议，将产生很好的效果。"⑦

---

　　① 《世界人权宣言》第 28 条：人人有权要求一种社会的和国际的秩序，在这种秩序中，本宣言所载的权利和自由能获得充分发展。发展权正好体现了这一原则。

　　② Orford, A., "Globalization and the Right to Development", in Alston, P. (ed.), Peoples' Rights, Oxford University Press, Oxford, 2001, pp. 127–183.

　　③ 《发展权宣言》（1986）第 4 条；《维也纳宣言和行动纲领》第 1（10）条。

　　④ 《发展权宣言》（1986）第 4（1）条。

　　⑤ Clapham, Human Rights Obligations on Non-State Actors, Oxford, 1993, pp. 137–159.

　　⑥ Skogly, S. I., "The Human Rights Obligations of the World Bank and the IMF", in Van Genugten, Hunt and Mathews (eds.), Cavendish Press, London, 2001, p. 45.

　　⑦ "Report on the Working Methods of the Human Rights Treaty Bodies Relating to the State Party Reporting Process Note by the Secretariat", UN doc. HRI/MC/2007/6, 29 May 2007.

关于人权与发展的法定义务问题的共识：一是在发展过程中的政府的法律义务与责任的地位并没有确立，在这种背景下提及的人权没有与义务相类似的概念一起出现，这样削弱了人权与发展的整个过程。二是更为稳健的和渐进的方式识别相关义务来源的方法是在国际人权公约框架内确立成员国的义务，而不是援引其他国际公法确定新的人权义务。因为如果通过这种方式，国家义务将会更加难以确定。三是强调在发展过程中的人权义务缺损能够得到有效纠正。国际社会在人权公约框架内对政府义务的持续关注将会强化所有国际人权成员国政府行为，关注的空间从联合国人权委员会或联合国人权条约主体到联合国秘书处到联合经济与财经事务委员会或欧盟。这种方式的前提是政府承担人权义务，关注的内容从行为评估到行为影响，当然也包括了发展。

国际人权法的目的是实施人权保障行动，从而尽可能最大限度地实现人权保护。需要分析，人性一方面阐明了人权与发展相关联的本质原因，另一方面论证了人权（个人）←→需要（人与人性）←→发展（个人与社会）←→人权（个人）这一过程的正当性与必然性。《世界人权宣言》（UDHR）、《公民权利和政治权利国际公约》（ICCPR）与《经济、社会与文化权利国际公约》（ICESCR）三个核心人权公约的签订与生效正是这一过程的必需产物。三个公约对于人权保障的贡献也正是基于人的需要：一方面有助于富裕国家与贫困国家就人权的准确含义取得共识；另一方面不仅为个别政府也为国际经济发展体系提供了系统的监控标准，区别人权与发展不一致的领域，指明应当采取人权措施的地方。特别是《经济、社会与文化权利国际公约》（ICESCR）要求政府提供独立的报告，基本需要又为政府报告的内容提供了详细的指导方针。

从发展到发展权实现了人权与发展在实践上的由分离到统一。发展权的本真含义是人的所有人权和基本自由都能获得充分实现。发展权的实现条件是：个人与群体对权力的抵御；平等与非歧视原则及参与原则适用于所有成员，不因种族、人种、性别、肤色、语言、宗教、政治或其他见解、国籍或社会出身，或其他身份、少数民族、财产和出生等原因而区别；确保个人与群体的生活尊严得到支持，免于贫困，有权取得最低标准的食物、水、健康与教育等。因此，集体发展权并没有也不可能凌驾于个人发展权之上。

人权与发展的事实交叉、普遍原理与法定义务是二者相互结合的表现。人权与发展实践的探讨将会增进二者的理解，发展实践对人权框架的依赖及发展的人权义务将会加强二者的整体话语。所讨论的来源于现存国际人权公约及国内法的政府义务，为人权保障与经济发展提供了逻辑解析结构。同时，监督机制及报告机制的有效利用，将会在经济发展中增强与推动人权保护。关于人权与发展的关系探讨为人权保障与经济发展的进一步研究提供了逻辑起点。

第二节　以权利为基础的经济发展理论的解读

以权利为基础的经济发展在联合国体系内已经由来已久。20 世纪90 年代，作为世界范围经济结构调整时期经济发展失败的反应，以权利为基础的经济发展在不同背景以多种形式得到扩展，从以社区为基础的人的能力发展到把宏观政策背景下的人权整合到国家发展规划的经济发展。1995 年，澳大利亚人权委员会（HRCA）出版了《权利方式发展：人权方式与发展援助》。[①] 联合国机构在 2003 年的一次研讨会上，设定了以权利为基础的经济发展的一般原则与要素，这也称作联合国关于以权利为基础的经济发展的共识。

随着以权利为基础的经济发展共识的形成，在这个层面上，人权与发展是不同的概念，但在同一过程是不可分离的两个方面。"人权与发展的边界消失，两者在概念与实际操作上成为社会变革同一过程

---

① The Rights Way to Development: Human Rights Approach to Development Assistance (Human Rights Council of Australia eds., 1995).

不可分离的部分。"① 经济学界关于发展的理论研究,得出了同样的观点。1998 年诺贝尔经济学奖获得者阿玛蒂亚·森做出了当前最为突出的论述,他把"发展"定义为人的能力的扩展与实质性的人的自由,经济的发展就其本性而言是自由的发展。②

以权利为基础的发展（A Rights-Based Approach to Development）存在多种表达方式。③ 可以称为"以人权为基础的经济发展"或"以权利为基础的经济发展方式"。但不管何种称谓,所论述的中心议题仍然是人权与发展关系的进一步研究。阿玛蒂亚·森从经济发展角度归纳了关于发展的一般性观点:一种观点把发展看成一个严酷的过程,充满"血汗和眼泪";另一种发展观把发展看作基本上是一个"友善"的过程。④ 与有关人权与发展关系的"流行的看法"⑤ 相对比,本节论述以权利为基础的经济发展的相关理论、联合国关于以权利为基础的经济发展的共识、以权利为基础的经济发展的分析与评估、以权利为基础的经济发展实践,论证了人权保障与经济发展的一致性,目的是实现以人权定义经济发展、人权引导经济发展、人权监控经济发展、人权促进经济发展。

---

① Peter Uvin, Human Rights and Development (2004), p. 122.

② ［印度］阿玛蒂亚·森:《以自由看待发展》,任赜、于真译,中国人民大学出版社 2002 年版。

③ 以权利为基础的发展在国际文件与英语论著中主要有: The Rights Way to Development; A Rights-Based Approach to Development; Human Rights-Based Approach to Development, 等表达方式。

④ Peter Uvin, Human Rights and Development (2004), pp. 29–30.

⑤ 流行的看法认为,要实现迅速发展,必须在中短期时间内牺牲人权。在 20 世纪 60 年代,认为必须暂时牺牲公民政治权和社会经济权成为一种占统治地位的正统看法。在 20 世纪 70 年代,尽管发展经济学对分配和基本需要问题的关注不断增长,使主张交换论的热情受到一定挫折,但是独裁压制（authoritarian repression）仍然被普遍看成对发展是有用的,甚至是必要的。参见 ［美］ 杰克·唐纳利《普遍人权的理论与实践》,中国社会科学出版社 2001 年版,第 193 页。

一 以权利为基础的经济发展方式的理论根源及相关理论

人权理论与经济发展理论经历了各自单独发展到融合生长的过程。发展的概念来源于经济学领域，随着新兴国家的兴起，研究对象由最初的发达国家的经济发展转移到发展中国家经济。第二次世界大战后经济发展方式经历了传统经济发展方式、以需要为导向的经济发展方式，再到经济结构调整，最后形成以权利为基础的经济发展方式。以权利为基础的发展理论是经济学家、人权法学家、哲学家多方面的共同认识，也是人权理论与经济发展理论相互发展的必然结果，体现了经济发展的价值选择与方法论。

（一）传统经济发展方式的薄弱环节

传统意义上，发展被认为是增加一个国家的国内生产总值（GDP）。在这种理念下，经济发展策略的基础与目的是 GDP 最大化。这种观点认为 GDP 的增长会导致社会财富的增长和个人财富的增长，把社会与人的发展看作增长的派生目标与经济增长的功能。任何发展的中心目标是人。然而，这种经济发展方式在制定政策的过程中，人被置于次要位置，让位于 GDP 增长。此外，经济活动对环境与人的健康的冲击，传统经济发展方式认为是外部效应，交由自由市场处理。

此外，政府在制定经济发展规划时，很少顾及权利保护与本地人的利益。"政府很少与本地人商量，本地人的利益要服从称之为高于一切的国家利益，他们的利益要为了市场驱动的商业目标、发展新的经济活动、利润与产量最大化让路。"① 传统的经济发展干预常常是自上而下的，很少或者根本没有协商，缺乏利益相关方的参与。当经济发展计划或项目缺乏参与机制、信息反馈或投诉机制时，负方向的发

---

① R. Stavenhagen, Human Rights and Indigenous Issues Report of the Special Rapporteur on the Situation of Human Rights and Fundamental Freedoms of Indigenous People, 2001/65, E/CN. 4/2003/90.

展难以得到纠正。权利持有人（常常称为受益人）没有得到授权，约束义务主体，并使之承担责任。因而本地人往往成为发展的牺牲品。这能部分解释为什么传统发展机构或人员并不在意人权保护、环境污染等问题。

因而传统的经济发展方式受到多个方面的批评：（1）未能集中于把人作为经济发展的中心目的。结果是个人权利常常为了发展成为损害对象。"特别是在发展中国家，人权受损被看成经济发展的理所当然的前奏曲。"① （2）以 GDP 增长为目的的经济增长未能真正充实人们的生活。举例说明：效率优先方式导致不公平的经济发展成果分配；弱势群体如妇女、儿童、流动人口与务工人员的权利没有随 GDP 增长得到保护。（3）导致经济政策很少考虑到环境的承受能力，项目的环境评估流于形式，自然资源过度消耗。（4）由于经济发展计划或项目缺乏参与机制与监督机制，经济发展的负面影响难以得到有效纠正，本地人的权益往往沦为经济发展的牺牲品。

人权与发展是联合国宪章的两大主题。但发展基于自身的特点，并不能自我定义。另外，由于人权保障与经济发展不可分割的特点，也只有人权能够通过人性需要把人的信息传递给发展，定义、监控发展。因此，发展必须与人权的实现一致且兼容，经济发展过程的品质应当通过始终如一的人权原则的实施来保障。理想的经济发展方式是产出结果倾向于通过预定指标进行监控，发展过程通过指标监控无盲点。人权监控开辟了新的经济发展方式，确保发展目标回归到人本身。从而新的发展方式取代传统发展方式成为发展的必然选择。

（二）以权利为基础的经济发展方式的形成过程

传统的发展计划侧重于狭义上的经济发展，这种发展方式把人作为援助的对象，而不是因为人的请求或权利，使人成为发展的中心。

---

① Y. Osinbajo & Ajayi, Human rights and development in developing countries, (1994) 28 International Lawyer, p. 727.

20 世纪 40 年代后，印度、菲律宾、埃及和后来许多新兴国家的出现，经济学领域有关发展的重心转移到新兴国家。[①] 新兴国家传统的经济发展与社会体系对于满足人们的基本生活条件的失败引起世界广泛的思考。20 世纪 90 年代，经济发展经历了结构调整失败。人们逐步认识到发展不再专属于经济增长、资本投资、基础设施发展、贸易与工业化范围。发展广泛认为与人的能力、自由及权利相关联。[②] 狭义上的经济发展概念扩大为广泛意义上的发展，从广义上解释，经济发展不仅指经济增长的产生、产品与服务供给的扩大、人的能力增长，从而实现人能够最终决定"何种生活方式"[③]。这样人的发展、自由的扩大与人权保障成为经济发展计划与项目的最终目的，从而为经济发展指明了方向，又为人权法、人权标准与人权原则进入经济发展过程在概念与实践上铺平了道路。

　　人与人权能够成为发展实现的终极目的。人权法、人权标准与人权原则提供了有力工具。人权提供了具体的和获得国际认可的整套义务与请求体系，能用于引导与规范发展过程，同时提供了经济发展的基本框架，在实际操作上定义、监控与促进经济发展。联合国首次确认人权与发展联系的官方文件是 1986 年的《发展权宣言》。虽然发展权与以权利为基础的发展是两个不同概念：发展权作为权利形式；以权利为基础的经济发展主要指经济发展策略和经济发展的价值选择。1997 年作为联合国改革计划的一部分，联合国秘书长安南在他的《共同理解的声明》中赞同以权利为基础的经济发展，号召所有联合国机构采取以权利为基础的方式，《声明》特别指出："所有合作发展项目、发展政策与技术援助应当促进《世界人权宣言》和其他批准生

---

①　江金权：《科学发展观学习读本》，人民出版社 2007 年版，第 231 页。

②　［印度］阿玛蒂亚·森：《以自由看待发展》，任赜、于真译，中国人民大学出版社 2002 年版。

③　Jean Dreze and Amartya Sen, India: Development and participation（2002）（2ⁿᵈ ed.）, pp. 35-36.

效的国际人权公约所规定人权的实现。"① "《世界人权宣言》和其他批准生效的国际人权公约所规定的人权标准与人权原理指导所有发展合作与发展计划的各个方面及发展过程的所有阶段。"② 2000 年联合国发展计划署（UNDP）在《人类发展报告》中指出：促进人的发展和实现人权享有在许多方面作为一个共同目的，反映了保护所有社会人们的自由、幸福与尊严的基本承诺。③ 联合国机构在 2003 年的研讨会上，设定了以权利为基础发展的一般原则与要素。这样众多联合国机构，如联合国发展计划署（UNDP）④、联合国儿童基金会（UNICEF）⑤ 与联合国教科文组织（UNESCO）⑥ 通过了以权利为基础的方式实施经济发展计划。许多非政府组织（NGOs）与国家发展机构⑦也承诺采纳以权利为基础的发展。

　　值得注意的是，以权利为基础的经济发展方式并不能解决所有的问题。"发展共识通常表达了承诺采取以权利为基础的经济发展策略，但这种方式很少在实际中得到运用。"⑧ 因此，以权利为基础的经济发展方式在实际运用上仍然存在诸多的不尽如人意，其原因既有人权标准的不一致的看法，也存在政治环境等多方面的因素。但以权利为基础的发展方式无疑在国际社会取得了广泛的共识。

---

① UN Secretary General, Kofi Anan, Reform at the United Nations, http: //www. un. org/reform.

② Jean Dreze and Amartya Sen, India: Development and participation (2002) (2nd ed.), p. 158.

③ 联合国发展计划署：《人类发展报告》，2000 年。

④ UNDP, Integrating Human Rights in all Development Activities, http: //www. undp. org/governance/humanrights. htm. 最后访问时间：2012 年 11 月 20 日。

⑤ UNICEF, Executive Board, Draft Medium Term Strategic Plan, 23 May 2005.

⑥ UNESCO, UNESCO Strategy on Human Rights, Adopted at the UNESCO General Conference, 32nd Sess. 29 Sep. 17 Oct. 2003.

⑦ 例如瑞典国际发展合作署（SIDA）与英国发展机构（DFID）。

⑧ Patrick van Weerelt, UNDP, A Human Rights-Based Approach to Development Programming in UNDP.

（三）可持续发展与以权利为基础的经济发展

正如以权利为基础的经济发展，可持续发展的内涵也是以人作为发展的中心目标。《里约环境与发展宣言》认为："人类处在关注持续发展的中心。他们有权同大自然协调一致从事健康的、创造财富的生活。"① "可持续发展"定义为"既能满足当代人的需要，又不对后代人满足其需要的能力构成危害的发展"②。因此，可持续发展的概念可以认为具有国际人权法、国际环境法与国际经济法结构构件。③ 可持续发展关注的不仅是目前与现在，而且关注将来的发展。

可持续发展概念的基本要素是把环境影响整合到经济与发展行动。可持续发展不仅关心环境，也关心人们所关注的其他事情，如贫困、食物、健康与教育，所有个人幸福的基本需要。可持续发展给出的一个基本事实是，环境保持对其他人权的实现至关重要。曾任国际法院副院长的法官卫拉曼特雷（Weeramantry）认为：环境保护是……当代人权理论的重要部分，是众多人权的必要条件，如健康权、生命权。可以毫不夸张地说，破坏环境会削弱、损害《世界人权宣言》和其他批准生效的国际人权公约所规定的人权。④ 因此环境保护应当成为所有经济发展政策的基本要素。

从以上分析，我们可以得出结论：可持续发展是以权利为基础经济发展的一个方面。这是因为以权利为基础的经济发展认为发展是所有人权包括政治权利、经济权利、社会权利或文化权利得到实现。"事实上，没有人权也就不可能有可持续发展。"⑤ 可持续发展扮演了双重角色：一方面，它是以权利为基础的经济发展的一个元素；另一

---

① 1992 年 6 月发表的《里约环境与发展宣言》（*Rio Declaration*）原则一；陈泉生主编《环境法学》，厦门大学出版社 2008 年版，第 451 页。

② 世界环境和发展委员会（WECD）于 1987 年发表的《我们共同的未来》的报告。

③ D McGoldrink, Sustainable development and human rights：An integrated conception (1996) 45 International and Comparative Law Quarterly 796.

④ Hungary v Slovakia (1997) ICJ Reports, pp. 91–92.

⑤ World Bank Group Development and human rights：The role of the World Bank (1998).

方面又约束了以权利为基础的经济发展。作为以权利为基础的经济发展的元素，可持续发展要求保护人权，包括健康环境的权利作为经济发展过程的基本权利。可持续发展重新定义了发展，认为经济发展不仅事关经济发展、和平、安全与人权，而且在一定程度上要求保护与恢复环境。① 可持续发展的约束功能是告诫经济发展政策制定者不仅要考虑所制定的政策对当代的影响，也必须考虑对下一代的影响。因此，在一定程度上对我们自身所追求的经济与发展活动做出限制，不能对后代人满足其需要的能力构成危害。

（四）规范性人权为基础的经济发展理论和功利性人权为基础的经济发展理论

基于人权规范的来源与作用的不同认识和理解，目前以权利为基础的发展可分为规范性人权为基础的经济发展理论和功利性人权为基础的经济发展理论两类。

1. 以规范性人权为基础的经济发展理论

规范性人权为基础的理论认为以权利为基础的经济发展方式是以人权公约为基础，人权构成了援引法律与道德义务为理由的经济发展实施框架的必要部分。以规范性人权为基础的理论所反映的事实是人权是目的。人权的固有价值及人权在国际与国内法律体系日益增长的广泛表达，意味着人权在经济发展工作中必须得到专门的、明确的考虑。因此，人权具有规范性地位，不能在经济发展政策的选择过程中被交换。

在国际层面，人权规范来源于联合国体系内的人权公约及其批准生效承担人权义务的国际公约。"《世界人权宣言》与其他核心人权标准在制度上与《联合国宪章》相联系，并详细阐述《联合国宪章》所规定的基本人权的目的。"② 联合国机构、基金与所有发展项目规定

---

① JC Dernbach, Making sustainable development happen: From Johannesburg to Albany (2002–2004) 8 Albany Law Environmental Outlook 177.

② Sigrun I. Skogly, The Human Rights Obligation of the World Bank and International Monetary Fund (2001).

的基本义务或最低义务是警戒责任，确保在实践运用上发展行为不至于影响政府履行正当与合法的国际人权义务的能力。更为积极的法定义务的范围，特别是在国家层面上实现与人权标准相联系的国家义务，是一个非常困难的问题，对于所涉及的联合国机构同样如此。然而，即使法定义务的设定来源缺乏更为明确的识别，作为联合国大家庭认同的一部分，更加普遍体系的道德或价值存在正是规范原则可能表达出来的其他方式。

2. 以功利性人权为基础的经济发展理论

以功利性人权为基础的经济发展理论的动因在于确信"以权利为基础的经济发展方式"对实现减少贫困的目标或防止暴力，能产生更有成效的经济发展规划。以功利性人权为基础的经济发展理论：基于权利的方式导致更好的经济发展规划，似乎更加全面地激发经济发展行为者各方面的兴趣。这种理论利用人权思想与人权活力，帮助那些被抛弃和被遗忘的人或者强化参与方式，授权人们作为发展方实现他们自己的发展，加大政府机构的义务。

二 以权利为基础的经济发展的国际共识

以权利为基础的经济发展的国际共识不是偶然的发现，而是国际社会发展行动者与参与者长期关于人权理论与经济发展理论实践的总结。与以需要为基础的经济发展相比较，以权利为基础的经济发展集中探讨请求、义务与相关机制，有助于促进权利保护与违反人权的判定。

（一）人权原则与经济发展整合的必然性

以权利为基础的经济发展代表的不仅是经济发展的全新视角，也是经济发展方式。然而，此前从联合国发展机构内部与外部的发展实施记录看，发展的现实与人权保护的要求差距甚远。在实践方面没有任何一个已经专业化、术语化的发展方式寻求为人权原则与其他价值给出具体的表述，前者如参与、义务、透明、非歧视等，后者如千年目标所列举的自由、平等、团结、尊重自然、责任及其他类型价值如民主、人性尊严。因此，经济发展方式缺乏一个更加具体、固定的人权法律标准与之连接。

从内容方面而言，什么构成了以权利为基础的经济发展，难以用单一的术语来界定。"事实上，以人权为基础的经济发展方式、以权利为基础的发展或基于权利的发展（rights-based development）是开放的，对于发展机构与捐助者或其他而言，存在一个广泛的解释范围。"① 以权利为基础的经济发展理论形成的基础应当是国际人权法。因为国际人权公约对于批准生效的国家来说是具有约束力的，所做出的承诺有助于制定经济发展项目的目标。以权利为基础的经济发展意味着这种发展方式应当在发展过程中的各个阶段都能够得到适用。所关注的焦点是这种方式如何在每一个发展计划与发展政策中得到实施，而不是人权法的功能。

人权原则是经济发展过程确保权利实际享有的不可或缺的条件。基于这一点，人权原则应当：（1）定义经济发展目标，以人权定义经济发展；（2）指引经济发展政策、法律、相关行政管理上的措施、预算、司法、教育、政治与社会其他领域的规划；（3）直接建立经济发展基准与指标，实现人权对经济发展的监控；（4）与经济发展过程的每一个阶段相连接。但这些原则实际上的操作常常变成了自由决定的事情，实质内容也因为操作人不同或不同背景而随意变化。

相当多的经济项目的发展，特别是社区层次的发展根植于社会科学，支持单独表达人权价值。② 主动选择合适的指导原则或价值，并据此引导经济发展或参与发展过程。这些原则基于人们的现实与经验，可能与人权标准框架的运用有相互的联系。然而，这种经济发展

---

① Celestine Nyamu-Musembi & Andrea Cornwall, What is the "Rights-based Approach" all about? Perspectives from International Development Agencies, Institute of Development Studies (IDS) Working paper 234（2004）.

② Regional Office South Asia（SARO）, UNICEF, Saving Women's Lives: A Call to Rights-Based Action（2002）.

方式通常不能为发展干预措施、人权体系所规定权利提供能够发挥作用的空间，同时也难以规避发展过程中的不利因素。因为发展范围的任意性、相互协同的问责机制与基本发展政策的缺位，导致这类经济发展方式出现了许多问题。而问责机制与基本发展政策相联系的义务正是人权标准与人权基准实现的条件。

（二）关于以权利为基础的经济发展的国际共识的内容

关于如何实施以权利为基础的经济发展的相关问题，在联合国改革背景下，于第二次联合国机构内部工作会议提上了议程。2003 年 5月，联合国发展机构在美国康涅狄格州斯坦福召开会议。因为来自捐赠者协调他们政策与发展项目实践的巨大压力及与之相联系的以权利为基础的发展问题的困扰，联合国机构代表第一次就关于在联合国体系内以权利为基础的经济发展所包含的基本要素达成一致声明：《基于人权方式的发展合作：联合国机构共同理解》。[1] 这也称作联合国关于以权利为基础的经济发展的共识。共识反映了联合国机构所关注的以权利为基础的经济发展实施的思考与实践。共识要点包括：（1）所有合作发展项目、发展政策与技术援助应当促进《世界人权宣言》和其他批准生效的国际人权公约所规定人权的实现。[2]（2）《世界人权宣言》和其他批准生效的国际人权公约所规定人权标准引导发展规划的所有部分，如：健康、教育、管理、营养、水和卫生、雇用与劳动

---

① The Second Interagency Workshop on Implementing a Human Rights Based Approach in the context of UN reform（Stamford, Connecticut, 3–5 May 2003）：The Human Rights Based Approach to Development Cooperation：Towards a Common Understanding among UN Agencies（Statement of Common Understanding）http://www.undp.org/content/dam/aplaws/publication/en/publications/environment-energy/www-ee-library/external-publications/un-the-human-rights-based-approach-to-development-cooperation/UN_Common_Understanding_on_Human_Rights-Based_Approach_to_Development_Cooperation_and_Programming.pdf. 最后访问时间：2012 年 11 月 20 日。

② The Second Interagency Workshop on Implementing a Human Rights Based Approach in the context of UN reform（Stamford, Connecticut, 3 – 5 May 2003）：The Human Rights Based Approach to Development Cooperation：Towards a Common Understanding among UN Agencies（Statement of Common Understanding）.

关系和社会与经济安全。(3) 发展合作为了义务承担者能力发展能够满足他们履行义务或者权利持有人的请求。①

　　声明代表了在联合国体系内为进一步努力扩大建立共识的框架协议，并广泛影响了发展机构、发展政策。当然，作为一般原则声明，共识并不是包治百病的灵丹妙药。意义广泛的原则必须具体阐述，依据不同情况适用，在实践运用中体现实际作用。共识声明应当理解为基本框架，用于引导以权利为基础的经济发展方式的实践探索。

　　从以上论述得出，共识的基本要求是：人权原则引导经济发展规划。这个概念常常在政策性文件中使用，所涉及的以权利为基础的经济发展的内在含义是指弱势群体意味着非歧视，是指参与、授权、责任与义务。这里所称的"人权原则"的确切含义是开放式的讨论，在经济发展规划背景下是明确的，但这些人权原则不能理解为严格的"法律原则"②。当然，好的发展规划有人权思考，这是一个混合物。③ 人权原则整合到经济发展规划主要体现在发展过程当中。④ 而发展过程整合人权原则所取得的发展结果必然反映了人权体系所规定的人权原则。⑤ 由此可见，人权原则引导经济发展体现了以权利为基础的经济发展方式的基本特征，同时从一个侧面反映了以权利为基础的经济发展的基本内容。

　　人权原则引导经济发展的主要功能体现于发展规划、发展过程与发展结果的一致性。因为每个人的基本需要只有提升为权利，基本需

---

① The Second Interagency Workshop on Implementing a Human Rights Based Approach in the context of UN reform (Stamford, Connecticut, 3 – 5 May 2003): The Human Rights Based Approach to Development Cooperation: Towards a Common Understanding among UN Agencies (Statement of Common Understanding).

② As pointed out by Sia Spiliopoulou Akermark during the research training course, "Human Rights, Democracy and Constitutionalism", Copenhagen (May 2006).

③ Paul Gready & Jonathan Ensor, Introduction, in Reinventing Development? Translating Rights-Based Approaches from Theory into Practice 1, 12, 14 (Gready & Jonathan Ensor eds., 2005).

④ Peter Uvin, Human Rights and Development (2004), p. 123.

⑤ Urban Jonsson, Human Rights Approach to Development Programming (2003), p. 35.

要的实现才会是持续的，需要的获取才能成为请求并有明确的义务主体确保实现。"发展议程把穷人与弱势群体作为选定对象，并不具有特别的新意，但是如果承认穷人有人权，乞讨者就会转变为请求者。"① 在实践中，非歧视意味着需要意识到弱势个人或群体与之相联系的人权目标。例如，丈夫因患有艾滋病死亡后，妻子有可能难以实现食物权，因为面临失去工作及其他财产的风险。当参与理解为一种广泛的行为方式，它不仅创设了政府义务，而且成为发展机构的责任，从而给出了参与的真实意义。以权利为基础的经济发展，参与定义为权利，不是作为提高发展绩效的手段。参与意味着支持所有人取得平等机会。实现参与，挑战与转化权力的过程，创造了新的人际关系，通常可以描绘为"授权"。授权意味着在参与过程中的人们能提案、质询与罢免。以权利为基础的经济发展，授权的目的不是扩大人们的机会，而是与之相联系的请求与实现人们的人权。

三　以权利为基础的经济发展的分析与评估

以权利为基础的经济发展共识有关发展的国际人权标准的核心内容是非常明确的，不仅有关联合国发展合作与发展规划的目标，而且有关这些目标实现的过程。经验显示以权利为基础的经济发展要求发展项目得到良好实践。然而，好的发展项目实践不仅是以权利为基础的经济发展方式，还需要一些附加原则。下列原则对于以权利为基础的经济发展认为是必需、有效和特定的：（1）评估和分析是为了确定权利所有人的人权请求与对应的义务承担者的人权义务，以及直接的、潜在的、结构性的权利没有得到实现的原因。② （2）经济发展项

① Ander Frankovits & Patrick Earle, The rights Way to Development: A Human Rights Approach to Development Assistance 4, 11 (1995).

② The Human Rights Based Approach to Development Cooperation: Towards a Common Understanding Among UN Agencies, Inter-Agency Workshop on a human based approach in the context of UN reform (3–5 May 2003).

目评估权利持有人请求权利的能力和义务承担者履行义务的能力，发展行动者采取以权利为基础的发展策略发展这些能力。（3）经济发展项目的监控与评估包括由人权标准与人权原则引导的发展结果与发展过程。这些原则为以权利为基础发展的分析与评估界定了对象、内容与作用。

全面的情况分析对于以权利为基础的经济发展是必要的。分析首先要明确个人、群体的有效请求与国家、非政府行动者相对应的义务之间的关系。以权利为基础的经济发展提供了一个规范的分析与评估框架，主要集中于权利持有人与义务承担者之间的关系，揭示立法、政策与可能受到冲击对象特别是脆弱群体的需要之间的距离。这种发展分析因为确立了以权利为基础而独树一帜。分析的目的是确定引发饥饿、疾病、文盲及其他因素与之连接的影响义务的结构性原因。例如，健康权为什么没有得到实现，特别是社区成员的特殊群体，哪个方面的行动者对采取具体措施承担责任。

以基本需要为基础的经济发展的研究与分析是以准确的个人或家庭需要来衡量，如食物、住房等方面的需要。以权利为基础的经济发展的分析与研究重点在于确定权利缺失的内在原因、寻找问题的解决。这种研究是交互式的，意思是本地社区成员是研究团队成员。常常通过发展行动者之间的对话发现权利没有得到实现的真正障碍。这是以需要为基础分析方式与以权利为基础分析方式的主要区别。

以权利为基础的经济发展的焦点是权利人要求、义务承担者的义务与能够促进权利保护的机制。"人权的重心意味我们不能简单地把权利所有者看作受益人与参与人。"① 以权利为基础的经济发展方式把发展重心从总数与平均、GDP 增长、平均增长率、穷人与营养不良的数量转向个人因为权利所有、义务主体承担义务基础上的请求。结果是发展实践者开始更多思考发展政策、结构性原因、不平等、排斥、

---

① Neggaz, Ana Meira, The Right-Based Approach, Salvador: CARE EL Salvador, August 2001, p. 15.

歧视，而不是把穷困仅仅看作一个自然的事实或每个人脱离了正常状态。例如，对于受教育权，澳大利亚人权委员会这样认为："促进和保护受教育权不仅仅是简单增加国家教育预算。受教育权的实现依靠专注歧视事务与受教育权利，特别是初等水平教育……它不一定是建筑物，而是资源与政策能确保所有儿童能享有权利，不因为他们的地理位置、性别、种族、语言或者出身而区别，受到差别对待。"①

任何以权利为基础的经济发展方式的关注中心是义务机制。正是这一点因为权利人的请求从而把慈善事业与发展事业准确区分开来。澳大利亚人权委员会认为："义务是保护、促进人权的关键。"② 事实上，从慈善到请求的转变带来了义务机制的关注。这就是说，如果请求存在，则控制违反请求的义务人的措施必须存在。否则，请求不存在任何意义。从这个层面而言，以权利为基础的经济发展方式必定不同于以基本需要为方式的发展。以权利为基础的经济发展更加注重社会结构、权力运行、法治、赋权，支持最为贫困与最受剥夺群体的变革结构要求。

在许多人权案件中，请求与义务的探讨往往引出了可诉性这一棘手议题。问题其实是权利人请求在法庭得到裁决的能力。换言之，权利人的请求与义务承担者的义务关系是否适合由法庭解决。违反人权义务者以何种方式承担责任？常常存在这样的情况，遵从人权标准的本地立法不存在或本地的法庭不能很好运行。但大部分人权学者认为"可诉性不是人权存在的必要条件"。③ 因此，即便缺乏可诉性也并不意味人权的停止。也就是说，以权利为基础的经济发展方式的权利人

---

① HRCA（Human Rights Council of Australia）. 2001. Submission to the Link between Aid and Human Rights. Canberra：February.

② Neggaz, Ana Meira, The Right-Based Approach. Salvador：CARE EL Salvador, August 2001, p. 15.

③ Sengupta, Arjun. 1999. Study on the Current State of Progress in the Implementation of the Right to Development. Commission on Human Rights, 56th session, E/CN. 4/1999/WG. 18/2. Geneva：United Nations, July 27.

的要求与政府作为义务承担者的责任是始终存在的。

需要指出的是，存在许多非司法、非法律，但同样行之有效的实现机制可用于确保上述的请求得到满足。如义务或责任机制的运用、违规纠正等。义务不只是法庭争论的问题。毕竟，人权对政府行为的效力从来没有排除在司法实施范围以外。司法途径可以通过多种机制实现，如标准的国际化、重新定义利益等方式。

四　以权利为基础的经济发展的实践

关于以权利为基础的经济发展的共识的核心问题是以权利为基础的经济发展的实践方式，也即如何将来源于国际人权公约的人权原则与人权标准整合到经济发展合作与经济发展规划。从以权利为基础的经济发展的联合国共识，我们可概括认为，这里的人权原则主要是指：（1）普遍和不可剥夺原则；（2）不可分割原则；（3）相互依存与相互关联原则；（4）平等与非歧视原则；（5）包容、参与和赋权原则；（6）政府义务与法治原则。①

（一）普遍性和不可剥夺性

人人生而自由，在尊严和权利上一律平等。② 人人享有言论和信仰自由并免于恐惧和匮乏的世界的来临……通过国家的和国际的渐进措施，使这些权利和自由在各会员国本国人民及在其管辖下领土的人民中得到普遍和有效的承认和遵行。③ 人权的普遍性和不能剥夺性在于人与人类自身的事实。人的内在本质决定人不会自动放弃自己的权利，也不可能自愿让他人剥夺。"所有的成员国至少都批准了一部核心人权条约，而更有八成的成员国批准了四部以上，这反映出这些国

---

① The Human Rights Based Approach to Development Cooperation: Towards a Common Understanding Among UN Agencies, Inter-Agency Workshop on a human based approach in the context of UN reform (3-5 May 2003).

② 《世界人权宣言》第 1 条。

③ 《世界人权宣言》序言。

家对于这些条约的赞同，这种赞同既为这些国家设定了法律上的义务，也是对人权的普世性的具体表达。一些基本人权规范跨越所有的边界和文明受到习惯国际法的统一保护。"[①] 人权的普遍性原则对定义目标人群（利益相关者）有潜在的重要影响。在这种意义上，忽视另外仍然没有实现的20%的目标人群是不被允许的。此外，同等重要的是普遍性不是要求所有人权需要马上得到实现，也不是根据人权情况分析缩减需要或优先权利次序。

（二）不可分割性

所有人权包括公民权利、政治权利、经济权利、社会权利与文化权利是平等价值、正确有效、密不可分，都是同等同样优先考虑的权利。人的尊严是不能分割的，否定了人权的一部分会影响整个人权。《世界人权宣言》（UDHR）在形式与结构上深刻体现了不可分割原则。第二次世界大战后，由于地缘政治与意识形态的不同导致了人权分歧和堑壕，《公民权利与政治权利国际公约》（ICCPR）与《经济、社会与文化权利国际公约》（ICESCR）成为独立人权公约文件。因为国际人权体系的这种状况，部分国家的宪法安排残留了双重标准。然而从逻辑的观点、程序化的必要性、人权基本原理，最近国际标准的人权公约如《儿童权利公约》整体结构的出现，不可分割性原则仍然无可怀疑。

如前所述，人权不可分割原则并不意味着所有权利必须提高到相同的优先水平。当人权表示"需要"，是指某些"必需品"，或某些东西某个方面"必不可少"时，人权不是一个相对的概念，也不是某些东西或某些方面可有可无，所有的人权是不可分割的、绝对的。当人权的"需要"是指某些东西的"缺乏"时，它是一个相对的概念。因此，由于资源限制常常要求优先顺序，为发展政策选择目标，实现不同权利。正如2000年人类发展报告指出，"人类发展

---

① http：//www. ohchr. org/ch/Issues/Pages/WhatareHumanRights. aspx. 最后访问时间：2012 年 11 月 20 日。

分析"（human development analysis）与人权分析（human rights analysis）能够相互补充，这有助于我们使用更为准确与直接的术语理解有关发展选择。这些选择在给定的形势下对于决定性的能够更加广泛实现所有人权的权利优先，但必须尽可能确保所有人权的非倒退。

（三）相互依存性与相互关联性

如上所述，不可分割原则所指的优先不是任意把一部分权利如公民权利、政治权利置于另一部权利如经济权利、社会权利与文化权利之上。相互关联原则认为所有的人权在概念与功能上都是相互联系的，意思是指没有人权能单独实现。同理，所有人权的相互依存原则要求任何某一具体人权实现的提高必须在任何条件下提高实现所有人权或者至少其他人权的一部分。

现举例说明如下：缺乏最低程度的受教育权的实现，谈论知情权显得毫无意义。参与权、公共服务平等机会缺失，因为种族、人种、性别、肤色、语言、宗教、政治或其他见解、国籍或社会出身，或其他身份、少数民族、财产、学历和出生进行区别，谈论工作权变得力不从心。如果没有资讯自由、自由集会、受教育权利、经济权利与社会权利的相互补充、作为支撑，选举权必定会受到贬损。

因此，人权普遍性和不可剥夺性原则、不可分割性原则与相互依存与相互关联性原则组成一个必不可少的整体，监控以权利为基础的经济发展，实现所有人权。

（四）平等与非歧视

《联合国宪章》、国际人权公约与反歧视法关于对弱势群体的非歧视与平等关爱存在范围广泛、无可怀疑的基本规范。人权基本框架强调平衡不同人与不同群体权利的重要性，要求我们更加明确地关注在特定背景下遭受歧视与处于不利状况的人与群体。发展指标应当按族群、人种、性别等其他行之有效的理由分解，从而实现所有人的发展。①

以权利为基础的经济发展的另一个重要方面是妇女、小数人群体、流动人员及国内边缘化群体的权利与幸福免受侵害的综合保护机制。此外，在给本地参与者授权过程当中，以权利为基础的经济发展的决定与政策应当明确规定提防潜在的、现存的权利与权力之间的不平衡，如妇女与男人、土地所有者与农民、工人与雇用者之间。

姑且不论禁止基于种族、人种、性别理由的歧视，人权的法定标准提示我们不能认为平等的目标仅仅是形式上的平等对待所有人。人权的标准要求我们为实现实质意义上的平等而努力，要求通过特别措施如实施为妇女的专门性积极行动，方便规划信息的可访问格式、使用少数人语言，纠正系统的或者根本性原因的歧视。②

此外，以人权的规范性标准为指导，不只是关注法律、政策或实践当中存在有目的的歧视，如直接排除少数人群体的政治参与，同样关注实施表面公正的法律、政策或实践（如要求所有人在很短的期间内、有限的地点完成他们关于某一特定的发展计划选择的登记，在偏远地区的群体如农村人处于不利位置）。因此，直接歧视与间接歧视必须同样得到考虑。

（五）包容、参与和授权

对发展而言，包容与广泛的参与带来明显的制度方面的优势。例如，有助于利用本地资源、发挥本地优势、提高资源分配的效率、物

---

① 《消除一切形式种族歧视国际公约》第 5 条：缔约国依本公约第二条所规定的基本义务承诺禁止并消除一切形式种族歧视，保证人人有不分种族、肤色或民族或人种在法律上一律平等的权利；《消除对妇女一切形式歧视公约》第 1 条：在本公约中，"对妇女的歧视"一词指基于性别所作的任何区别、排斥或限制，其影响或其目的均足以妨碍或否认妇女不论已婚未婚在男女平等的基础上认识、享有或行使在政治、经济、社会、文化、公民或任何其他方面的人权和基本自由。

② General Comment on Non-Discrimination, General Comment No. 18, U.N.GAOR, Hum. Rts.

权最大化及发展过程与结果的可持续。① 以权利为基础的方式更加有利于利用相关机会与机制，包括进入发展过程、发展体系，获取资讯的机会，或者是投诉机制。这意味着开发项目机制成为联系合作伙伴和受益人的方式。以权利为基础的方式要求注重参与过程的品质，与形式主义的花架子、简单的利益相关方接触、外部形式的快速撮合或进口技术模式形成对比。参与不能简单定义为提高发展项目绩效的方法，而应当看作培养批判意识，公民权实现是形成决策的条件。因此，参与理解为涉及冲突、要求提高分析能力、协商和改变各种层次的不平等。最终目的是参与过程的制度化，尽可能建立常设机制与政治机构。

有效参与是以影响经济与政治议题的真正能力为特征。因此，合乎逻辑地认为，集体参与涉及人们决定他们生活的经济与政治体制、决定由发展行动者证实的经济与政治体制对整个国家是否合意或合适。保障参与对于确保所有权和发展可持续性是非常关键的。

参与应当看作在人权标准框架内的适用。参与权以国际条约法框架为基础，在一定程度上改变了国家宪法与法律体系。首先，《世界人权宣言》（UDHR）与《公民权利与政治权利国际公约》（ICCPR）保障参与政府事务的权利、参加公共事务权利、有权平等获得公共服务。② 关于《公民权利与政治权利国际公约》，人权委员会认为："公共事务行为……是一个广泛的概念，与政治力量的行使，特别是立法、执行与行政权的实践……覆盖公共管理的各个部分及国际、国

---

① S.R.Osmani, Participatory Governance, People's Empowerment and Poverty Reduction (UNDP, Social Development and Poverty Elimination Division, Conference Paper Series No.7, 2000).

② 《世界人权宣言》第21（1）：人人有直接或通过自由选择的代表参与治理本国的权利。（2）人人有平等机会参加本国公务的权利。（3）人民的意志是政府权力的基础；这一意志应以定期和真正的选举予以表现，而选举应依据普遍和平等的投票权，并以不记名投票或相当的自由投票程序进行。《公民与政治权利国际公约》第25条（a）：直接或通过自由选择的代表参与公共事务。

家、地区与本地方相关政策的形成与实施。"① 由《公民权利与政治权利国际公约》所保障的良心与信仰自由、表达自由、结社自由权利对于实现政治参与权是必要前提，也是基本经济、社会与文化权利保障的基础。

参与作为一个可操作的概念是与授权和责任相联系的。② 英国国际发展署（DFID）认为："有效的参与要求穷人的声音与利益得到决策的重视与考虑，穷人得到授权，约束政策制定者并使之承担责任。"③ 责任是参与的基本要素。因此，英国国际发展署（DFID）强调公民与政治权利。适当的法律责任作为参与的制度价值实现权利保障，特别依靠自由表达、出版自由与信息公开和集会自由权利。④

（六）政府义务与法治

法治，作为在发展合作中基于人权责任或义务整合的代用品，是易受影响的，在一些特殊的例子中，法治所支持的法律实施违反了人权。当然并不是否定法治原则在发展过程中的积极作用。人权标准与人权框架为发展带来与众不同与意义丰富的内容。基于权利的经济发展方式把发展事务看作义务与权利问题，而不是自由裁量权、慈善或施舍。通过识别权利持有者与责任承担者，以权利为基础的发展强调政府履行发展过程中的各个层次的义务。因此，责任承担者负有保护、促进与实现的积极义务，同时负有不得侵犯权利的消极义务。正如以权利为基础的发展的共识所言："增强人权所有者的能力以实现

① The right to participate in Public affairs, voting rights and the right of equal access to public service (art. 25), General Comment 25, U. N. ESCOR, Hum. Rts. Comm., 57th.

② Terence D. Jones, The Right to Participation, in Human Development and Human Rights, 213 (2000).

③ Caroline Moser & Andy Norton, ET AL., To Claim our Rights: Livelihood security, Human Right and Sustainable Development 24 (2001).

④ Terence D. Jones, The Right to Participation, in Human Development and Human Rights, 213 (2000).

他们的要求、要求责任承担者履行他们的义务。"① 以权利为基础的经济发展方式把有关发展的全部范围内的行动者纳入考虑，包括个人、政府、本地组织与机构、私人公司、援助方与国际组织。

人权的法定标准充当发展目的的执行标准，在一定程度上会降低相对准确和客观的问责。以权利为基础的经济发展方式要求把国际上已经认可的人权标准转化为本地确定的衡量基准。例如，在一个国家内，尽管本地基准的选择应当多方参与并协商，《千年发展目标》(MDG)② 可以充当逐步实现的适足生活水准权许多方面的相关基准。

以权利为基础的经济发展方式能够为发展提供健全的法律、政策、机构、行政程序与实践、纠错机制，这些能够提供权益保护，应对和否认违规行为，确保义务履行。"纠错机制在给定的情况下必须便利且有效，不需要受到司法机制的限制，但应当包括司法纠错机制。"③ 对于严重边缘化的人来说，现存的司法途径往往不能提供及时、便利与有效的帮助。行政、立法、政治、社团与信息机制应当成为增强议会、国家人权机构功能，促进独立媒体的因素。"以权利为基础的经济发展方式的政府的核心义务是监督人权的实现。"④ 信息与数据收集系统必须置于有助于实现人权义务的位置，有助于决定经济发展政策是否为正面或负面结果。以权利为基础的经济发展条件下的透明

① The Second Interagency Workshop on Implementing a Human Rights-based Approach in the Context of UN Reform (Stamford, Connecticut, 18–19 May 2003).

② 联合国：《千年发展目标》，http：//www. undp. org/content/undp/en/home. html. 最后访问时间：2012 年 11 月 20 日。

③ 《公民权利和政治权利国际公约》第 2 (3) 条：(甲) 保证任何一个被侵犯了本公约所承认的权利或自由的人，能得到有效的补救，尽管此种侵犯是以官方资格行事的人所为；(乙) 保证任何要求此种补救的人能由合格的司法、行政或立法当局或由国家法律制度规定的任何其他合格当局断定其在这方面的权利；并发展司法补救的可能性；(丙) 保证合格当局在准予此等补救时，确能付诸实施。《世界人权宣言》第 8 条：任何人当宪法或法律所赋予他的基本权利遭受侵害时，有权由合格的国家法庭对这种侵害行为作有效的补救。

④ The Nature of States Parties' Obligations, General Comment 3, U.N.ESCOR, Econ., Soc.: & Cult. Rts.Comm., 5th Sess., P11, U.N.Doc.E/1991/23, annex Ⅲ at 86(1991).

是一个人权问题，一方面是它本身的内在价值，另一方面是它实现所有人权的工具价值。因此，实现正义成为以权利为基础的经济发展的一个引人注目的潜在的交叉要素，而不仅仅是一个连接性或用于选择的附加。

（七）逐步实现与非倒退

逐步实现与非倒退原则与人权的基本定义紧密联系，也是重要的发展实践运用。"逐步实现"作为实用主义的一般思想，大多数发展实践者会本能地吸收利用。然而，必须认识到不是所有的人权允可只是逐步实现。例如，某些经济、社会权的政府义务（尊重义务）事实上几乎是不需要开支的；传统的公民权利与政治权利不是人权逐步实现范围；一些特别方面如儿童的经济、社会与文化权利也应当立刻全面实现。①

《经济、社会与文化权利国际公约》第 2（1）条所规定的政府义务原则：逐渐达到本公约中所承认的权利的充分实现。正如经济、社会与文化权利委员会指出的，由于认识到一些国家全面实现人权的实际困难，逐渐实现要求：尽最大能力个别采取步骤或经由国际援助和合作，特别是经济和技术方面的援助和合作。采取步骤，以便用一切适当方法，尤其包括用立法方法，逐渐达到本公约中所承认的权利的充分实现。② 可以概括为：（1）缔约国家必须在批准条约后立刻实施；（2）最大能力利用资源；（3）采取一切适当方法，包括国际援助；（4）采取步骤充分实现条约权利。

根据非倒退原则，应当竭尽全力确保没有权利在已经实现的水平遭受全面的绝对下滑。所有权利享有的最低水平应当在所有时间得到保证，包括平等与非歧视的需要，立即采取措施的义务（包括适当的

---

① 《儿童权利公约》第四条：缔约国应采取一切适当的立法、行政和其他措施以实现本公约所确认的权利。关于经济、社会及文化权利，缔约国应根据其现有资源所允许的最大限度并视需要在国际合作范围内采取此类措施。

② 《经济、社会与文化权利国际公约》第 2（1）条。

发展规划与策略），在可利用的资源限度内，全面实现所要求的权利，同时有义务监督实现的进步。

以权利为基础的经济发展蕴含巨大的能量，深刻地改变了经济发展的方式，同样深深影响了发展行动者的各种关系。在发展事务问题分析过程中，当人权用作标尺时，意味着提出了新的关于权利所有人与义务承担人之间的关系问题，从而普遍性和不能剥夺性、不可分割性、相互依存性与相互关联性、平等与非歧视、包容、参与、赋权、政府义务与法治成为思考的术语。以权利为基础的经济发展更加注重社会结构、政策、权力运行，更加关怀贫困与弱势群体，从而消除极端贫困与饥饿、取得普遍的基础教育、促进性别平等、确保可持续的环境、发展全球有关发展合作成为发展的目标。

以权利为基础的经济发展为发展计划与公共政策提供了一个规范的基础，使经济发展计划、公共政策与国际人权标准、法律标准更加明确一致。以权利为基础的经济发展在一定程度上既是价值选择也是方法论，为发展提供了方式与策略，所有人不论种族、人种、性别、肤色、语言、宗教、政治或其他见解、国籍或社会出身，或其他身份、少数民族、财产和出生，不仅是受益者，而且是参与者。

以权利为基础的经济发展把发展事务看作义务与权利问题而不是慈善或施舍。因此，权利所有人成为请求人，而政府充当主要义务人。发展过程中，权利所有人与义务承担人之间的关系是以权利为基础的经济发展的分析对象。这样，政府义务的履行是主要评估内容。以权利为基础的经济发展是国际社会形成的发展共识，对于经济发展的作用不言而喻，虽然以权利为基础的经济发展并不能解决所有问题。

第三节　以权利为基础的经济发展的民主原则：权利对权力的控制

"发展"理论经历了传统 GDP 增长模式、以需要为导向的方式，最后形成以权利为基础的经济发展方式，经历了长时间的理论与实践探索。在利益格局多元并存的今天，由于发展本身并不能定义和监控自身的特点，我们必须认识到发展在一定程度上存在冲突。利益的分歧及不合理的权力分配扰乱了发展规划、发展项目与发展目标。以市场为导向的生产与分配机制扩大了发展中的不同层级的问题，如农村与城市、经济的不同部分、国家的不同区域、社会不同群体之间的紧张。以权利为基础的发展方式从发展角度看待冲突，以权利方式解释、纠正与预防冲突或潜在的暴力。民主由于自身的内在价值及其独特的方式，通过赋权、参与等方式矫正权力分配，避免弱势群体经济贫困与权利贫困的恶性循环。民主方式是从被动应对冲突与暴力到主动预防的转变，使权益的竞争实现了从野蛮方式到和平方式的转化，从而维护社会的整体稳定。因此，民主是以权利为基础的经济发展的原则。

一 经济发展中的人权问题

从人性需要而言，人权与发展是自然人与社会人实现人的需要的两种方式，人权与发展是统一的、一致的。当发展方式以权利为基础，发展与人权相互促进、双边加强。但人们对发展的全面认识存在一个过程，同时由于发展自身的特点，发展过程往往出现与人权脱节的现象。当经济发展不是以权利为基础，会产生不平等发展现象等。

（一）不平等、精英掌控与个人或群体的选择与行动权被剥夺

尽管在过去30年，经济增长与民主化在全世界范围得到了史无前例的提高，但发展的进步仍然是非均衡的。经济发展无疑可能会让更多的人得到实惠。但"世界范围内人均每天少于一美元生活的人口数量在20世纪90年代仅稍稍有所下降"。[①] 当今世界令人担忧的事实是国家之间、同一国家不同地区之间、农村与城市之间、穷

---

① 联合国开发计划署：《2002年人类发展报告：在纷繁芜乱的世界加强民主》（2002），hdr. undp. org/reports/global/2002/en/pdf/complete. pdf。

人与富人之间迅速扩大的不平等，成为影响稳定与发展预期的不利因素。

经验性研究表明，不平等发展的扩大会对经济增长与减少贫困产生不利影响。[①] 日益增长的不平等可能形成掌控发展的少数精英收割增长利益的环境。精英掌控可以理解为精英剥离用于法定发展目标的发展资源，通过规定发展政策的方式保护他们自身利益的过程。[②] 最新研究显示，高度不平等的增长模式将会损害缩减贫困的前景，从长期看无论如何都不太可能在政治上是可持续的。[③]

不平等的增长模式将会加剧社会的不平等，便利了富人获取不成比例的增长带来的利益。当然，这种情况在有效民主机构存在的条件下同样出现。因此，在这种背景下，相关原因不只是收入问题。基本领域的公共政策（如教育、健康）如果忽视了穷人而倾向富人，潜在的结果是人的尊严与幸福的实现渐行渐远。[④]

不平等的增长模式并不是不可避免的。财富与可行能力的分配也不是偶然发生的，这种分配是有意识的政策选择、政治和社会斗争的结果。公平分配发展总体收益的追求不仅是政治而且是法律职责。然而，由于国家层面与国际层面两方面问责机制的乏力，阻碍了经济发展总收益转变为社会最贫困群体的安康。历史重复见证了因为公民权利、政治权利、经济权利与社会权利被剥夺演变为循环的冲突与暴力。20 世纪 90 年代是以不平等增长模式为特征的 10 年，360 万人死于内战或种族暴力，与之相比，超过 16 倍规模的人口死于国家之间

---

① 世界银行：《2006 年世界发展报告：平等与发展》，poverty. worldbank. org/files/15207_ OECD_ paper_ Final_ pdf。

② Craig Johnson & Daniel Start, Rights, Claims and Capture: Understanding the Politics of Pro-Poor Policy 12-15 (Overseas Development Institute, Working Paper 145, 2001).

③ 世界银行：《2006 年世界发展报告：平等与发展》，poverty. worldbank. org/files/15207_ OECD_ paper_ Final_ pdf。

④ 联合国开发计划署：《2002 年人类发展报告：在纷繁芜乱的世界加强民主》（2002），hdr. undp. org/reports/global/2002/en/pdf/complete. pdf。

的战争。①

历史与社会经验表明，弱势群体不太可能对富人的仁慈充满信心，或者耐心等待水涨船高，期待因为经济发展到某个程度然后再实现平等。确认权利还是权利剥夺成为分析"谁决定谁在发展过程中取得什么"的关键因素。如果缺乏决策的平等与非歧视框架，不平等状态的发展、精英掌控与个人或群体的选择与行动权被剥夺的恶性循环将会失去控制。因此，发展决策的平等与非歧视框架必须得到确切实施，弱势群体的权利与利益应当得到切实关怀。

（二）贫困与人权

尽管发展中国家在近20年经济发展中取得了长足进步，但贫困问题仍然存在，甚至贫富差距不断扩大。② 贫困和人权话语曾经在很大程度上处于分离、并行状态，相互排斥于经济领域与法律领域。但诺尔贝经济学奖获得者阿玛蒂亚·森关于能力方式的解释改变了贫困与人权的这种情势，他把"贫困"定义为缺乏实现人的某些自由的能力。③ 而这些自由本身对于维护最低限度的人的尊严具有根本价值。由于认识到发展与人的生活的密切关系，现今越来越多的发展行动者认识到发展实践必须基于人的视角和经验，特别应当加强对弱势群体的关怀。

极具影响力的《穷人的呼声》（*Voices of the Poor*）④ 系列研究为了

---

① 世界银行：《2006 年世界发展报告：平等与发展》，poverty. worldbank. org/files/15207_ OECD_ paper_ Final_ pdf。

② 据研究，实行改期开放政策之前的 1978 年，我国城市的基尼系数在 0.20 以下，农村的基尼系数稍高，在 0.21—0.24，低于当时大多数发展中国家的基尼系数。1995 年，我国城市居民收入的基尼系数上升到 0.28，农村居民收入的基尼系数上升到 0.429，收入差距显著地扩大了。参见赵人伟、李实《中国居民收入差距的扩大及其原因》，《经济研究》1997 年第 7 期，第 20 页。

③ ［印度］阿玛蒂亚·森：《以自由看待发展》，任赜、于真译，中国人民大学出版社2002 年版。

④ Voices of the Poor: Crying out for Change（Deepa Narayan et al. eds., 2002）；Voices of the Poor: Can anybody Hear us（Deepa Narayan et al. eds., 2002）；Voices of the Poor: From many Lands（Deepa Narayan and Patti Petesch eds., 2002）.

为世界银行准备《2000/2001 年度世界发展报告》[①]，实地考察：采访了 60000 位正在依靠自身力量为脱贫而努力的受访者。[②] 与传统的说法正好相反，受访者认为贫困不仅仅是因为满足基本需要产品与服务供给的缺乏，而且是个人或群体的选择与行动权被剥夺问题。[③] 当问及最需要什么用来提高他们的自由与生活，得到的回答听起来与《世界人权宣言》（UDHR）内容一致。通过实地调查确认的《穷人的呼声》所提到的穷人用于提高他们的自由与生活的需要概括为十项"资格与能力"。[④] 列表如下。

表 2-1

物质资格	职业；生产性资产的所有权；土地；住房；交通工具（船）；存款
身体健康	免于饥饿与疾病；强壮；健康的身体
身体完整	免于暴力与虐待；性与生育自主；迁移自由
情感完整	免于恐怖与焦虑；情感
尊重与尊严	自尊；得到他人与社会的尊重
社会归属	归属于一个集体；荣誉；社会群体内部与跨群体的信任
文化认同	根据个人的价值生活；参与赋予意义的仪式；文化传承意识
想象力、创造性、信息和教育	告知与教育决策；读写能力；精神；解决问题的能力；表达方式与能力
组织能力	组织与动员能力；参与代议机构组织
政治代表和问责制	影响权力的能力；权力的责任与义务

十项"资格与能力"可以用人权术语表达，构成了人的尊严与自

---

① 《2000/2001 年度世界发展报告：抗击贫困》，worldbank. org/wbsite/external/topics/extpoverty/0, , contentMDK：20195989～pagePK：148956～pipk：216618～thesitePk：336992, 00. html。

② Voices of the Poor：Crying out for Change（Deepa Narayan et al. eds., 2002）；Voices of the Poor：Can anybody Hear us（Deepa Narayan et al. eds., 2002）；Voices of the Poor：From many Lands（Deepa Narayan and Patti Petesch eds., 2002）.

③ 《2000/2001 年度世界发展报告：抗击贫困》，Can Anyone Hear Us?, at 29-64。

④ 同上。

由基本要素，具有本质的、法律强制力的特征。

这些引人注目的概念集合集中运用于实证研究、定量分析，出现于联合国发展署（UNDP）的《2000 年人类发展报告》[①]与世界银行的《2000/2001 年度世界发展报告》等旗舰出版物。这些概念日渐成为发展经济学家与发展实践者探讨他们理论与工作的相关人权标准。事实上，早在发展经济学家与发展实践者觉察贫困成为他们的实证研究目标前，正是国际人权公约为穷人实现体面而有价值的生活带来了希望。

二 以权利为基础的经济发展方式的矫正功能：民主原则

以权利为基础的经济发展，民主与发展从根本上实现了连接：（1）民主与发展的联系是因为民主为协调伦理、宗教、文化与利益之间的竞争，提供了唯一长期的基础，民主方式能够最大限制降低内部冲突的风险。（2）民主与发展的联系是因为民主本质上是"治理"的问题，会对发展的各方面产生影响。（3）民主与发展的联系是因为民主是基本人权，民主的优势在于它本身也是发展的重要措施。（4）民主与发展的联系是因为民众参与影响他们生活的决策的过程是发展的基本宗旨。[②]

（一）以权利为基础的经济发展的比较优势

人权与发展成为社会变革同一过程的不可分割的两个方面。以权利为基础的发展不同于以前的发展方式，主要区别是：[③]（1）改变了发展行动的目标。以权利为基础的发展基于权利人的请求，发展不是慈善而是实现权利人的全部权利包括公民权利、政治权利、经济权利、社会权利与文化权利，发展目标回归到人本身。（2）改变了发展

---

① 联合国发展署（UNDP）：《人类发展报告：人权与人类发展》（2000），hdr. undp. org/reports/global/2000/en/。

② 联合国：《发展议程：秘书长的报告》（1994），A/48/935，纽约。

③ Peter Uvin, Human Rights and Development (2004), p. 175.

过程。以权利为基础的经济发展不仅是发展价值的选择，而且是发展方式。每个权利持有人都是发展的行动者，参与理解为一种广泛的行为方式，从而实现了对权力的纠正。对于（1）我们可理解为：对人权的关注意思是指发展工作的本质是权利请求，不是为权利人提供慈善。结果是发展实践者将会更加注重发展政策、不平等、排斥、社会结构。对于（2）我们可以理解为：以权利为基础所指的经济发展是发展目标的实现过程也是尊重人权与实现人权过程。以权利为基础的经济发展的理论与实践，具有以下优势：

●发展价值与政策选择具有坚实的规范基础，不容易被置换；

●发展行为有可预测的框架，具有客观、准确的特点，有相应的法律的规范定义；

●典型的授权策略，实现以人为本的发展目标；

●现成的法律手段，确保对违法行为的纠正；

●问责机制的稳定基础，不仅适用于有关发展行动的国家，同时适用于更广泛的参与者的发展合作。

权利也为发展目标赋予道德上的合法性和社会正义的原则，使分析重点转移到最为贫困和最受排斥群体，特别是由于歧视引起的剥夺。[①] 这样，以人权为基础的经济发展的方式要求我们更加深入分析公共领域与私人领域的政治权力与社会力量之间的关系、正式与非正式的主张渠道，要求改变发展过程中的赢家和输家模式、发展捐赠基金的使用方式。因此，经济发展的策略变得更加具有预防性，而不仅仅是对于暴力与贫困的被动反映。以权利为基础的经济发展方式要求发展的注意力应当指向于"作为发展事务的需要的信息和所有人的政治上的声音，成为发展过程的内在部分的公民权利与政治权利"。[②]

因此，常常用于政治术语的民主概念可以合乎逻辑地成为以权利

---

① 联合国发展署（UNDP）：《人类发展报告：人权与人类发展》（2000），第 2 页。

② Peter Uvin, Human Rights and Development（2004），p. 175.

为基础的经济发展方式的思考对象与内在要求。可以得出下列几点：
正常运作的民主构成一个捆绑式的人权实例；另外，选举权、言论自
由权、集会自由权及其他类似权利都与民主的概念相联系。

（二）以权利为基础的经济发展的民主原则的内涵

1993 年 6 月 25 日世界人权会议上通过的《维也纳宣言》（*Vienna
Declaration and Programme of Action*）认为：“民主的基础是人民自由表
达决定自己政治、经济、社会和文化制度的意愿，充分参与生活的一
切方面。”① 像所有合理的定义，《维也纳宣言》关于民主的解释根植
于语源学术语，希腊的“demokratia”，字面意思是规则（rule）或人
民（demos）的力量（kratos）。希腊最初所称的“人民”当然不是全
体的居民，而是特定的阶层、团体。纵观其历史，民主的理论与实践
经历了丰富而曲折的发展才形成现代意义的概念。戴维·赫尔德
（David Held）在《民主的模式》中把“民主”定义为“政府的一种
形式，这种形式是君主制的贵族统治与民众治理公共事务的对比”②。
如何实现民众治理呢？赫尔德提供了一般意义上的部分列表：（1）所
有的事务都应该得到治理，在这种意义上，所有民众都应该参与立
法，决定一般性政策，包括法律适用和政府管理；（2）所有的民众亲
自参与重要的决策，也就是说，能够决定普遍性政策、规律和事项的
制定；（3）统治者应该对被统治者负责，换句话说，统治者有责任向
被统治者证明自己行动合法，并且被统治者能够解除统治者的地位；
（4）统治者应该向被统治者代表负责任；（5）统治者应当由被统治
者选择；（6）统治者应当由被统治者代表选择；（7）统治者应当根
据被统治者的利益行动。③

根据《维也纳宣言》，民主的关键在于“人民自由表达意愿”，

---

① 《维也纳宣言和行动纲领》第一部分第 8 条。

② David Held, Models of Democracy 2（1987）.

③ Ibid..

"充分参与一切方面"。① 民主理论常常因为做出决定的真实性程度还是程序性而得到区分。卢梭为这种区分做出很好的解释：确定民众的意志的方式是征询他们的意见，还是直接的或者通过代表。然而，卢梭贬低了程序式的公意，这类意志常常只代表特定人或群体的利益。② 事实上，卢梭提倡公意，体现全体公众理性的利益，当然也不是个人与群体的集合偏好。③

　　然而，纯粹的实质性的民主概念会失去与之相联系的民众治理的理念，民主变成了受益或利益。这样民主的术语很容易滑落为一个基本上是多余的"平均主义"的代名词。同时，纯粹的实质性概念也会经受系列实际问题的考验和指责，包括过分高估真实的人的善良、精英家长制。而具有精英家长制作风的人认为民众需要由了解他们的利益且具有美德或洞察力的人指引，背离了实质性的民主。

　　因此程序民主的重要性值得强调。从研究民主理论的文献看，主流程序民主强调机制，确保公开、透明和不受限制的过程。例如，自由与公正的选举不仅需要广泛的包容性，而且需要广泛的政治自由，这样才能真正实现选举的公开公正。然而，对于选举而言，不论如何公开与自由，只是一个了解公众意愿的机制。纯粹的程序民主容易退化为非民主，甚至反民主的"形式主义"。正确坚持民主的实质性概念，我们才能不会忽视主流、权威的核心价值观，才能有效控制政府。当我们谈论民主的各种形式时，关注的重点应当从名词性民主转移到形容词性民主，如真实的、实质的、程序的、选举的、直接的、代议制的、自由主义的、有导向的和民众的。这些正是民主在价值方面与方法意义上的内容所在，也是民主成为以权利为基础的经济发展的重要措施的原因所在。

---

　　① 《维也纳宣言和行动纲领》第一部分第 8 条。

　　② ［法］卢梭：《社会契约论》，何兆武译，商务印书馆 2003 年第 3 版，第 36—37 页。

　　③ 同上书，第 228 页。

三　以权利为基础的经济发展理论：民主、人权与经济发展

基于人权规范的来源与作用的不同认识和理解，目前以权利为基础的经济发展可分为规范性人权为基础的经济发展理论和功利性人权为基础的经济发展理论两类。作为人权的民主在发展过程中成为普遍的、不可或缺的原则。民主原则的实施和运用能有效消除不平等发展、极端贫困，避免精英掌控、个人或群体的选择与行动权被剥夺。

（一）民主原则与人权

民主与人权共同承诺平等的政治尊严及于所有人。国际人权标准要求践行民主政府。因此，人权与民主在相同的方向运行。民主参与的权利是人权，但只是国际社会所认可人权的一部分。争取人权的斗争远远超过了争取民主斗争的范围，但争取人权与民主的努力是同向的，并不冲突。

（1）赋权与谁及其内容

民主旨在授权人民，目的是实现民众统治。这里所称的"民众"是个人，不是指社会的群体。尽管民主分配主权权力给人民，但它几乎不要求拥有主权的人民的回报。因为人民才是至高无上的，人民是自由的。《维也纳宣言》指出民主是："决定他们自己政治、经济、社会和文化制度。"①

比较而言，人权赋权个人，限制他们政府的权力，要求每个人获取适当的产品、服务与机会，可接受范围内的政治、经济、文化体制与实践受到人权标准的严格限制。人权超越了由谁来实现统治，由谁统治只是给了一个民主模式答案。人权关系人民如何实现统治，在统治中他们能做什么。

民主国家可能比非民主国家有更好的平均水平的人权记录，但人权实践在民主国家相差悬殊。民主原则作为人权与发展的通用规则只是间接性、偶发性地与国际范围内的所有人权的全部范围相联系。只

---

① 《维也纳宣言和行动纲领》第一部分第 8 条。

有当具有主权之人民的意愿尊重人权，约束他们的利益与行为，民主才能为实现人权做出贡献。然而，事实上不管如何确定人民的公意，常常会因为公民的权利产生分歧。①

（2）自由与民主选举

自由民主是从比较政治学得来的术语，自由民主是一种具体类型的政府。公民权利在道义与政治上的优先与法治的要求，限制了民主决策的范围。人权与民主不仅兼容而且相互加强，是因为民主对于竞争请求的特殊解决方式和人权的优先位置。

只要人们选择民主方式，在一定程度上都会实现人权。这样，在自由民主国家，一些践踏权利的方式被人民否定了，如国会行使立法权；一些保护权利的方式被赋予了，如每个人都有权利。民主逻辑的一般规则是在由个人人权设定的限制范围内操作。自由主义对个人权利的承诺大于民主对赋权的承诺，从而建构了同时代民主国家的权利保护。因此，形容词的"自由"而不是名词性"民主"完成了大部分的人权保护任务。

为自由民主的奋斗也是为人权的奋斗，但也是因为形容词的"自由"已经建构了人权的定义。比较而言，选举民主与人权的联系更加脆弱。选举民主可以删除侵犯国际范围内认可人权者的名单，但并不一定大范围地促进人权的实现与运用。自由民主是一种特殊方式的限制，不能简化为实现更加充分发展的选举民主。这是因为自由民主必须满足某些实质方面的要求而不仅仅是程序方式的标准。为民主而奋斗，当然包括选举民主。不管奋斗如何艰辛与成功，最为理想的第一步是建立能够包含国际人权标准的权利保护体制。

（二）民主原则与发展

经济发展过程中的不平等、精英掌控、个人或群体选择与行动权利的被剥夺、贫困现象，产生了人权与发展的两类冲突：公平权衡，也即为了资本的快速积累与增长速度牺牲公平分配；自由权衡，也即

---

① ［法］卢梭：《社会契约论》，何兆武译，商务印书馆 2003 年版，第 36 页。

为了效率而牺牲公民权利与政治权利。①其中具体内容体现在以下两个方面。

（1）发展与公民权利和政治权利冲突。简单地认为发展与公民权利和政治权利存在相互依存关系似乎有点笼统。一些高度压制的政体也取得了持续的工业增长，如亚洲20世纪80年代与90年代的韩国、新加坡以及中国台湾。但大部分发展过程中的独裁统治以失败而惨淡收场，一些发展中的独裁国家甚至连短期的经济增长都没有取得。因此政治上的压制不是经济上取得增长的必要条件。穷人可能多少是愿意为物质利益取得牺牲公民政治权利，但是那些已经过上像样的体面生活的人，是鲜有愿意为了再多得到点物质利益而牺牲公民与政治权利。②越来越明朗的趋势是强调公民权利、政治权利与发展的兼容性。例如，国际金融组织在20世纪90年代强调经济发展过程中"善治"（Good Governance）对经济的贡献，尽管属于经济范畴的"善治"远低于提倡确认全部国际范围内认可的公民权利与政治权利，但强调透明、责任、义务、法治，特征鲜明地倡导实现选举民主和一个相当大范围的公民自由。③

（2）市场与经济权利与社会权利的冲突。市场与经济权利与社会权利的关系更为复杂。市场是社会机构旨在用于提高经济效益的一种方式。在给定数量的资源条件下，与其他方式相比较，以生产和分配为特征的市场系统的顺利运作能更大地输出商品和服务。正如纯粹的民主概念，自由市场对于国家与地区的集体利益和利益总额增长是合理的。但市场培养的是效率，不是社会平等和社会所有成员个人权利的享有。为了取得集体利益的效率，市场不是确保每个人得到关怀与

---

① 本书关于人权与发展的冲突相关理论与实践，参见［美］杰克·唐纳利《普遍人权的理论与实践》，中国社会科学出版社2001年版。

② 参见［美］杰克·唐纳利《普遍人权的理论与实践》，中国社会科学出版社2001版，第217—239页。

③ 世界银行：《管理与发展》，1992年；联合国发展署：《缩减状态下的国家：东欧与独联体国家的管理与人的发展》，1997年。

尊重，而是系统性地剥夺部分个人。市场对增长的贡献没有必然或设计为考虑个人需要与个人权利。市场分配以对经济价值增加为根据。基于价值增加的分配方式会迅速且系统地改变社会群体与个人的经济地位与社会关系。穷人往往是低效率的，因为作为一个阶层，他们较少有市场高度重视的技能。因此，穷人总是系统性地处于市场劣势。当经济劣势与政治权利劣势结合，穷人的困境将会进一步恶化，形成恶性循环。①

以权利为基础的经济发展通过确认公民权利、民主方式矫正发展过程中的权力不对称，寻求克服其他可选择的发展方式（如以需要为导向的发展方式）的局限性。以权利为基础的发展认为权力不平等在发展过程中许多关键问题如贫困缩减等方面发挥根本性的作用，因而需要运用人权标准和民主原则，以支持特定的请求，同时人权标准与民主适用于所有人。穷人的不满很容易成为政治行为者为实现他们个人或组织目标的操作内容。人权为经济发展带来了与众不同的方式，主要通过设立目标限制精英掌控现象，为那些遭受痛苦的弱势群体或个人提供必要的最低限度的权益保障。显然，这正是民主本身在人权与发展过程中的优势所在，从而使民主成为预防、解决发展问题的重要措施。

四　以权利为基础的经济发展的善治与民主原则

善治（Good Governance）的概念近年来变得相当流行，特别是在发展合作、发展规划与发展项目的政策制定领域。下面主要从促进人权的角度看待善治及民主原则与善治的相互联系。

---

① 与之对比的是"先经后政"与"蛋糕"理论，意思是：先有经济发展，后有公民权利与政治权利；先有蛋糕才有蛋糕分配，先做大蛋糕再分配蛋糕。也有市场倡导者认为：短期看，部分人会处于不利位置；长期看，人人都会因为经济增长，产品与服务供给增加与便利而受益。问题是，目前与现在及将来，有血有肉鲜活的个人与家庭得遭受痛苦？当缺乏人权时，人人也并不意味及于每个人，"蛋糕"理论往往陷入"大饼"理论。

（一）善治的内涵和人权与经济发展

20 世纪 90 年代，世界银行开始关注治理问题并且确定了治理的基本内容：责任与义务；基本的法律框架；信息公开与透明。处理非洲事务的世界银行的高级职员认为治理的核心特征来源于这三个方面，与《世界人权宣言》（UDHR）内容一致。① 人权律师委员会十分适当地指出："治理的讨论对人权而言，不是因为其内在的价值，而是它的工具性作用，能够创造维护经济有效、持续发展的环境。"② 换言之，善治创造了投资良好条件，能够促进经济健康发展。

1991 年 11 月 28 日，欧洲共同体理事会和各成员国（即现在的欧盟）通过了荷兰关于人权、民主和发展决议的提案，成为欧洲地区支持善治最为详细的政策声明。该决议为人权与发展的合作与协调方式建立了一个基本框架，也就是民主与人权的进步成为双边援助政策与欧共体与发展中国家合作政策的考虑因素。决议强调善治的重要性，规定了"善治"作为政策概念的具体内容。决议有如下具体表达："虽然主权国家有权创制他们自己的行政管理体系、做出他们自己的宪法性安排，但只有下列政府管理的一般性原则与制度得到坚持，即合理的经济与社会政策、民主决策、政府足够的透明度、财政问责制、创造有利于市场的发展环境、反腐措施，同时尊重法治、人权与新闻自由和表达自由，才能取得有效、持续的公平发展。"③

决议进一步指出共同体与成员国将会支持发展中国家为取得善治而努力，同时政府善治的一般性原则与制度成为现存或新的发展合作的中心议题。决议同时指出共同体支持发展中国家促进人权、鼓励民主与善治的主动性，支持为实现人权、民主、善治扩大整体用于发展

---

① 人权律师委员会：《世界银行：管理与人权》，1993 年，第 52 页。

② 同上书，第 61 页。

③ Christiane Duparc, The European Community and Human Rights, Brussels/Luxembourg 1993, pp. 51－54, Resolution on Human Rights, Democracy and Development（Council and Member States, meeting within the Council, 28 November 1991）, paragraph 5.

的资源分配。紧随欧共体关于该决议实施报告发生的是，善治的基本原则被认为与公共事务管理的透明相联系。因此，合乎逻辑认为，给予所有实质性的改革成为优先事项，如非集权化、有效的监督主体、税收改革等。这样，才有可能为计划透明、公共管理公开建立牢固的基础。①

（二）善治、人权与经济发展的相互联系

善治现在已经广泛引入发展机构、捐赠机构与受捐赠政府，在处理与发展中国家关系时作为政策指导。善治包含的基本原则与制度是：合理的经济与社会政策、民主决策、政府足够的透明度、财政问责制、创造有利于市场的发展环境、反腐败措施，同时尊重法治、人权与新闻自由和表达自由。② 从而善治成为公共事务管理的基本原则。

透明度和民主决策是善治所列举要求中最为关键的两个要素。关于这点，欧共体与世界银行要求发展行动者遵从这一要求，从而把有关透明度和民主决策的善治的重要性提高到了一个新的高度。此外，反腐败斗争成为善治势在必行的内在要求。这一要求在发展中国家与发达国家同样得到强调。1993 年 9 月 8 日，国际法律专家会在新闻发布会上指出："打击权力腐败不再是道德问题，而是事关贫困人口得到生存的问题。国家经济犯罪和第三世界国家独裁者对贫穷国家的资源掠夺事实上导致了贫困的产生和贫困增加。为了加强民主与实现发展权必须施以援手，阻止资金从南半球国家到西方银行赤裸裸的转移。因为这些资金负有重大的责任。"③

---

① Commission of European Communities, Report from the Commission to the Council and the European Parliament on the implementation in 1993 of the Resolution of the Council and of the Member States meeting in the Council on Human Rights, Democracy and Development, adopted on 28 November 1991, doc. com (94) 42 final, 23. 02. 1994, conclusions, paragraph 4.

② 人权律师委员会：《世界银行：管理与人权》，1993 年，第 52 页。

③ Quoted in Preliminary report on opposition to the impunity of perpetrators of human rights violations (economic, social and cultural rights), prepared by Mr. Guissé and Mr. Joinet, UN Doc. E/CN. 4/Sub. 2/1994/11, paragraph 18.

　　善治包含了政府一般性原则，因而不论国际还是国内发展行动者都同意促进、尊重与运用这些原理。虽然善治与人权存在的直接联系有限，也不是人权议题的中心，但在发展政策与发展过程中强调善治，能够创造有限资源得到有效使用的条件与环境。

　　千百年来，无数人们为民主、发展与自由而奋斗不止，他们没有把民主与发展看作结束，而是作为维护生活尊严的手段。当代国际社会以实质性的措施定义人的尊严，也即尊重国际社会已经认可的人权。

　　通过强调人权与发展过程中的紧张，目的是凸显弱势群体如穷人与精英掌控、发展与公民权利和政治权利、市场与经济权利和社会权利之间现存或潜在的影响社会稳定的不利因素。因此，以权利为基础的经济发展成为人权理论与发展理论融合的必然结果。民主的关键在于"人民自由表达意愿""充分参与一切方面"，旨在实现人民的统治。当然选举民主不是民主的全部内容，民主具有丰富的制度内涵，民主的真实性、实质性、程序、选举、直接、代议制、自由主义、导向性和民众性应当成为着力点。以规范性人权为基础的经济发展理论认为民主作为人权规范，民主原则必须在经济发展中得到体现和遵守。以功利性人权为基础的经济发展理论认为民主能够解决发展过程中的人权问题，同时也能促进发展，因而民主原则应当在经济发展中得到充分运用。

　　以权利为基础的经济发展的另一个要求是体制应当是民主的、合意的，从而能够赋予人民权利。有充分的理由认为赋权是良好的政治机制，能够确保人权及于所有人。以权利为基础的经济发展也是权利保护体制，同样寻求经济发展。通过确认人民权利及民主机制，矫正政治、经济与社会各个领域不合理的权力分配，从而避免了弱势群体经济社会地位与权利的双重不利，避免出现经济贫困与权利贫困的恶性循环。从而确保经济发展过程中对弱势群体的资源分配，实现他们的全部人权。

　　民主原则在人权与发展的另一个运用是公共事务管理的善治。

善治的一般性原则与制度要求合理的经济与社会政策、民主决策、政府足够的透明度、财政问责制、创造有利于市场的发展环境、反腐败的措施，同时尊重法治、人权与新闻自由和表达自由。善治是以权利为基础发展的内在要求，发展中国家的腐败与贫困人口的生存权存在直接的联系。反腐败的最好措施是建立民主机制、赋权民众，实现民主决策、公众参与。此外，民主原则能有效预防冲突转化为暴力。

第四节　以权利为基础的经济发展的 法律问题：权利及其实现

以权利为基础的经济发展的法律问题主要是人权与经济发展相互联系、相互作用所涉及的法律因素，目的是为以权利为基础的经济发展提供法理依据。分析框架的基础是《联合国宪章》及《国际人权宪章》①，由此所确认的权利、自由、经济与社会正义必须在经济发展过程中得到维护。依据《联合宪章》与《国际人权宪章》，联合国成员国与《国际人权宪章》缔约国承兑宪章与人权公约所规定的国家义务，实现经济发展过程中的权利保护。

考虑到经济发展对于实现经济权利、社会权利、文化权利的重要作用，以权利为基础的经济发展的法律问题必须思考下列问题：发展经济是否可以成为否认或暂停公民权利、政治权利的理由？经济权利、社会权利、文化权利与公民权利、政治权利是否兼容？经济社会发展是否成为实现公民权利与政治权利的前置条件或经济发展就会自动实现公民权利与政治权利？相关权利实现是否存在顺序？如何限制权利？由此合乎逻辑引出对自决原理的探讨。经济发展的实现及权利的实现离不开民主框架及以权利为基础的经济发展的相

---

① 《国际人权宪章》由《世界人权宣言》和两项国际人权公约及其任择议定书构成。

应机制，如参与、授权、义务等。人民自决是发展政策合法的基础。反过来，合法的经济发展政策可以避免权贵经济、精英操控，有利于穷人与边缘群体权利的保障、减少不平等与贫困，最终实现社会的稳定。

一　人权与经济发展的具体权利：国际人权法体系

国际人权法由50多个具有普遍意义与专业性质的国际公约与声明组成，包含了广泛的约定标准与国际义务。世界各国律师与法官频繁求助于这些法律，并把这些法律作为形成规则或决定及国内涉及难民、被拘留者、没有证件的外国人与政府活动等判例的解释指南。以权利为基础的经济发展所称的权利正是这些在国际社会已认可的包含于各个人权公约与声明的各项人权，公约包括反酷刑、非人道与侮辱性惩罚公约，公民权利与政治权利国际公约，经济、社会与文化权利国际公约，关于消除各种形式歧视的国际公约等。因此，为了在经济发展过程中实现以权利为基础的经济发展，各国立法机关或政府批准相关人权公约时机成熟。国际人权法体系所确认的广泛权利必须在经济发展中得到尊重、保护与实现。

（一）权利普遍性的法律根源

从人权的起初，人权经受考验的关键问题之一是人权的普遍性问题。许多学者、实践者、政府官员（当然不完全来自第三世界国家）认为人权开始于西方政治、文化或宗教价值，因此人权不具有普遍性。同时人权的普遍性也受到"文化相对主义"与"经济发展"理论的挑战。杰克·唐纳利在论证人权的普遍性时认为："人权是一种特殊的权利，一个人之所以拥有这种权利，仅仅因为他是人。"① 因此在人权学说上，人权与人是等同概念。"人权的来源是人的道德性……人们并不是为了生活而'需要'人权，而是为了一种有尊严的

———————

① ［美］杰克·唐纳利：《普遍人权的理论与实践》，中国社会科学出版社2001年版，第7页。

生活而‘需要’人权。”① 在这种意义上说，人权超越了现存的法律、政治与制度，从而人权赋予了权利人请求的正当性与正义性。众多学者从人性、政治、文化与经济发展各个方面论证了人权的普遍性。同时人权的普遍性得到众多宣言、声明与系列国际文件确认，包括：美国的《独立宣言》，法国的《人权与公民权利宣言》《世界人权宣言》《联合国宪章》《维也纳宣言》《欧洲人权公约》等地区性人权公约。人权的普遍性概念正是在经受各方面的挑战与考验过程中，得到国际社会的广泛认可。

　　从制定法角度而言，有充足理由认为人权义务构成了普遍义务。“人权是普遍的是因为所有国家自愿批准了相关的法律文件。”② 人权义务满足了权利与义务的形式要件要求与制定法形式要求。如果说1948 年《世界人权宣言》对大多数国家而言，只是承认既成事实，争议仍然存在，但无疑已经建立了具有约束力的人权普遍目标。③ 超过 140 多个国家已经批准了 1966 年的《公民权利与政治权利国际公约》与《经济、社会与经济权利国际公约》。其他人权条约甚至得到更加广泛的批准加入，172 个国家就 1993 年的《维也纳宣言》取得了共识。因此，人权的普遍性质及普遍义务已经无可争议。

　　《世界人权宣言》认为：人人有权要求一种社会的和国际的秩序，在这种秩序中，本宣言所载的权利和自由能获得充分实现。④ 基本原理是这种“社会的和国际的秩序”规定了个人与国家的关系：“人人生而自由，在尊严和权利上一律平等。他们赋有理性和良心，并应以

---

① 《2000/2001 年度世界发展报告：抗击贫困》，worldbank. org/wbsite/external/topics/extpoverty/0, , contentMDK：20195989～pagePK：148956～pipk：216618～thesitePk：336992,00.html。

② De Feyter, Koen, World Development Law. Antwerp：Intersentia (2001), at 247.

③ Yasuaki, Onuma, "Toward an Intercivilizational Approach to Human Rights", In the East Asian Challenge for Human Rights, edited by Joanne Bauer and Daniel Bell, 103–123. Cambridge University Press, 1999.

④ 《世界人权宣言》第 28 条。

兄弟关系的精神相对待。"① 个人与国家的关系进一步理解为："人人对社会负有义务，因为只有在社会中他的个性才能得到自由和充分的发展。"②《世界人权宣言》不同于以往的人权对话，是因为宣言不仅包括了传统的公民权利与政治权利③，同时也包含了新的权利即经济、社会与文化权利。④ 这两个权利集合随后在 1966 年的《公民权利与政治权利国际公约》与《经济、社会与经济权利国际公约》分别得到体现和细化。因此，国际人权法体系所列举的权利清单不仅是普遍的而且是不可分割的，公民权利、政治权利、经济权利、社会权利与文化权利构成了一个整体的权利。换言之，相关国家只要是联合国会员国，认可《世界人权宣言》，事实上就承认了上述权利的普遍性与统一性及其相应的政府义务。

（二）《世界人权宣言》与两个国际公约所确认的主要权利

1.《世界人权宣言》确认了范围广泛的权利，包括公民权利、政治权利、经济权利、社会权利与文化权利，这些权利应当在经济发展过程中得到保护：（1）生命、自由与安全权；（2）免于奴役；（3）免于酷刑、非人道、有辱人格的待遇及虐待；（4）权利得到法律确认；（5）法律确认的权利平等并且法律平等保护权利；（6）基本权利受到侵害，有权得到有效救济；（7）免于任意逮捕、拘禁和流放；（8）公平审判；（9）被证明有罪前有权被视为无罪，刑法不得溯及既往；（10）私生活、家庭、住宅与通信免于任意干涉，尊严与荣誉免于攻击；（11）国家范围内迁徙自由，有权离开国家与返回自己的国家；（12）有权寻求和取得庇护；（13）享受民族权利；（14）结婚与成立家庭的权利；（15）财产权；（16）思想、良知与宗教自由；（17）观点与表达自由；（18）和平集会与结社自由；

① 《世界人权宣言》第 1 条。

② 《世界人权宣言》第 29（1）条。

③ 《世界人权宣言》第 2—21 条。

④ 《世界人权宣言》第 22—27 条。

（19）参与本国政府管理的权利；（20）社会安全的权利；（21）工作及良好工作条件的权利、同工同酬的权利、组织和加入工会的权利；（22）休息与休闲的权利；（23）个人与家庭适足生活水准权；（24）受教育权；（25）自由参与文化生活权利。

2. 1966年的《公民权利与政治权利国际公约》确认了以下权利：（1）生命权；（2）免于酷刑、非人道、有辱人格的待遇及虐待；（3）免于奴役的权利；（4）免于任意逮捕、拘禁，人道权，尊重对待依法限制人身自由的人；（5）合法居留国家领土范围内的任何人有权自由迁徙、自由选择居住地方；（6）自由离开任何国家、有权进入本国；（7）法院或法庭之前，悉属平等；（8）平等受法律保护；（9）法律面前，每个人的权利得到认可；（10）隐私、家庭、住宅与通信免于任意与非法干涉，尊严与荣誉免于非法攻击；（11）思想、良知与宗教信仰自由；（12）见解不受干涉的权利；（13）表达自由，包括自由寻求、接受和传递信息；（14）和平集会的权利、自由结社，包括组织与加入工会的权利；（15）自由或完全同意的双方有结婚与成立家庭的权利；（16）少数民族有享有本民族文化、信奉与信仰本民族宗教、使用本民族语言的权利。

3.《经济、社会与经济权利国际公约》确认以下权利：（1）工作权；① （2）公正和良好的工作条件权；② （3）组织和参加工会权；③ （4）罢工权；④ （5）社会安全与社会保障权；⑤ （6）家庭得到保护与援助权（家庭、母亲、儿童、少年保护）；⑥ （7）适足生活水准的权利（食物、住房和健康等方面）；⑦ （8）享有能达到的最高的体质和

----

① 《经济、社会与经济权利国际公约》第6（1）条。
② 《经济、社会与经济权利国际公约》第7条。
③ 《经济、社会与经济权利国际公约》第9条。
④ 《经济、社会与经济权利国际公约》第8条。
⑤ 《经济、社会与经济权利国际公约》第9条。
⑥ 《经济、社会与经济权利国际公约》第10条。
⑦ 《经济、社会与经济权利国际公约》第11条。

心理健康标准的权利；① （9） 每个人有受教育权与参与文化生活的文化权利。②

（三）《国际人权宪章》对人权义务的影响

联合国的主要目的是："促进国际合作……且不分种族、性别、语言或宗教，增进并激励对于全体人类之人权及基本自由之尊重。"③《联合国宪章》第55条规定："为造成国家间以尊重人民平等权利及自决原则为根据之和平友好关系所必要之安定及福利条件起见，联合国应促进：（a）较高之生活程度，全民就业，及经济与社会进展。（b）国际间经济、社会、卫生及有关问题之解决；国际间文化及教育合作。（c）全体人类之人权及基本自由之普遍尊重与遵守，不分种族、性别、语言或宗教"。第56条规定："各会员国担允采取共同及个别行动与本组织合作，以达成第五十五条所载之宗旨。"第55条规定的目的之一是促进"普遍尊重与遵守，不分种族、性别、语言或宗教"。第56条的承诺术语表明国际义务得到了认可。国际法庭认为《联合国宪章》的人权条款对国家产生直接约束力。④

《联合国宪章》确立了"不分种族、性别、语言或宗教"平等非歧视的人权法原则。《世界人权宣言》完成了"人权与自由"定义的任务。而《公民权利与政治权利国际公约》《经济、社会与经济权利国际公约》细化并扩展了由《世界人权宣言》确认的人权与自由。《世界人权宣言》在序言里重申《联合国宪章》规定的义务："鉴于各会员国业已誓愿同联合国合作以促进对人权和基本自由的普遍尊重和遵行。"并进一步认为："作为所有人民和所有国家努力实现的共同标准，以期每一个人和社会机构经常铭念本宣言，努力通过教诲和教

① 《经济、社会与经济权利国际公约》第12条。

② 《经济、社会与经济权利国际公约》第13、14条。

③ 《联合宪章》第1（3）条。

④ Egon Schwelb, The International Court of Justice and the Human Rights Clauses of the Charter, American Journal of International Law 66 (1972), at 337, 348.

育促进对权利和自由的尊重，并通过国家的和国际的渐进措施，使这些权利和自由在各会员国本身人民及在其管辖下领土的人民中得到普遍和有效的承认和遵行。"因此，《世界人权宣言》以它自己的语言，确立了人权与自由"实现的共同标准"。

《公民权利与政治权利国际公约》与《经济、社会与经济权利国际公约》作为条约对批准生效的国家具有直接约束力。正如《世界人权宣言》，两个公约条款所确认的基本权利与自由在很大程度是《联合国宪章》的法定公布。因此，两个公约的实质性规定，作为宪章的权威解释，适用于不是两个人权公约批准生效的国家，但是在宪章框架内具有人权义务的联合国会员国。[1]

因此，有充足的理由与证据说明包含于《世界人权宣言》的基本人权原则已经成为习惯性的国际法与国家认可的法律基本原则。更为重要的是，《世界人权宣言》作为《联合国宪章》的权威解释，增强了人权法的执行力和适用范围。

二　经济发展与权利保护的基本法律问题：权利顺序、限制与克减

《联合国宪章》《世界人权宣言》《公民权利与政治权利国际公约》与《经济、社会与经济权利国际公约》作为国际人权法的基本框架规定了联合国会员国与公约缔约国必须尊重、保护与实现的权利清单。对于发展中国家而言，实现经济发展与权利保护成为经济社会的核心问题。因此，明确经济发展与权利保障及权利之间的顺序，权利的限制、权利克减等相关法律问题成为现实需要，主要体现于：人权与经济发展的关系；经济权利、社会权权利、文化权利与公民权利、政治权利的关系。

（一）人权与经济发展的关系

《联合国宪章》、人权与经济发展是相互区别又相互联系的概念。

---

[1]　See Newman, The International Bill of Human Rights, pp. 112-114.

《联合国宪章》在序言里阐述联合国人民决定"促成大自由中之社会进步及较善之民生"，"重申基本人权，人格尊严与价值，以及男女与大小各国平等权利之信念"。《联合国宪章》序言成为"经济与社会进步"与"基本人权"的连接。前者认为是实现后者的手段。

值得注意的是，《联合国宪章》所包含的人权条款同样成为经济与社会方面权利的参照。① 宪章第 55 条主要处理宪章人权与国际经济社会的合作，具有相当积极的价值。该条款阐述了联合国为造成国家间以尊重人民平等权利及自决原则为根据之和平友好关系所必要之安定及福利条件起见，应当促进这些目标：（1）较高之生活程度、全民就业及经济与社会进展。（2）国际经济、社会、卫生及有关问题之解决，国际文化及教育合作。（3）全体人类之人权及基本自由之普遍尊重与遵守，不分种族、性别、语言和宗教。显然，《联合国宪章》第55 条阐明了"经济与社会进步"与"基本人权"之间的关系。

毫无疑问，经济社会的发展对实现经济权利与社会权利是必要条件。但问题是经济发展自身对于实现人民的权利是否已经足够？一个国家的经济发展是否自动导致个人权利的实现？这是人权与经济发展最为重要的问题。这些问题在经济权利、社会权利、文化权利与公民权利、政治权利的关系问题中得到解释。

（二）经济权利、社会权利、文化权利与公民权利、政治权利的关系

《国际人权宪章》是有机组合，强调所包含权利与自由的互补性和不可分割性。1950 年联合国大会认为"公民与政治自由的享有与经济、社会、文化权利的享有是相互联系与相互依存的"。② 尽管公民权利、政治权利、经济权利、社会权利、文化权利认为是相互联系与相互依存，但随后决定还是将这些权利包含于两个公约当中而不是合

---

① 《联合宪章》第 1（3）条；第 13（1）（b）条；55；62；68；76。

② United Nations, G. A. Resolution 421E（V）, GAOR 5th Sess., 4 December 1950, Suppl. 20（A/1775）, pp. 42–43.

成一个，主要原因是所涉及权利的不同特征、由此而产生义务性质的差异，以及由于权利与义务差异因此需要调整的实施机制。① 同时认为公民权利与政治权利需要立刻得到实施，经济权利、社会权利、文化权利逐步得到实现，后者的实现主要依赖于每个国家所能利用的资源。

《经济、社会与文化权利国际公约》规定了"本公约缔约各国承担依照本公约这一部分提出关于在遵行本公约所承认的权利方面所采取的措施和所取得的进展的报告"的报告机制。② 《公民权利与政治权利国际公约》同样规定了报告程序。两个报告程序之间的主要差异在于授权审查报告的机构。《经济、社会与文化权利国际公约》缔约各国根据规定提交的报告由经济、社会与文化权利委员会审查，由人权委员会和各专门机构协助。《公民权利与政治权利国际公约》缔约各国根据规定提交的报告由 18 位独立专家组成的人权委员会审查。③ 基于执行机构的差异与公约权利义务性质上的差别的权利分组，使两组权利相互兼容而不是相互冲突。

《世界人权宣言》的限制与克减条款的附加功能解决了公民权利、政治权利与经济权利、社会权利、文化权利的顺序问题。权利与自由的享有允许限制，《世界人权宣言》规定："人人在行使他的权利和自由时，只受法律所确定的限制，确定此种限制的唯一目的确在于保证对旁人的权利和自由给予应有的承认和尊重，并在一个民主的社会中适应道德、公共秩序和普遍福利的正当需要。"④ 同时规定："本宣言的任何条文，不得解释为默许任何国家、集团或个人有权进行任何旨在破坏本宣言所载的任何权利和自由的活动或行为。"⑤ 可见，经济发

---

① United Nations, G. A. Resolution 543E（VI），5 February 1952, Suppl. 20（A/2119），p. 36.

② 《经济、社会与文化权利国际公约》第 16—25 条。

③ 《公民权利与政治权利国际公约》第 28—40 条。

④ 《世界人权宣言》第 29（2）条。

⑤ 《世界人权宣言》第 30 条。

展虽然与经济、社会、文化权利的享有程度密切联系，但不影响该权利的存在，更没有成为限制与减损权利的理由。由于人权的普遍性与不可分割性，常态情况下不存在权利顺序问题。以权利为基础的经济发展要求所有权利得到平等非歧视保护。

公约关于公民权利与政治权利的某些条款明确规定了可以进行限制。具体形式的限制在条款之间存在不同，但总体而言，公约规定权利不得任意限制，除非由法律规定，为保护国家安全、公共秩序、公共道德或其他人的权利和自由，否则不得进行限制。① 此外，有关个人权利的限制条款，公约允许缔约方在突发公共事件时降低它们的义务，但公约标准的偏离不能超过紧急状态下的必要性要求，不能存在基于种族、肤色、性别、语言、宗教与社会出身的歧视。②

关于经济权利、社会权利、文化权利的国际公约在突发公共事件不排除任何特定的权利不受减损，因为《经济、社会与文化权国际公约》包含了与《公民权利与政治权利国际公约》第 4 条款相似的规定。经济权利、社会权利、文化权利的许可限制与公民权利、政治权利的限制是平行的。③ 因此，在给定情况下，任何公民权利、政治权利、经济权利、社会权利、文化权利的公约标准的偏离，需要对这些限制和克减条款的实施充满信念。这些条款所提供的弹性与平衡有利于公民权利、政治权利与经济权利、社会权利、文化权利的兼容。

《国际人权宪章》另一个特征是，公民权利、政治权利与经济权利、社会权利、文化权利之间的联系强调"民主社会"的概念。如上所述，《世界人权宣言》第 29（2）条规定对于权利的限制只有为了实现法定目标、尊重他人权利与自由、满足正当道德需要、促进民主

---

① 《公民权利与政治权利国际公约》第 12 条；第 14 条；第 18 条；第 19 条；第 21 条；第 22 条。

② 《公民权利与政治权利国际公约》第 4（1）条。

③ 《经济、社会与文化权利国际公约》第 4 条：本公约缔约各国承认，在对各国依据本公约而规定的这些权利的享有方面，国家对此等权利只能加以限制，同这些权利的性质不相违背而且只是为了促进民主社会中的总的福利的目的的法律所确定的限制。

社会中的总的福利的目的，依据法律规定才是许可的。① 值得特别注意的是，民主社会的实现不只是《公民权利与政治权利国际公约》对缔约国的要求，同样体现于《经济、社会与文化权利国际公约》，如第 4 部分第 8（1）（a）条与第 4 部分 8（1）（c）条。②

包含于这些条款的基本原则是："人民的意志是政府权力的基础。"③ 这一基本原则实际指出"人民的意志"应当通过定期与真实的选举得到表达，选举应当是普遍的，选举权平等、选举程序自由。相关条款进一步阐明公民参与公共事务管理的权利与机会及有权根据一般性条款对公共服务的平等获取。因此，《国际人权宪章》所包含的"民主社会"的概念指明：政治机制的缺陷，与政府管理、公民参与决策过程相联系的公民权利与政治权利的剥夺，将直接削弱公民经济、社会与文化权利的实现。

许多发展中国家盛行的政治体制呈现不同程度的权威控制，如政府不允许反对党、军人统治等。专制政体缺乏与民主结构相联系的正常的最低标准，包括：代议制机构、竞争性的政党、定期的自由选举、多数决定原则、少数人群体权利与独立公正的司法等。发展经济的需要往往成为拒绝民主的理由，或者经济发展成为实现民主的条件。但是相关研究表明，没有证据显示经济发展将会自动导致民主、独裁主义与压制是经济发展的条件。④ 不可否定经济权利、社会权利

---

① 《公民权利与政治权利国际公约》第 14（1）条；第 21 条；第 22（2）条。

② 《经济、社会与文化权利国际公约》第 4 部分第 8（1）（a）条：人人有权组织工会和参加他所选择的工会，以促进和保护他的经济和社会利益；这个权利只受有关工会的规章的限制。对这一权利的行使，不得加以除法律所规定及在民主社会中为了国家安全或公共秩序的利益或为保护他人的权利和自由所需要的限制以外的任何限制。第 4 部分第 8（1）（c）条：工会有权自由地进行工作，不受除法律所规定及在民主社会中为了国家安全或公共秩序的利益或为保护他人的权利和自由所需要的限制以外的任何限制。

③ 《世界人权宣言》第 21（3）条。

④ ［美］杰克·唐纳利：《普遍人权的理论与实践》，中国社会科学出版社 2001 年版，第 193—236 页。

的实现依赖于社会经济条件与国家的发展。

根据《国际人权宪章》，缔约国承兑的政府义务要求经济权利与政治权利在一定的民主政治框架内得到实现。然而，相当多国家并没遵从人权公约缔约国所承诺的政府义务，特别是发展中国家。

三　经济发展与权利保护的法律机制：国家义务、政策决定与人民自决

《国际人权宪章》阐述了公民权利、政治权利与经济权利、社会权利、文化权利实现与"民主社会"的相互关系。也即上述权利只有在民主社会才能得到充分实现。换言之，民主社会实现了经济发展与权利保护的良性循环。因此，民主社会的经济发展与权利保护需要政府义务、民主决策与人民自决相关的法律机制。同时，这三个方面构成了经济发展与权利保护的法律机制的主要内容。

（一）政府人权义务

在经济社会发展过程中，法律责任常常与政府相联系，因为：（1）政府是由社会通过社会契约，为帮助保护与提高社会成员权利实现而创设的机构。（2）在国际层面，政府充当了国家作为《国际人权宪章》缔约国的法人，承兑人权公约规定的义务。这些义务主要包括：尊重、保护与实现人权，采取国内措施，纠正人权违反等。

1. 尊重人权的义务。一般来说，人权条约，如《公民权利与政治权利国际公约》与《经济、社会与文化权利国际公约》建立了在国家司法范围内，尊重所有认可人权的义务。政府义务是人权保护与人权法的核心问题。例如，《美洲人权公约》阐明：本公约各缔约国承诺尊重本公约所承认的权利或自由，并确保在它们管辖下的所有人都能自由地、完整地行使这些权利和自由，不因种族、肤色、性别、语言、宗教、政治或其他见解、民族或社会出身、经济地位、出生环境或任何其他社会条件而受任何歧视。① 政府在国际人权法框架内尊重

① 《美洲人权公约》第 1（1）条。

人权的内容主要是：（1）尊重人权条约所保护权利的人权；（2）有义务确保每个人的权利享有进入国家司法保护。

2. 采取国内措施的义务。采取国内措施义务的关键是调整国内法采纳国际人权标准。这方面的义务直接与国家的立法部门相联系。因此，如果政府没有根据国际人权标准采取立法措施或者没有实施法律措施保护条约确认的人权，将会违反人权义务。[①]

3. 纠正人权违反的义务。因为具体的侵犯人权行为的存在，纠正人权违反的义务成为政府的国际责任。《美洲人权公约》提供了详细的阐述。[②] 法庭强调归因于政府的非法行为引起的国际责任，是因为政府违反了国际法。结果是，政府对阻止非法行为的进一步扩展负责，而且对非法行为造成的任何伤害及其他后果负有纠正义务。[③]

4. 其他义务。除了上述主要人权义务，通过运用、援引人权条约，国际法庭解释其他的国家义务，如阻止义务、调查与惩罚侵犯人权行为。在 Velasquez Rodrigues 案件中，法庭认为政府有阻止侵犯人权的法定义务，同样为了查找责任人、做出适当处罚，有进行多种方式调查司法管辖范围内的侵犯人权行为的义务。[④]

政府义务是公民权利保护的基础。因而在经济发展过程中，理所当然应当加强对市场竞争分化的弱势群体的关怀。以权利为基础的经济发展改变了发展的性质，发展不是慈善事业。因此，政府义务理论为政府在经济发展过程中承担相关责任提供了理论依据。

---

① Case of Hilaire, Constantine and Benjamin et al. v. Trinidad and Tobago, Inter-Am. Ct. H. R（ser. C）No. 94, p. 113（June 21, 2002）.

② 《美洲人权公约》第63（1）条：如果法院判定本公约所保护的权利或自由被违反，法院应判令受伤害的一方被确保享有其被侵犯的权利或自由。如果适当，它应同时判令改正造成这种权利或自由的侵犯的措施或情形，以及判令向受伤害的一方支付公平的赔偿。

③ Case of De la Cruz-Flores V Peru, Inter-Am. Ct. H. R.（Ser. C）No. 115, P139（Vov. 18, 2004）.

④ Case of Velasquez-Rodriguez V. Honduras, Inter-Am. Ct. H. R（ser. C）No. 4, p. 174（July 29, 1988）.

（二）人权法与经济发展的政策问题

以权利为基础的经济发展的法律问题涉及的主要是人权法，政府是人权义务的主要承担者，政府有义务实现国际人权法所确认的全部权利。然而发展中国家政府在讨论经济结构调整与经济发展问题时不可避免地面临经济政治政策问题的处理。以权利为基础的经济发展实现了权利与经济发展的理论上的契合。因此，人权法与经济发展所要解决问题的核心是人权法与发展政策、发展计划、发展项目之间的关系。以权利为基础的经济发展要求政府是对人民负责的政府，因此参与、授权方式必须得到充分利用，确保人权法所认可的权利得到全部实现，确保经济发展不是满足市场需要而是人的需要。

经济政策与人权法相背离显然不符合以权利为基础的经济发展。人权法与政策都会影响个人与群体。人权法所确认的经济权利、社会权利与文化权利的目的是提供没有人被抛弃的基本底线，保护边缘化的群体。① 因此，群体权利，如群体的经济权利、社会权利、文化权利对于经济政策的制定与实施相当重要。经济发展过程必然涉及群体权利。因此，经济权利、社会权利与文化权利成为经济发展过程中人权法的中心，我们可以透过这面镜子分析经济结构、发展政策与发展项目。目的是使经济发展过程中的贫困与弱势群体的权利得到全面实现。

贫困的减少与弱势群体的权利保护成为经济发展过程中人权法所关注的主要问题。如前所述，经济增长能提高人权的享有，自由贸易与经济自由同样成为实现人权的基本要素。因为在这个体系内，允许追求个人利益，这样将会提高所有人的生活水准。这些观念促进了可持续经济发展，将会为人权的实现提供稳定的物质资源。国际金融机构（IFIs）强调调整政府管理直接参与人权事务。国际金融机构认为缺乏透明与腐败是经济社会结构调整失败的原因，只有通过提高政府

---

① Kunnemann, Rolf, A Coherent Approach to Human Rights, in 17 Human Rights Quarterly (1995) p. 332.

的管理或称之为善治（good governance）才能为经济活动创造有利环境，这样人权保障也会得到实现。① 然而这种类型的管理更多是关注投资者的权利而不是人权法规定的人权。当然这种模式代表西方民主思想的扩展，将提供稳定与可靠的投资机会。但无可避免的是，20 世纪 90 年代国际金融机构所倡导的经济结构调整在经济、政治与社会方面都陷入了困境。也就是说，脱离了人权基础的经济结构调整与经济发展政策都毫无例外归于失败。

无论是基于规范性人权理论还是基于功利性人权理论，经济发展必须遵从人权法。发展规划与经济结构调整的参与原则、经济发展与人权法的整合、边缘群体权利保护的积极措施、经济自由与自由贸易及公民的自由权利在经济发展过程中仍然不可或缺。

（三）自决权对经济发展的影响

根据《联合国宪章》，成员国的法定义务不仅有人权保障方面的义务，而且有发展经济方面的义务。根据宪章第 55 条②与第 56 条，③国家发展经济的义务与尊重人民的自决原则的附加义务联系在一起。

根据宪章第 1 条，自决被认为是人权，但区别于其他人权。自决权作为集体权而不是个人权利。虽然自决权适用于国家本身，但它常常用于传达群体意愿，例如，人民可以同意或不同意政府或国家的组织方式。这样，人民与人民的自决联结到了一起。这里的主要目的是探讨自决在经济方面的概念。自决是国际人权法创立的概念，相关人

---

① O'Brian, Stephen, Structural Adjustment and Structural Transformation in Sub-Saharan Africa, in Gladwin, Christina H. (ed.), Structural Adjustment and Women Farmers, University of Florida Press, 1991, p. 40.

② 《联合国宪章》第 55 条：为造成国家间以尊重人民平等权利及自决原则为根据之和平友好关系所必要之安定及福利条件起见。

③ 《联合国宪章》第 56 条：各会员国担允采取共同及个别行动与本组织合作，以达成第 55 条所载之宗旨。

权条款对自决做出了具体说明：①《经济、社会与文化权利国际公约》第 1 条：（1）所有人民都有自决权。他们凭这种权利自由决定他们的政治地位，并自由谋求他们的经济、社会和文化的发展。（2）所有人民得为他们自己的目的自由处置他们的天然财富和资源，而不损害根据基于互利原则的国际经济合作和国际法而产生的任何义务。在任何情况下不得剥夺一个人民自己的生存手段。（3）本公约缔约各国，包括那些负责管理非自治领土和托管领土的国家，应在符合联合国宪章规定的条件下，促进自决权的实现，并尊重这种权利。《联合国宪章》阐述了自决原则②，而相关条款则解释了自决权。

　　自决权作为集体权，相对于国家而言确保国家主权完整，同样对于以权利为基础的经济发展具有要意义：（1）有利于建立政府与发展政策的合法性。如果缺乏人民的自决，政府的决策及政府本身必然遭受信任与合法性危机。政府的社会政策与经济政策只有通过民主方式，才能产生责任，这样以权利为基础的经济发展才能实现，否则政府不再是人民的合法声音。以权利为基础的经济发展是与平等、参与、委托概念相联系的。委托是包容与授权，这样才能保障人民的利益。这也是人民对政府的发展信任与发展信心的关键所在。以权利为基础的经济发展要求政府在发展过程中的角色不只是纯粹的市场交换管理者与监督者。政府合法性建立的实际是政府成为发展行动者的一方，经济发展政策与计划的制订必须通过民主程序与责任方式。在这一过程，人民有权决定缩减政府支出，要求信息公开与透明，有权决定停止不合理的政府调控。（2）有利于人民的公民权利、政治权利、经济权利、社会权利与文化权利的实现。逐步实现经济权利、社会权利与文化权利的能力对于政府包容性与合法性而言相当重要。在发展中国家，人民需要健康、教育、工作与社会福利，这些是经济权利、

---

①　United Nations, G. A. Resolution 2200A（XXI）GAOR 21st Sess., 16 December 1966, Suppl. 16（A/6316）, pp. 49-60; U. N. Doc. ST/HR/2（1974）, p. 8.

②　《联合国宪章》第 1（2）条，第 55 条。

社会权利与文化权利的基本内容。这些权利正是发展中国家穷人与边缘人的请求。常态社会的大部分人民或相当数量人民不能得到这些需要，主要原因是人民缺乏平等、参与、自决、授权这些相关机制，政府的合法性不足。这些机制的缺位将导致政府合法性不足，国内动乱与暴力将纷至沓来。因此，人民自决及相关机制是社会稳定的基础。人民自决的方式，如参与、授权与责任正是以权利为基础的经济发展的内在要求。同时，只有人民自决才有可能保证人民的公民权利、政治权利、经济权利、社会权利与文化权利实现的物质分配。

　　以权利为基础的经济发展的法律问题所探讨的中心问题是人们与人权在经济发展中的法律位置，需要指出的是，人权与发展的关系相当复杂。总而言之，以权利为基础的经济发展确认了人权与人权法的基础位置，需要进一步明确的问题主要有：经济发展中的具体权利；具体权利的相互关系及权利的排序、限制与克减；具体权利实现的机制。因此，以权利为基础的经济发展的法律问题通过论证可以得出以下结论：（1）包含于《联合国宪章》与《国际人权宪章》的国际法律秩序的基础是法治。从广义上而言，强调经济与社会的正义。在这一点上超越了原初基于公民自由方式的法治的概念，这正是发展的价值要求。（2）《联合国宪章》所包含的人权义务得到包含这些义务的《国际人权宪章》的强化。因此对于发展中国家，只要是联合国会员国，所有得到国际人权法体系确认的权利，在经济发展过程中都应当得到尊重、保护与实现。（3）以权利为基础的经济发展的权利与基本自由，主要包含于《国际人权宪章》，包括经济权利、社会权利与文化权利、公民权利与政治权利。（4）经济权利、社会权利、文化权利与公民权利、政治权利的相互关系清楚表明经济权利与社会权利的实现不只依靠经济社会发展，而且依赖于公民权利与政治权利的保障。直接与公民权利、政治权利实践相联系的某些政治机制，如行政管理、决策过程中公民的参与方面的缺陷，将会阻碍经济权利、社会权利的实现。（5）经济权利、社会权利、文化权利与公民权利、政治权利构成了以权利为基础的经济发展的权利整体。权利二分法是因为认识到权利之间性质、义务与执行机制的差异。人权宪章通过限制与克减条款取得了二者的平衡。最为重要的是，促进经济发展不能成为否定公民权利与政治权利的借口。（6）依据《联合国宪章》与《国际人权宪章》所确定的政府义务，只要是会员国就有促进经济发展的义务；同时，离开了政府义务，公民就难以实现他们的经济权利、社会权利与文化权利。（7）政府促进经济发展的义务与尊重人民自决的附加义务相联系。由于自决原则的反权威与对民主的推动作用，自决成为全面实现所有基本人权的先决条件。自决与以权利为基础的经济发展的参与、授权、责任机制的联系表明政府发展经济的义务应当在民主政治的框架内进行。（8）基于人民经济自决的概念，政府有义务实现人民参与、民主决策，保障公民经济权利、社会权利、文化权利与公民权利、政治权利享有所需要资源的分配。

第三章

人权保障与经济发展：经济发展
视域中的权利保护

　　人权与发展是相互联系的概念，二者在内容上不断扩展又相互融合。人权是个人因为发展需要的要求，发展在哲学意义上是个人与众人认为是好的实现过程。人权与发展结合的直接结果是权利的范围必须包括人的全面发展，也即基本权利。权利存在与权利享有之间差别的本质在于具有不可剥夺性与普遍性的权利处于一个变化与多样的世界。只有具体情况下的公民权利或有直接联系的公民行为才能证明采取的限制权利享有措施的合法性。基本权利具有普遍性、不可分割性与绝对性三个特征。基本权利的性质决定了国家义务的内容与实现方式。在人权与发展背景下的基本权利保护，必须把握以下三点：(1) 基本权利保护的对象主要是弱势群体与边缘群体，在经济全球化与市场机制的驱动下，这些群体的权利更加脆弱；(2) 跨国公司是全球化的推动力量之一，跨国公司的人权义务成为人权研究的关注点，经济全球化与市场机制条件下，经济权利与社会权利成为经济发展视野中权利保护的重点；(3) 基本权利的保护必须加大国家的义务（或政府义务）和坚持权利的平等与非歧视保护。

　　国家义务是经济发展视域中权利保障的基本原则之一。国际人权法范围内的国家义务分类，主要有国家消极义务与国家积极义务的"两分法"，国家尊重、保护与实现义务的"三分法"与国家尊重、保护、满足与促进义务的"四分法"。"四分法"的国家满足与促进义务合并为国家实现义务。总体而言，国家义务划分为尊重、保护与实现义务，同时国家有禁止歧视的义务，共同构成了一个整体，共同指向权利保护。国家义务的分类与范围划分，规范了权利保护的国家义务实现方式。国家以尊重、保护、实现为方式履行国家义务，实现经济权利、社会权利与文化权利的保护。经济权利、社会权利与文化权利的国家尊重义务主要是对权利人自由的尊重。非洲与欧洲地区人权保护机制为中国的经济权利、社会权利、文化权利保护与民生问题提供了新思维新视角。经济权利、社会权利与文化权利的国家实现义务主要通过国内立法，提供制度与程序上的便利，保障权利的实现，包括狭义上的具体利益。

权利的平等与非歧视保护是经济发展视域中权利保障的基本原则之二。现代意义的平等是与反歧视联系在一起的。平等与非歧视既是原则又是权利，平等与非歧视是同一原理的正面与反面定义。平等在内容上包括形式平等与实质平等，二者不可偏废。权利保障要求，禁止歧视实现权利的形式平等，积极行动促进权利的实质平等。无论是实现权利的形式平等还是实质平等，都离不开国家义务。

第一节　人权、经济发展与基本权利

由于人权与发展成为联合国宪章的两个主题思想，联合国、国家政府与众多学者认识到了人权与发展相关概念与理论的价值。但在过去几十年，人权、发展、民主成为国际社会意识形态斗争的政治思想，人权与发展的相关问题在相当一段时间无论是在理论方面还是实践方面都没有得到解决。中国自 1978 年经济体制改革以来，目前经济规模全球排名第二。然而在发展过程中，食品安全问题、房价[①]、

---

①　谢泽锋：《中央党校专家：房价里 70% 是政府收入税费》，《英才》杂志 2012 年 8 月刊，新浪网，http：//www.sina.com.cn，最后访问时间：2012 年 8 月 18 日。

教育、强拆、环境污染①与腐败等社会问题层出不穷，甚至由此引发群体事件。这些事实表明中国的发展到了十分关键的时刻。什么是经济发展过程中的基本权利？政府在经济发展中的角色与定位、人权保障与经济发展的判断标准等问题正是本节的着力点。

一　人权与经济发展视域中基本权利的相关概念

从历史的角度看，人权与发展是相互联系的概念，二者在内容上不断扩展又相互融合。发展作为广泛使用的社会术语，特别在第二次世界大战后初期的南南国家，传统意义上是指以 GDP 为特征的经济增长。发展被认为只是经济发展的理论与实践或许仍然占主导地位，但最近几十年来，政治、社会、文化、教育、科技甚至道德日渐成为发展的内容。西方的人权概念曾经是严格限定范围的，但现在同样展现了扩展的迹象。发展被视为经济概念，与此类似，传统的西方人权概念是指公民权利与政治权利。"西方的主流观点认为，人权的理论基础是个人面对政府权力机关或机构有自治与自由的请求。"②狭义上的人权概念在西方仍然占主导地位。但自从 1966 年《经济、社会和文化权利国际公约》签订生效后，广义上的人权增加了经济权利、社会权利与文化权利。因而就目前而言，无论是称为发展或经济发展、人权的概念都是一个多维度的概念。

西方对权利的探索与思考显然在很大程度上受霍布斯关于自然世界想象的影响。霍布斯关于自然世界的想象是自然状态是战争状态，"这种战争是每一个人对每一个人的战争"③。霍布斯进一步认为，"这种人人相互为战的战争状态……是与非以及公正与不公正的观念

---

①　2012 年 7 月 28 日江苏省启东市发生一起大规模群体事件，并造成了较大的影响。这起事件是由江苏南通市政府对日本王子制纸之制纸排海工程项目的批准触发的，称为"启东事件"。http：//zh. wikipedia. org/wiki，最后访问时间：2012 年 8 月 18 日。

②　Walter Laqueur and Barry Rubin, eds., The Human Rights Reader, New York：New American Library, 1979, p. 61.

③　[英]霍布斯：《利维坦》，黎思复、黎廷弼译，商务印书馆 1985 年版，第 95 页。

在这儿都不能存在。没有共同权力的地方就没有法律，而没有法律的地方就无所谓不公正"①。霍布斯关于人的想象："人的自然本性首先在于自保、生存，从而自私自利、恐惧、贪婪、残暴无情，人对人互相防范、敌对、争战不已，像狼和狼一样处于可怕的自然状态中。"②霍布斯关于自然世界的想象影响了西方有关社会、国家、法律与权利概念的形成。当然，自然状态的想象并不一定存在。狼像其他所有动物体与他者以暴力、恶毒种种方式竞争，但在种群范围内，合作同样普遍存在，且作为进化过程的基本要素。霍布斯思想者的观点只是自然状态的否定与静止的一方面。现代理论关于自然状态进化的想象是所有生物体通过竞争与合作的平衡。因此，我们可以探研在此背景下人的发展作为继续进化过程的概念与内涵。这种方法的运用可见于早期自然学派理论学家及新近的罗尔斯。洛克认为自然理论是社会理论的一部分，与霍布斯的看法是一致的。③罗尔斯以他自己的方式理解自然状态，这一点不同于早期西方思想家，他们所关注的更多的是基本自然状态，而不是实际上的历史状态。可见，对人性的理解在一定程度上决定对社会的解释。

社会是人的社会，在一定程度上是以人性为基础的。人性在社会中得到进化发展，社会又影响了人性。人性与进化理论提供了解释社会的方法。人作为大自然进化的万物之灵，在部分由人类自身控制的过程中，他们应当做什么？权利正是基于人类自身进化、发展的需要，基于国家与政府、相互合作与相关义务及复杂社会的需要而产生。因此，人权与发展及权利应当置于人性与自然进化或发展的背景当中加以理解。依据霍布斯的思想我们可以得出以下顺序：战争→恐惧→权力让渡→法律→权利。依据进化发展的观点可以得出以下顺

---

① ［英］霍布斯：《利维坦》，黎思复、黎廷弼译，商务印书馆 1985 年版，第 96 页。

② 同上书，第 294 页。

③ ［英］洛克：《政府论》（下篇），叶启芳、瞿菊农译，商务印书馆 1964 年版，第 3—14 页。

序：需要→权利→义务→国家或政府→法律。后者揭示了人权与需要的对应关系。"将需要的列表与权利的清单相比较，事实上，它们之间存在紧密的联系。"① 这些因为人的发展的需要能够通过经验得到证明，权利具有道德和经验的维度。

这样我们可以得出发展与权利及相关定义：（1）从社会维度而言，发展是个人与众人认为是好的实现过程。联合国关于发展权的宣言为发展提供了详细的解释：发展是经济、社会、文化与政治的广泛进步，发展的目的是不断提高所有人的幸福，以及所有人主动、自由与全面参与发展，公平分配利益。② 从广泛意义上而言，发展可以认为是人与人类的进化过程。（2）人权是个人因为发展需要的要求。人权因为发展是好的理念而得到支持，这一理念是人与人类要求发展的习性使然，在所有动物群体中得到体现。换言之，发展的需要体现于所有生物体，涉及人作为物种的进化，外在表现是对这些需求的自觉要求。这些要求就是现在所称的"人权"。（3）社会是及于所有成员发展目标的共同体。（4）政府是由社会通过社会契约，旨在帮助保护与提高社会成员权利实现而创设的机构。

二　基本权利的内容

人权与发展结合的直接结果是权利的范围必须包括人的全面发展。这些权利在经济发展过程中更加脆弱。这里所指的权利在分类上应当包括《公民权利和政治权利国际公约》（ICCPR）与《经济、社会和文化权利国际公约》（ICESCR）两个国际公约，在内容上也即经济、社会、文化、公民与政治权利。然而，公约权利与发展需要在一定程度上存在模糊与重叠。换言之，就是这些松散的权利条款没有体现权利本身应有的位置。因而，我们需要用人权与发展相结合的标准

---

① Philip Alston, "Human Rights and Basic Needs: A Critical Assessment", *Human Rights Journal*, 12: 1-2 (1979).

② Human Rights: A Compilation of International Instruments, note 2 above, p. 403.

列出更清晰、更连贯的分类及与之对应的权利。

与发展相结合选择的权利必须包括所有的认为是好的发展的基本需要。所谓基本需要意思是指一般需要，它是一个整体列表中的特定需要，是不能缩减与克扣的。基本需要是普遍的，任何人不可能有正当理由去否定他们中间的任何内容，是基于实现人的发展要求。

根据上述标准与原则，下列应当是实现人的发展的基本需要：食物、住所、没有威胁存在的环境、安全、健康、知识、工作、良心与信仰自由、表达自由、结社自由、自我决定。基本需要在一定程度上是相互联系的，但没有一个能够被缩减，每一个需要都是整体需要的基础。上述每一个基本需要都是人的发展所必需的，是得到历史与实践证明的。但是这些基本需要所派生的需求并不具备这些特点。例如，一个人需要发展，任何人不能否定个人对食物与结社自由的需要，但不能因此推导出个人需要茅台与雪茄或去伦敦集会。

根据需要与权利的关系及《公民权利和政治权利国际公约》（IC-CPR）、《经济、社会和文化权利国际公约》（ICESCR），得出基本权利[1]清单。本书所称的基本权利具有以下含义：（1）是个人发展需要的要求；（2）要求得到了社会的认可，它的实现同样得到认可，并在建立于相互依存与共同社会需要基础上的不断发展的道德体系中得到提高；（3）个体与社会发展的习性是要求与认可的基础；（4）是普遍的、不可分割的与绝对的。国内学者对于基本权利的分歧主要是因为对人权与宪法的关系、宪法权（constitutional rights）与人权（human rights）存在不同理解。国外学者认为，宪法不创造人权，由宪法所保障的个人权利是基本人权的普遍运用。[2] 也就是说，宪法只

---

① "基本权利是公民在宪法上的权利。"郑贤君：《基本权利原理》，法律出版社2010年版，第1页，但之后基本权利的分类又是依据人权法；"基本权利是严谨的宪法学概念。"秦奥蕾：《基本权利体系研究》，山东人民出版社2009年版，第8页。

② The constitution, then, does not create human rights…The personal rights guaranteed by the Constitution are basic human rights of universal application. Fergus W. Ryan, Constitutional Law (Round Hall, 2001), p. 124.

是保护人权的一种方式。

现将基本需要与基本权利列表如下（见表 3-1）。

表 3-1

基本需要	基本权利	国际公约
食物、水、住所与衣物	适足生活水准权	E/11
没有威胁存在的环境	环境保护权	E/12
安全	生命权与自由权	C/6
健康	健康权	E/12
知识	受教育权	E/13
工作	工作权	E/6
良心与信仰自由	思想、良心和宗教自由权	C/18
表达自由	言论自由权	C/19
结社自由	集会和结社自由权	C/22
自我决定	自决权、参加公共事务权	C/25

说明：E 表示《经济、社会和文化权利国际公约》；C 表示《公民权利和政治权利国际公约》。

列表中的基本权利不包括公约中由基本权利所派生的权利。因为这里的基本权利是基于人的发展的普遍需要，而不是由此派生的权利。基本权利不会因为时间与地点而被缩减或被克扣，它们凸显了必要性。在一定程度上组成了一个最低需要或核心需求，因而不能被缩减或被克扣，是人实现发展的基础。

食物、水、住所与衣物等包括所有抵御气候的必需物品是生理上的需要。这些需要对于维持没有威胁存在的环境条件显然是必不可少的。因此，这方面的需要应当得到细化与强调，而不应当停留于联合国公约或其他权利清单的简单列举。安全为个人免于各种侵害提供了保护。对个人的侵害包括身体方面或心理方面的各种伤害行为，如诽谤他人等。安全包括或者应当以公民权利保障为基础，如法律或程序上的平等。健康与知识是显而易见的需要，常常以卫生保健或教育作为列表项目。工作权由于意识形态原因存在过争议。良心与信仰自由、表达自由与结社自由同样是人的真实需要，是人的身体发展需要的对应，这些需要能够通过历史经验得到证明。自我决定，是决定个人发展方式与道路，控制发展过程的需要。政治权利是保障实现的基础。越来越多的发展领域的研究显示，公共事务的不参与将会削弱发展。

三　权利存在（existence）与权利享有（exercise）①

存在的权利与权利享有之间差别的本质在于具有不可剥夺性与普遍性的权利处于一个变化与多样的世界。当然也为我们提供了一个有用的分析工具。这种差异看起来很简单，又很普遍，但不能忽视差别的存在。许多权利相关概念的混乱正是因为这种有意无意的忽视而造成。合理的要求、有权得到某东西或称为存在的权利与事实上得到某东西或权利的行使之间的差距，对任何权利的研究都是很重要的内容。

基本权利的存在是由于人的发展要求，而要求的道德基础在于事实上的普遍信仰，即发展是好的，发展是必需的。相关的有权得到某东西及于每个人，基本权利是普遍的。只要权利持有人存在，相关的有权得到某东西也会存在。存在的基本权利具有不可分割性。基本权利在一定程度上又是绝对的，不可能存在合理的剥夺、缩减或者其他方式的篡改，当然也不可能因为另外一个权利而损益。需要之间是否存在冲突？一个基本需要是否优先另一个基本需要？争议可以归纳为以下两个方面：需要与权利的差别；权利存在与权利享有之间的差

---

① Dennelly 把权利的"exercise"定义为：将会带来权利的运用，激活其他义务承担者尊重权利。只有权利得到尊重，权利才能得到享有。要求或权利本身可以看作相关方义务的激活启动工具。Jack Donnelly, The Concept of Human Rights（London：Croom Helm, 1985），p. 13.

距。现将争议双方常常用于对垒的食物权与自由表达权放在一起讨论。①

人的发展既需要食物也需要自由表达，每一个都是发展的必要条件。食物对于生存来说是必不可少的，因此食物权是基本的，也是绝对的。自由表达，对生物意义上的存在而言通常不是必要的，但对于人的发展而言，是必不可少的，因此自由表达权是基本的、也是绝对的。当"需要"是指某些"必需品"，或某些东西、某个方面"必不可少"时，它不是一个相对的概念，也不是某些东西或某些方面可有可无。当"需要"是指某些东西的"缺乏"时，它是一个相对的概念。一个挨饿的人从"缺乏"某些东西的角度而言，相对于自由表达，食物可能是一个更迫切的需要。换言之，在某些特殊情况下，食物权的享有优先于自由表达权的享有。但事实上，食物的需要并不影响自由表达的需要。也就是说，对自由表达的要求不会也不能因为食物的要求而被修改或否定。概言之，基本权利的享有不会也不可能出现一个基本需要修改或否定另一个基本需要。

基本权利的要求是绝对的，能有效防止通过一部分权利优先的方法去缩减或克扣其他基本权利。有关《公民权利和政治权利国际公约》（ICCPR）与《经济、社会和文化权利国际公约》（ICESCR）两个国际公约的争论正好反映了这一现象。部分西方领导人仅仅关注公民权利和政治权利，在狭义范围解释人权。当判断其他国家或政权的人权状况时，忽视了其他基本权利享有的成就。另外，一些国家与政党利用或假装提高基本生存需要，并以此为理由，缩减或否定公民权利和政治权利。食物与居所的需要与自我决定的需要之间是并行不悖的关系。当然有些情况下，公民权利和政治权利的享有在一些贫困国家由于资源、基础设施及机构的不得力等原因受到限制。不同文化，

---

① See Rhoda Howard, "The Full Belly Thesis: Should Economic Rights Take Priority over Civil and Political Rights?" Working Paper A. 3, The University of Toronto Development Studies Programme (April 1983).

存在权利实现方式的不同，但这种差异没有侵犯权利。

权利存在与权利享有的特性及权利存在的绝对性与不可分割性，为对抗人权侵犯提供了法理依据。正在挨饿的人没有充分实现他们的食物权，但权利本身并不因为饥饿而变小。监狱被关押的人员同样有集会和结社自由权，尽管权利的实现受到监禁的严格限制。[①] 基本结论是，任命机构包括政府的任何情况都不能影响权利的存在，但可能会影响权利的实现。因此，所有基本权利必须得到确认。

权利的实现或享有是相对的，主要是因为：权利持有者的能力；权利享有的相互关系包括权利持有者的其他权利与他人的权利；社会的发展阶段；不同文化差异；社会认可、保护与实现权利的方式。权利的社会认可、保护与实现依靠道德体系与政治结构。个人实现食物权的程度依赖食物的有效性、个人能力与社会的态度。总之，权利的实现或享有因权利人情况或文化的不同而变化。正是这种相对性，使基本权利的绝对性、普通性与不可分割性更加重要。

四　基本权利的国家义务问题

政府与个人应当尊重基本权利，不得妨碍权利的享有，应当酌情促进、增强权利的实现。换言之，这就是履行义务。人类的独特品性给个人发展的习性增加了新的维度，即加强彼此合作，相互支持社会其他人的发展。我们由于认识到相互间彼此独立，这样能够自觉为共同体做出有益行为。这就是我们所谓的感觉上的责任与义务。当然不是否定开明自利与狭隘的自身利益的竞争。随着相互独立与相互依赖认识的加强，人们越来越意识到他人权利实现的需要是个人自身发展的需要。此外，相互依赖的共同体的范围扩展到了全球，对他人权利的尊重的普通性的需要进一步得到提高。

---

① 《中华人民共和国刑法》第五十四条至第五十八条，使用了"剥夺政治权利"。从人权保护角度来说，使用"限制政治权利"更科学。属于基本权利部分的政治权利可以被"限制"但不能被"剥夺"。

　　基本权利和由基本权利所派生的权利及其他各项权利享有所要求的资源会产生竞争，即使在一个很小的群体内。由于这些因素的存在，只要有发展的需求，则一定程度的秩序必不可少。因此，群体必须建立机构实现秩序的要求，促进群体成员完成为其他成员权利实现的个人义务。因此国家或政府的产生及其获得支持首先应当从义务角度理解，也是对群体成员的发展需要的一种回应。

　　政府为什么会出现并得到发展？我们用社会契约论分析。罗尔斯认为契约一般由两部分组成："（1）一种对最初状态（the initial situation）及其间的选择问题的解释；（2）对一组将被一致同意的原则的论证。"① 罗尔斯所假设的原初状态（original position）定义为这种状态下理性的人民选择特定正义原则的方法。人权与发展背景下的原初状态包括生存与发展的真实需要与限制，并需要一个理性的机构对此做出回应。所言的原初状态的基本原则是道德体系、正义原则及随后所需要的机构得到建立与发展。制度的性质应当由认可的目的决定，而目的应当由真实情况的评估决定。因此，目的与评估在判断事实上的道德体系与机构的属性上扮演了同样角色。因此一个理想政府的唯一义务是让所有共同体成员的权利享有最大化。发展作为一个迭代过程，政府的理性应对是及时反映可利用资源的变化，满足需要、洞察发展、促进需要。

　　因此，政府的目的与行为具有主动性和发展性。创设政府的目的不是为了成员之间的彼此防卫、相互隔离、调停竞争、支持过度竞争等，而是为提高我们的及对每个人的社会发展提供鼓励合作、富有成效、非剥削性的社会环境。政府产生与发展的标准应当是基于科学发展或发展的科学性。

　　因为每一个人都有真实的需要，因此每个人都有基本权利。政府的义务应当指向每一个人。洛克认为，"因为义务目的而创设的政府，

---

　　① ［美］约翰·罗尔斯：《正义论》，何怀宏、何包钢、廖申白译，中国社会科学出版社 2009 年版，第 13 页。

不是让它自己有基本权利，政府只是一个信托公司"。① 保护与提高国民权利的实现是政府存在的唯一理由。政府实现它的义务，需要宪法、社会契约与道德体系方面的规制，需要有条件的委托授权行使立法、裁决、税收的征收与转移支付，从而完成所需要的一切事务。政府不能有基本需要：来源于义务的政府需要由公民基本权利进行限制。也就是说，政府不能也没有权利。

西方社会的人们清楚认识到他们作为个体所拥有的权利，他们倾向于以义务看待国家。公民与国家的关系被看作权利与义务关系。例如，艾德（Eide）认为："人权的概念是与国家的概念密切联系的。"本书由义务概念得出的结论是：国家或政府是以义务为背景的理解，基本权利也是如此。政府对权利的义务由公民授权。政府的义务与权力一样最终指向于个人。

权利与义务的要求属于个人的认识，产生于人是社会存在的观点。由于属于自由主义传统的个人利己主义的形成，权力交给了抽象的集合体，如国家或政府。孤立的个人又需要这种抽象体。这里的结论是：如果个人作为个体想实现他或她的全部潜能发展或权利享有的最大化，必须满足的条件是权利能够得到共同体所有成员的响应。社会中的个人，通过真实的个人人际关系得到提高，反之也会因为与世隔绝而受到损害。因此，我们通过不断扩大的权利在一定程度上能够减轻隔离的忧伤，释放自己。也就是说，政府的产生与存在是以满足个人需要为目的，权利的实现离不开政府的义务。

（一）积极义务与消极义务

我们必须把属于生存需要与发展不能降低的最低义务同属于提高过程中的更高水平义务区别开来。最低水平的需要毫无疑问被认为是基本权利。这些权利是绝对的、不可分割的、普遍的发展需要的要

---

① John Locke, An Essay Concerning the True Original Extent and End of Civil Government, in Robert Maynard Hutchins, ed., Great Books of the Western World, Vol. 35 (Chicago: Encyclopedia, 1952), pp. 61, 55-58.

求。因此，绝对的权利是绝对的义务。政府没有任何理由否定基本权利所要求的国家义务。

义务指向的权利享有在具体情况下是相对的。因此，我们发现只有具体情况下的公民权利或有直接联系的公民行为才能证明采取的限制权利享有措施或干预的合法性。对权利享有进行限制的合法与合理条件是：（1）公民行为阻碍了他人权利的享有；（2）为保护他人权利而对行为限制。所有例子对权利享有的限制都不是基本权利本身。受监禁个人的集会和结社自由权享有受到一定限制，但不是对集会和结社自由权本身的限制。由此得出：只有是保护其他权利的需要才能认为对权利享有的限制是正当的。

个人行为构成对社会或国家的危害，常常成为对权利享有进行限制的理由。因为国家没有权利，所以在对任何权利享有进行限制之前，政府必须证明公民行为是限制或威胁限制其他公民权利的享有。政府或许以"煽动行为"为由对公民的自由进行限制。但煽动性的言论或行为本身不能证明限制行为的合法性。这里必须解释的问题是：什么行为构成限制或威胁限制其他公民权利的享有。

不得妨碍权利享有是国家的基本义务，也是消极义务，这是绝对的义务。国家义务总体上可分为消极义务与积极义务。权利在传统意义上的概念就是它规定国家不得任意限制或妨碍公民权利的享有，①也称为"国家消极义务"。"国家积极义务"是指国家采取适当的"方法"与"步骤"确保权利实现的责任。国家的积极义务又可以分保护、实现与促进义务。国家的保护义务是指国家有保障权利人的权利免于侵害的义务。国家的实现义务理解为国家有义务采取行动从而使权利得到充分实现。国家的促进义务主要指国家有实现促进人权保护政策的义务，包括国内的（如人权教育）和国际的（如国外有借鉴意义的有关人权保护的政策）两个方面。国家促进义务往往合并为国

---

① Harris, O'Boyle and Warbirck, Law of the European Convention on Human Rights (2nd ed.), Oxford, 2009, p. 342.

家实现义务。

（二）义务优先问题

因为所有的基本权利都是绝对的、普遍的、不可分割的，因此权利的义务优先问题也就变得无关紧要。政府不能认为自决权与自由表达权必须排在食物权后面，也不能声称政府的义务仅限于公民权与政治权，而将食物权、住房权、受教育权等唯一地交给市场。政府不论其社会发展水平，必须认可它的义务始终是尊重、保护与实现所有人的全部基本权利，这里不存在相对性。但由于社会发展水平、文化、自然或人为灾难以及其他因素，权利的实现或享有存在相对性。富裕社会或国家比贫困社会或国家能够利用更多资源去实现和提高权利的享有。在我们并不完美的世界，这仍将持续而不可避免。一个好的政府在处理不完美世界所存在的问题时，应当始终为尊重、保护与实现所有人的全部基本权利分配资源。

在这个不完美社会，社会不仅应当认同所有基本权利，也应当策动政府正确分配资源，为所有权利享有的实现和提高提供机会。在现实社会中，如何实现和提高权利的实现存在多种选择，特别是在经济发展中国家。但许多满足权利需要的方法受到限制，甚至愿望良好的计划与发展也难以实现。然而现实中，怀有良好愿景的政府，并在事实上尊重、保护与实现权利的政府并不多见。尽管，什么是最好的实现基本权利的策略并没有一致的看法。

上述的关键论点是，一个好的政府应当不断扩展基本权利的范围。任何发展策略，即使在极端贫困、灾难或者不利的条件下，政府的目标指向是所有人的权利享有的最大化。或许优先实现某些权利存在一定程度的支持，但任何对基本权利的排序或以任何方式缩减已认可的基本权利的享有都是非正义的，当然也没有理由证明是正当的。

基本权利的概念为人权与发展的理解及运用提供了新的视角和连接点。这里的基本含义是：权利是正当的要求，也是人权与发展的起点。通过对要求的正当性、要求的基础及要求的社会认可度的研究，得出的结论是：基本权利是基于人的发展需求的普遍要求。因此，基本权利具有普遍性、不可分割性与绝对性三个特征。基本权利的性质决定了国家义务的内容与实现方式。

基本权利的普遍性、不可分割性与绝对性的作用在于：基于人的发展的普遍性消除了种族优越感；不可分割性的理念来源于个人，由人类的发展证明了它的正当性，从而消除了来自任何机构包括国家的任何理由的侵犯；基本权利的绝对性指明以权利优先为理由缩减或克扣基本权利是不正当的。由于世界的多样性与非完美性，基本权利的实现具有一定的相对性。

理想社会的理想政府的根本任务与目标，是始终尊重、保护和实现所有人的全部基本权利。真实社会的权利享有，由于不同信仰、意识形态、文化、发展水平与发展策略的相互作用，产生了不同于预期目标的结果。真实社会的政府与理想中的政府相距甚远。然而，人类必须生存，生存意味发展。人类社会比以往任何时代变得更加相互依赖。人们更加挑剔经济发展的策略，因而对人的持续的基本需要的研究及人们这些需要的认同理应受到更多的重视。反过来又彰显了人权与发展中的权利问题的理论价值。

第二节　基本权利保障的国家义务

今天，公民权利的保护成为公众与社会关注的焦点问题。从法学角度而言，权利持有方的权利离不开相对方的义务。毫无疑问，国家义务的研究有利于公民权利的保护。有学者言，"国家义务是公民权利的根本保障"[①]。可见，有关国家义务研究对于公民权利保护具有重要价值与意义。公民与国家关系决定：人权与发展所确定的基本权利的保障同样离不开国家义务，只不过经济发展视域中权利保障的重

---

① 龚向和：《国家义务是公民权利的根本保障——国家与公民关系新视角》，《法律科学》2010 年第 4 期。

点、范围与方式存在区别，而权利保障的基本原理是一致的。

一　国家义务的分类与范围

国家义务的分类与范围虽然只是技术上的归类，但为国家义务的研究与国家义务的实现提供了便利和方向。有关国家义务的体系、性质、结构与类型，国内外学者进行了多种概括与归类。从英、美、法系有关人权与宪法的著作、论文和文献看，国家义务的分类一般为三种：（1）国家消极义务与国家积极义务（positive and negative obligations）；（2）国家尊重、保护与实现义务（obligations to respect；obligations to protect；obligations to fulfill）；（3）国家、保护、实现（满足）与促进义务（the obligation to respect；the obligation to protect；the obligation to fulfill；the obligation to promote），"respect"与"protect"直接出现在国际人权保护法律条款中，中文译为"尊重"与"保护"。① "fulfill"中文意思为"履行、实践、满足或完成"，可译为"实现"或"满足"。"promote"译为"促进"。其实，国家义务分类存在是否准确的问题，但并无国内学者所认为的孰优孰劣的问题。② 从相关研究著作、论文和文献看，国外学者往往根据论述的详略或其他需要而选择。第一种与第二种分类法在英、美、法系人权研究中运用较多。国家义务的"两分法""三分法"或"四分法"本质上是一致的，范围也基本一致。

---

① ECHR Article 2 (1), Everyone's right to life shall be protected by law. ECHR Article 8 (1), everyone has the right to respect for his private and family life, his home and his correspondence. Convention for the Protection of Human Rights and Fundamental Freedoms, as amended by Protocols No. 11 and 14 Rome, 4. XI. 1950.

② 与传统宪法学理论关于"消极的基本权利"与"积极的基本权利"理论相应的是国家对基本权利的"消极义务"与"积极义务"理论。前已述及，随着基本权利谱系的发展和对其性质、结构与类型研究的深入，人权法学者越来越认识到"积极的权利"与"消极的权利"二分法的不足。参见杜承铭《论基本权利之国家义务：理论基础、结构形式与中国实践》，《法学评论》2011年第2期。

（一）国家消极义务与国家积极义务

权利在传统意义上的概念就是它规定国家不得任意限制或妨碍公民权利的享有，[①] 也称为"国家消极义务"。表达自由被认为是现代民主国家与民主政治的基本特征之一。欧盟人权法第十条第一款规定，公约成员国每个公民享有自由表达权；第二款列举了九项认为国家为了实现相关法律目的而对自由表达权进行必要限制是合法且正当的，这些是：（1）为了保卫国家安全；（2）为了保卫国家领土完整；（3）为了保护公共安全；（4）为了制止骚乱或犯罪；（5）为了保护公民健康；（6）为了维护社会道德；（7）为了保护他人名誉或权利；（8）为了阻止机密泄露；（9）为了维护司法权威与公正。[②] 我们可以发现，欧盟人权法第十条第一款规定了成员国家不得任意限制或妨碍公民自由表达权的"国家消极义务"。同时第二款列举了九项规定，限制表达自由权，而这些规定自由表达权的条件、限制或处罚在西方民主国家又认为是必要的、可接受的。从欧盟人权法条例第十条，我们可以抽象概括出国家实现消极义务的原则，主要体现在对基本权利的限制上，认为正当合法的限制应当基于以下三个方面：（1）所采取的措施在法律范围内；（2）为了实现法定目的；（3）在民主国家有社会必要性。

"国家积极义务"是指国家采取适当的"方法"和"步骤"确保权利实现的责任。对于国家义务相关原理，欧盟人权案例法（case law）认为，"法庭并没有规定普遍意义上的国家义务理论，因此，每个特定权利的相关国家义务有必要进行具体的分析"[③]。对于公民基本权利的享有，国家有不得妨碍的消极义务，而国家"采取适当的方法与步骤"的积极义务，通过案例法进行概括，在范围上至少包括了以

---

① Harris, O'Boyle and Warbirck, Law of the European Convention on Human Rights (2nd ed.), Oxford, 2009, p. 342.

② ECHR, Article 10 (1), 10 (2).

③ Vgt verein gegen Tierfabriken v Switzerland 2001 - Ⅵ.

下三个相互联系的问题：（1）国家有义务采取措施保证权利享有是有效的；（2）国家有义务采取措施保障个人享有的权利不被他人妨碍；（3）国家有义务采取措施确保个人不妨碍他人权利的享有。

（二）国家尊重、保护、实现与促进义务

为实现权利的保护，国家尊重义务是第一位的，也是最为开始的。换言之，权利得到尊重是国家第一层次的义务。只要国家不去妨碍或限制，所有的权利都能在一定程度上得到保护。从这种意义说，国家有可能成为权利最大的侵害者。基于此目的，国家有消极义务，即不得采取任何有损法定权利的活动。国家不能有意识、有目的地通过国家机关（如国会或议会、行政机关）或国家机构（如警察、监狱或军队）侵害公民的权利，也就是说国家有义务提防公权力对私权利的侵害。因此，国家的尊重义务以国家的消极义务为基本特征，是与国家机构、国家机关相联系的。

国家保护义务是指国家有保障权利人的权利免于侵害的义务，这是国家保障权利的第二层次义务。这意味着国家需要承担前摄性或后援性义务，以确保司法管辖范围内的权利人免于第三方的侵害。与此同时，国家有义务创造条件，确保权利人享有权利。当然国家并不对所有来自个人行为所引起的侵权行为承担国家义务。但在国际人权法领域，"对能证明权利人受其他方侵害，国家存在过错的情况下负有责任。例如，因为国家实施导致侵害可能发生的法律，或者因为国家没有实施本可以阻止发生侵害行为的措施"。"这就是众所周知的人权间接横向效应。"[1] 由此可见，国家保护义务是积极义务。国家有义务确保公民权利及其利益免受他方侵害，特别是来自第三方的，包括来源于自然界或人为的威胁。国家的保护义务是国家意识或者应当意识到采取的足够的预防措施，采取措施阻止侵害的发生。国家保护义务可以是预防性义务，也可以是补救性义务，

---

[1]　International Human Rights law，Edited by Daniel Moeckli，Sangeeta Shah，& Sandesh Sivakumaran，Oxford University Press，2010，p. 131.

即国家在侵害发生后给予权利受损人援助。国家保护义务具有直接性与现实性。

国家实现义务理解为国家有义务采取行动从而使权利得到充分实现。例如选举权，国家如果不对兑现选举做出积极行为，选举权将变得毫无意义。从国际人权法角度分析，实现义务涉及国家有义务采取适当的法律实现条约国的国际承诺，这包括将国际人权公约保护的人权吸收到或包含于国内法。国家实现义务是第三层次的义务。国家应当确保公民权利在实际上尽可能最大限度实现，要求国家采取立法、行政、教育多方面措施建立法律、机构与程序方面的基础，全面实现所涉及的权利。有些权利的享有，只要国家提供一定量的具体利益，例如钱、物（如食物）或者服务（如医护、基础教育与刑事审判过程中的免费语言翻译），权利人就会实现权利。因而，权利持有人有权获取国家在其能力许可范围内提供的诸如此类的具体利益。

国家的促进义务主要指国家有实现促进人权保护政策的义务，包括国内的（如人权教育）和国际的（如国外有借鉴意义的有关人权保护的政策）两个方面。国家促进义务往往合并为国家实现义务。

（三）国家消极义务、积极义务与国家尊重义务、保护和实现义务的内在关联

实际上，国家尊重、保护和实现义务是非常接近且相互关联的同一问题，看似不相同的几方面其实并没有非常明了的界限。实际情况是，国家实现义务涵盖了国家促进义务。因而，"四分法"的国家实现与促进义务往往合并为国家实现义务，"四分法"可以转化为"三分法"。实际运用过程中，"两分法"与"三分法"比较常见，甚至交叉运用，现以表格方式予以说明（见表3-2）。

表 3-2　　　　　　　　　　国家义务分类与范围

消极义务	● 尊重		
积极义务	● 保护	预防（事前）	现时性与直接性（如警察）
			通过立法方式（如立法禁止）
		补救（事后）	现时性与直接性（如恢复原状）
			通过立法（如法律援助）
	● 实现	通过立法、制度与程序上的便利充分保障权利的实现（如立法、行政、人权教育）	
		狭义上的具体利益（如现金、物质与服务）	

二　国家尊重、保护、实现与非歧视义务

（一）国家尊重义务

国家尊重义务就内容方面而言，主要体现在它的基本含义及对权利的限制两个方面。"尊重"与"限制"在法哲学上体现了对立统一，二者无论是在理论研究层面还是在实际操作层面都不可或缺。

1. 基本原理与实践

国家的尊重义务是消极义务，意思是指国家不得限制法律赋予权利人的基本权利的享有。权利人因而获得了免于国家限制他们法律范围内权利享有。国家义务的产生本源是人权，权利人自动获得国家对其权利的尊重义务。国家的尊重义务不需要国家的任何积极行为，权利人享有权利的实现是因为国家处于被动而非主动状态。从层次上而言，国家的尊重义务是第一层次的，适用于权利人的所有权利。也就是说，国家对权利人所有的权利都有尊重的义务。

《欧洲人权公约》（European Convention On Human Rights）第二条，每个人的生命权都应当受法律保护。任何人不能被故意剥夺生命，除非是执行法庭依法判定的刑罚判决。[①] 除开限制条件，国家之于生命权的尊重义务可以理解为国家有不能剥夺生命的消极义务。当

---

① ECHR Article 2（1）.

然国家对生命权有保护的积极义务。① 《欧洲人权公约》第三条，任何人免受酷刑、非人道待遇、侮辱性待遇和虐待。② 国家尊重义务是指代表国家机构或机关不得向权利人施行酷刑、非人道待遇、侮辱性待遇和虐待的消极义务。《欧洲人权公约》第四条第一款，任何人免于奴隶或奴役；第二款，任何人免于强迫或强制劳动。③ 除开第三款限制条件，国家的尊重义务是指国家有不能奴隶或奴役任何人、不能强迫或强制任何人劳动的消极义务。

2. 对权利的限制

国家对权利的尊重义务与相关权利免于国家妨碍或干预构成了权利概念的核心内容。与此同时，国家必须履行公共职能，实现宪法或法律赋予保护公共利益的任务、尊重第三方的权利。这就决定了有必要对相关权利规定条件，进行一定程度的限制。除了少数几种例外的权利，权利的保障不是绝对的，而是受到特定程度的限制的。从目前研究结果看，权利受何种程度的限制难以用普遍的术语去概括，只能是具体权利单独界定。限制技术或方法如下：

（1）完全不限制。相对而言，只有少数几种权利不受限制，国家承担无条件的义务或称之为国家绝对义务。具体例子如，禁止种族灭绝，④ 任何人免受酷刑、非人道待遇、侮辱性待遇和虐待。⑤ 具有国家无条件义务性质的权利人的权利，在任何情下不受克减与贬损。

（2）排除性限制。部分权利的保护，在理论上国家负有无条件的义务，但在一些特别情形下对该权利进行限制并没有违反国家义务。

---

① Harris, O'Boyle and Warbirck, Law of the European Convention on Human Rights (2nd ed.), Oxford, 2009, 37.

② ECHR, Article 3.

③ ECHR Article 4 (1), 4 (2).

④ 《防止及惩治灭绝种族罪公约》，联合国大会在其 1946 年 12 月 11 日第 96 (1) 号决议第一条与第四条。

⑤ 《禁止酷刑和其他残忍、不人道或有辱人格的待遇或处罚公约》前言，第一条、第二条。

比如说理论上禁止国家剥夺人的生命，但在战争时期，武装部队又被允许杀人。这种情况的做法是：在人权保护条例中，先是完整地规定权利的内容，紧接着附加一个认为合法、合目的、合乎社会必要的限制清单。《欧洲人权公约》（ECHR）第二条第一款规定，每个人的生命权都应当受法律保护。任命人不能被故意剥夺生命，除非是执行法庭依法判定的刑罚判决。第二条规定，以下情况使用武力且不超过必要的限度，剥夺生命不认为违反了第一款：a. 防卫他人的不法侵害；b. 为了实现合法逮捕或阻止被拘捕人逃跑；c. 为了镇压骚乱或暴动采取的合法行动。① 欧洲人权公约第二条第二款用列举方式对剥夺生命权进行了限制，相对而言限制范围是比较小的。

（3）原则性限制。在一些传统的公民权有关社会自治领域、免于国家干预的保护，如个人生活与家庭、自由表达权、宗教信仰自由，人权保护条例常常规定国家在一定条件下的限制是允许的。如《欧洲人权公约》（ECHR）第九条第一款规定每个人都有思想自由、信仰自由，接着第二款规定宗教信仰自由与思想自由的限制必须基于法律规定、为了公众利益，在民主社会是必要的。② 其他方面的权利也有诸如此类的限制。但如前所述，对权利的限制可以概括为遵从：合法原则、合目的性原则和社会必要原则。

（4）禁止任意限制。联合国大会1966年12月16日通过的《公民权利和政治权利国际公约》（ICCPR），第十二条第四款规定：任何人进入其本国的权利，不得任意加以剥夺。第十七条第一款规定，任何人的私生活、家庭、住宅或通信不得加以任意或非法干涉，他的荣誉和名誉不得加以非法攻击。通过对"任意限制"的"禁止"，避免权利限制的滥用，从而规范了国家义务，实现了权利的保护。

（二）国家保护义务

国家保护义务的实现首先应当明确各类可能侵害权利的行为，这

---

① ECHR Article 2 (1), 2 (2).

② ECHR Article 9 (1), 9 (2).

样才能确定国家保护措施的实施。由于相关权利的不同禀性，决定了国家保护义务的复杂性。此外，国家保护义务实现的另一个重要方面是其内容与实现程度。

1. 基本原理

对权利保护构成威胁的可能是国家，也可能是个人行为，还有可能是其他特殊情形，如自然灾害。在这些案例中，单凭国家尊重义务不能确保权利人的权利享有，国家必须防止他方行为侵犯个人的权利。普遍意义上的国家义务是尊重与保障其领土内和受其管辖的所有人的权利。[①] 离开国家的保护，个人权利的享有，有可能因为第三方的侵害而落空，这正是国家保护义务产生和存在的意义。

国家对权利的保护义务不仅仅是个人的危害行为。下列侵害行为国家同样承担国家义务：（1）国家机构超越职权的事实或将要发生的侵犯他人权利的行为；[②]（2）国家领土内的外国机构事实或将要发生的侵犯他人权利的行为；[③]（3）国家司法管辖区的国际机构有约束力的决定所引起的事实或将要发生的，直接或间接侵犯他人权利的行为；（4）因为自然灾难或技术设施所引发的事实或将要发生的侵犯他人权利的情况。[④] 以上概括性地对侵害权利行为进行了归类，同时也为国家义务与权利请求保护提供了导向。

2. 国家义务的复杂性

请求保护的权利与权利保护的程度问题仍然没有得到完全的解决。显然，有些权利由他人提请国家保护义务以对抗第三方的侵害更具有适当性。例如，获取法律补偿权、禁止刑法追溯与大部分程序权利，这些权利直接指向国家。比较而言，国家义务更倾向于身体健

---

① ICCPR, Article 2 (1); ECHR, Article 1.

② IACtHR, Escue-Zapata v Colombia, Series C, No 165 (2007).

③ ECtHR, Grand Chamber, Llascu and other v Moldova and Russia, Reports 2004-Ⅶ.

④ ECtHR, Budayeva and Others v Russia, Applications Nos 15339/02, 20058/02, 11673/02 and 15343/02 (2008).

康、有形物质方面的保护。比如说，《公民权利和政治权利国际公约》（ICCPR）与地区人权条约都对酷刑、非人道待遇、侮辱性待遇和虐待做出了禁止规定。而许多非常重要的公民权利，如集会自由、宗教自由保护又相当脆弱，很容易被国家或个人所侵害。

　　国际人权公约与地区性人权公约明确对国家保护义务进行了规定。如《公民权利和政治权利国际公约》（ICCPR）第六条第一款规定，人人有固有的生命权。这个权利应受法律保护。不得任意剥夺任何人的生命。相类似的规定可见于欧洲人权公约第二条第一款。但这方面的国家保护义务实际上常常难以落实。如法律有时难以对某种类型的杀人进行处罚。国家往往难以对已经遭受生命威胁的个人提供警力保护。又如未出生的胎儿是否包括在"每个人"当中，以及自愿与不自愿的胎儿流产。

　　总之，国家所承受的保护义务的程度由于其本身的复杂性，相关权利理论的争论性及实际操作困扰，进行十分明确的界定是很困难的。这是由每种权利的不同禀性所决定的。因此，笼而统之论"国家义务的边界"，既无可能也无必要。

　　3. 国家保护义务的内容与程度

　　国家保护义务在内容上有预防性质的，也有补救性质的。① 预防性质的国家义务的目的是阻止第三方、自然灾害与技术设施所引发的危害对权利的侵害。补救性质的国家义务是指对受损权利的矫正或恢复。当矫正或恢复不能实现的情况下，权利受损者有权获得补偿或者请求处罚侵权者。预防性质的国家义务和补救性质的国家义务两者都可以通过制定适当的法律，适用相关法律、制定具体的可操作的措施（如警察保护，从自然灾害危险区域撤离）来实现。各种层次的措施是为保护个人相关权利免于第三方的侵害。

　　国家在什么样的情况下提供保护义务及国家保护义务的程度是一个复杂的问题。国家提供给个人权利免受第三方的侵犯义务不是绝对

---

① IACtHR, Velasquez-Rodriguez v Hondurda, Series S, No 4（1988），p. 166.

的。这是因为：一方面，国家不可能拥有随时随地都能提供预防性质措施所需要的无限资源；另一方面，提供过于广泛的国家保护义务将会造成国家没有限制地控制了私人领域。同时国家只能干预它们所能知道的事件。显然，国家保护义务的范围不能以保护权利的名义扩大到国家实际上渗入到私人领域，不能扩大到整个人权保护理念都有可能会被破坏的界点。

欧洲人权法庭在审理奥斯曼案例（Osman Case）中，① 涉及了国家保护义务的上述相关问题，并对相关问题进行了裁断。这些原理可以概述为以下几点，也即在下列情况国家应当提供保护义务及注意项：（1）政府知道或者应当知道事实上或即将发生的由第三方引起的危害真实存在；（2）合理推判，权利持有者在他们能力范围内难以采取有效保护措施避免可能出现的危险，或者权利人本身不能恢复已发生的损害；（3）国家实现保护义务的适时与适当的措施应当与权利保护的需要相一致，例如不能有损于第三方的权利，保障加害人的合法权利。

在现实法律体系中的某些领域，国家行使保护义务的标准和所应当采取措施的合理性与适当性标准应当受到更为严格的控制。例如，入监的个人有处于他人行为侵害的危险、受拘捕的人被侵权的可能、权利受侵害的风险是国家机构的超越职权行为。在评估国家保护措施适足性方面，权利人因性别、年龄、残疾等方面的原因，应当采用更加充分和严格的标准。

但在另外一些特殊案例中，被保护的权利会受到限制或降低，相关责任范围条款的运用也没有那么严格。根据欧洲人权法庭判例，在个人利益与社会整体利益之间产生冲突时，所涉及的责任条款的个人利益应当与社会整体利益一定程度地平衡。② 又比如说，房产所有者

---

① ECtHR（Grand Chamber），Osman v The United Kingdom，Reports 1998-Ⅷ.

② ECtHR（Grand Chamber），Hatton and Others v the United Kingdom，Reports 2003-Ⅷ，p. 98.

可能不得不忍受来自机场的一定程度的噪声，它的扩张物是公共利益。①人权法庭得出结论，与对生命权的保护相比较，国家对财产权的保护义务要宽松。

(三) 国家实现义务

实现权利保护的国家积极义务，不仅仅是国家为避免个人行为或自然灾害侵害权利的保护。从更广泛意义上来说，国家积极义务要求国家为了权利的实现和享有，提供法律、制度与程序上的条件。这要求国家采取多层次的行动。国家实现义务主要通过以下几个方式。

1. 立法、机构与政策相关层面。没有事先制定的详尽法律与创立的相关国家机关，很多权利难以实现。比如说，婚姻法的存在、登记机构的设立是婚姻权实现的先决条件。只有私有财产的概念体现在国内法，财产权才有意义。在社会权领域，社会保障体系的建立与相关程序的便利是社会安全权实现的前提条件。除了立法，警察力量的运用、人权保护政策和行动方案也能起到重要作用。同理，反歧视、基本教育、工会、新闻监督的缺失，相关权利也不可能全面实现。

2. 行政、制度与程序相关层面。有效救济条款与行政机关、提供法律保护的法庭具有同等重要的位置。根据《公民权利和政治权利国际公约》，国家有责任"保证任何一个被侵犯了本公约所承认的权利或自由的人，能得到有效的补救"②。这是国家实现基本人权保障义务之一。同时，国家只有建立和完善能够提供法律保护、规范的机构框架与程序，才能完成国家保护权利的义务。

3. 狭义上的具体利益层面。国家提供具体物质利益，如钱、物与服务，对相关权利的保护具有非常重要的意义。例如，权利人刑事诉

---

① ECtHR (Grand Chamber), Hatton and Others v the United Kingdom, Reports 2003-Ⅶ, pp. 119-130.

② ICCPR, Article 2 (3) (a).

讼过程中的法律援助权利①、免费义务教育权利②或其他因缺乏物质利益导致无法实现的权利等，都离不开国家提供的物质利益。国家提供具体物质利益的实现义务，特别适用于处于迫切需要群体的食品权、住房权与基本卫生保健权。处于国家直接控制的不能满足自身物质需求的机构人员、监狱与士兵等同样需要国家提供具体物质利益。国家实现义务的实现，对于国家尊重义务的实现也起着重要作用。例如，自由表达权与自由集会权，如果国家直截了当地拒绝提供公共街道或广场的警察服务（维护交通或秩序等）便利，自由表达权与自由集会权就难以实现。

真实的权利与权利可实现的程度依赖于权利的保障问题。国家义务的一个基本原则是，国家义务的范围与程度依赖于国家能力，例如，它履行相关义务所能得到的资源。

（四）国家非歧视义务

平等与非歧视是人的基本权利。平等与非歧视权利为整个国际人权法体系与权利保护体系提供了基本理念与具体表述：所有人不论他们的社会地位或为某群体成员，具有相同权利。平等是人权保护的基础，不仅是权利，而且是原则。平等的重要价值在现实中得到体现和运用，世界人权宣言（UDHR）认为：所有人生而自由、平等尊严与权利平等。在权利保护中，平等与非歧视是同一原理的正面与反面定义。因此，平等必须反歧视。

国家非歧视义务是指国家进行许可范围内的权利限制，拒绝为权利受损者提供保护须有合法理由，不能违背法定义务，克减权利人的基本权益。国家进行权利限制或拒绝提供保护的理由不是因为权利人的"性别、种族、肤色、语言、宗教、政治与其他不同见解、国家或社会身份、少数民族、财产、出生或其他情形"③。国家对权利的限制

---

① ICCPR, Article 14（3）（d）；ECHR, Art. 6（3）（c）.

② ICESCR, Art. 13（2）（a）.

③ ECHR, Article 14.

遵循非歧视原则。从而禁止歧视构成了国家基本义务的完整内容。①
国家非歧视义务，一方面要求国家不得进行任何歧视，确保国家法律
或实践与平等非歧视保持一致；另一方面要求国家采取措施阻止或消
除非政府方的歧视；同时，要求国家采取积极措施消除个人平等参与
的障碍、帮助处于不利位置群体等，包括禁止歧视、采取积极步骤改
变社会不平等现实、改变群体受排斥或处于不利位置的社会运行方式
等各种措施。②

　　国家非歧视义务的国际法来源：联合国宪章第一条第三款明确表
述，联合国的宗旨是促进所有人的权利没有差别地得到平等保护。同
时，平等与非歧视权在以下条款中得到体现：《世界人权宣言》
（UDHR）第一条、第二条第一款、第七条；《公民权利和政治权利国
际公约》（ICCPR）第二条、第三条与第二十六条；《经济、社会文化
权利国际公约》（ICESCR）第二条第二款、第三条。此外涉及多个特
别的关于各种反歧视的人权条约：《消除一切形式种族歧视国际公约》
（ICERD）；《消除对残疾人歧视国际公约》（CRPD）；《消除对妇女一
切形式歧视公约》（CEDAW）；《儿童权利公约》（CRC）；《外来务
工及家庭成员权利保护公约》（ICRMW）。上述公约明确包含了平等
与非歧视条款。

　　同时，国家的非歧视义务得到了世界主要地区性人权公约的确
认：《非洲人权与民族权宪章》（ACHPR）的第二条、第三条、第十
八条第三款与第四款、第二十八条；《美洲人权公约》（ACHR）第一
条与第二十四条；《阿拉伯人权宪章》（ArCHR）第二、第九和第三
十五条；《欧洲人权与基本自由保护公约》（ECHR）第十四条与第十

---

① ICESCR, Article 2 (2); ICCPR, Article 2 (1); ACHR, Article 1 (1); ECHR, Article 14.

② C. Bell, A. Hegarty and S. Livingstone, "The Enduring Controversy: Developments on Affirmative Action Law in North American" (1996), International Journal of Discrimination and the Law, pp. 233–234.

二条款；《欧盟基本权利宪章》第二十条、第二十一第一款与第二十三条。除此之外，一些专门性区域公约，如非洲人权与民族权宪章关于妇女权利保护，美洲各国关于消除对残疾人歧视公约等。

综上所述，国家义务在总体上可以分为尊重、保护和实现义务，同时国家有禁止歧视的义务，这几个方面共同构成了国家义务的完整内容。国家的尊重、保护和实现义务以及非歧视义务以权利保护为内核，权利保护是国家义务的终极目的。同时，权利保护又离不开国家义务，国家义务促进了权利保护，权利保护与国家义务形影相随，不可割裂。国家义务与权利保护存在手段与目的的关系，即权利保护是国家义务的终极目的，国家义务是促进权利保护不可或缺的重要手段。

三　关于经济、社会与文化方面基本权利的国家义务

正如前所述，在经济全球化与市场机制的驱动下，弱势群体（如妇女、儿童）与边缘群体（如落后地区的少数民族）的基本权利更加脆弱，因而经济发展视域中基本权利保护的对象主要集中于这些群体。这些群体的经济权利、社会权利与文化权利更容易受到市场化的冲击。因而，关于经济、社会与文化方面的基本权利成为权利保护的重点，从而凸显了经济发展视域中权利保护的特点。

根据《经济、社会和文化权利国际公约》（ICESCR）相关条款，经济权利、社会权利与文化权利包括了经济权利（economic rights）、社会权利（social rights）与文化权利（cultural rights），具体如下：工作权；[1] 公正和良好的工作条件权；[2] 组织和参加工会权；[3] 罢工权；[4]

---

[1]　ICESCR, Article 6 (1).

[2]　ICESCR, Article 7.

[3]　ICESCR, Article 8.

[4]　Ibid..

社会安全与社会保障权；① 家庭得到保护与援助权（家庭、母亲、儿童、少年保护）；② 适足生活水准的权利（食物、住房和健康等方面）；③ 享有能达到的最高的体质和心理健康标准的权利；④ 受教育权与文化权利。⑤

　　经济权利、社会权利与文化权利是传统意义上的第二代人权，是与第一代人权——公民权利与政治权利相比较而划分的。相对而言，经济权利、社会权利与文化权利需要国家更多的积极义务。也正因为这种技术划分及经济权利、社会权利与文化权利的国家义务的特点，导致了经济权利、社会权利与文化权利的纷争与挑战，主要争论有：（1）经济权利、社会权利与文化权利不是真正意义上的人权，只是由"社会政策"决定的"社会目标"；⑥（2）经济权利、社会权利与文化权利是不明确的，是不适合法律解决的争端，因此不能以公民权利与政治权利的保护方式向国家索赔（简称"不可诉性"）。⑦但联合国经济、社会和文化权利委员会认为经济权利、社会权利与文化权利不适合法律解决的说法是武断的，会"严重缩减法庭对社会弱势群体权利的保护"。⑧ 同样，非洲人权和民族权法院也不赞同经济权利、社会权利与文化权利不适合法律解决的观点。⑨

　　中国批准加入了《经济、社会和文化权利国际公约》，因而在法

---

① ICESCR, Article 9.

② ICESCR, Article 10.

③ ICESCR, Article 11.

④ ICESCR, Article 12.

⑤ ICESCR, Article 13 and 14.

⑥ See the discussion in DJ Harris, Cases and Materials on International Law（6th edn, Sweet & Maxwell, 2004）p. 655.

⑦ EW, Vierdag, "The Legal Nature of the Rights Granted by the International Covenant on Economic, Social and Cultural Rights"，（1978）9 Netherlands Ybk of Intl L99.

⑧ ESCR, Committee, General Comment 9, p. 10.

⑨ See particularly the case of The Social and Economic Rights Action Center for Economic and Social Rights v Nigeria Communication no 155/ 96（2001）.

理上承担了国际法上的国家义务与人权保护义务。根据《经济、社会和文化权利国际公约》规定，国家义务是"行动义务"与"结果义务"的结合。① 但也有国内译著认为，公约只规定了"行动义务"而不是结果义务。② 然而，每一缔约国家应当"采取步骤，以便用一切适当方法，尤其包括用立法方式，逐渐达到本公约中所承认的权利的充分实现"③。因此，经济权利、社会权利与文化权利的国家义务及实现方式在公约上直接得以体现。

在人权法领域，国家义务在总体上划分为：国家尊重义务，国家保护义务，国家实现义务。④ 从法学角度而言，权利持有方的权利离不开相对方的义务。毫无疑问，经济权利、社会权利与文化权利的主要义务方是国家。有学者言，"国家义务是公民权利的根本保障"。⑤因此，国家义务是经济权利、社会权利与文化权利保障与实现的根本所在。由于经济权利、社会权利与文化权利内涵与外延广泛，本书仅从总体上以国家义务为视角论述经济权利、社会权利与文化权利的保障。

（一）经济权利、社会权利与文化权利保障的国家尊重义务

国家的尊重义务是消极义务，意思是指国家不得任意限制法律赋予权利人的权利享有。国家尊重义务对于经济权利、社会权利与文化权利的保护无疑具有相当重要的意义。经济权利、社会权利与文化权利是指权利人对一定商品与服务的享有权利，如工作及其他类型的谋生、社会安全、食品、住房、健康服务和教育等。除非国家规定自己

---

① See Report of the International Law Commission（1977）2 Ybk of the Intl L Com 20，p. 8.

② ［奥］曼弗雷德·诺瓦克：《国际人权制度导论》，柳文华译，北京大学出版社2010年版，第78页。

③ ICESCR, Article 2.

④ 黄金荣主编：《〈经济、社会、文化权利国院公约〉国内实施读本》，北京大学出版社2011年版，第15—22页。

⑤ 龚向和：《国家义务是公民权利的根本保障——国家与公民关系新视角》，《法律科学》2010年第4期。

作为主要提供者，诸如此类的商品与服务主要由私营部门提供而不是由国家（有些情形是某些国家免费提供，如教育服务）。国家可以作为补充性的提供者，如一些国家或地区的公立医院提供一定程度的健康服务。几乎所有的例子，人们必须能够自由选择他们能够得到的商品与服务。《经济、社会和文化权利国际公约》明确规定：本公约缔约各国承认工作权，包括人人应有机会凭其自由选择和接受的工作来谋生的权利，并将采取适当步骤来保障这一权利；① 人人有权组织工会和参加他所选择的工会，以促进和保护他的经济和社会利益；② 本公约缔约各国承担，尊重父母和（如适用时）法定监护人的下列自由：为他们的孩子选择非公立的但符合国家规定或批准的最低教育标准的学校，并保证他们的孩子能按照他们自己的信仰接受宗教和道德教育。③ 本条的任何部分不得解释为干涉个人或团体设立及管理教育机构的自由，但以遵守本条第一款所述各项原则及此等机构实施的教育必须符合于国家所可能规定的最低标准为限。④ 由此可见，"自由"是经济权利、社会权利与文化权利的国家尊重义务的核心内容。

"自由"作为经济权利、社会权利与文化权利的重要内容，必须得到国家的尊重和保护。举例说，国家有义务尊重个人买卖或租用住所的自由、自由选择医院与医生的权利。当第三方试图阻碍个人自由选择时，国家有义务提供保护义务。经济权利、社会权利与文化权利最普遍与最严重的妨碍是国家对权利人应当享有商品与服务权利的否定，或者当第三方侵害权利时拒绝向权利人提供保护。经济权利、社会权利与文化权利被侵害的对象往往是一些特殊群体，如少数人群体成员、妇女与残疾人等。经济权利、社会权利与文化权利的被侵害原因往往是因为歧视。

---

① ICESCR, Article 6.

② ICESCR, Article 8.

③ ICESCR, Article 13 （3）.

④ ICESCR, Article 13 （4）.

　　经济权利、社会权利与文化权利的自由应当得到国家尊重是毋庸置疑的，但也不是绝对的。《经济、社会和文化权利国际公约》第四条，本公约缔约各国承认，在对各国依据本公约而规定的这些权利的享有方面，国家对此等权利只能加以限制同这些权利的性质不相违背而且只是为了促进民主社会中的总的福利的目的的法律所确定的限制。这就是说经济权利、社会权利与文化权利的自由可以受到一定程度的限制，但认为正当合法的限制一般应当基于以下三个方面：（1）所采取的限制措施在法律范围内；（2）为了实现法定目的；（3）有社会必要性。

　　综上所述，因为"国家消极义务"在传统意义上的概念就是它规定国家不得任意限制或妨碍权利人权利的享有，[①] 权利人因而获得了免于国家限制他们法律范围内权利享有的权利。因此，国家对经济权利、社会权利与文化权利的尊重义务主要体现在国家对权利人"自由"的尊重。

　　（二）经济权利、社会权利与文化权利保障的国家保护义务

　　国家保护义务是积极义务，国家有义务确保权利及其利益免受他方侵害，特别是来自第三方的，包括来源于自然界或人为的威胁。国家的保护义务是国家意识或者应当意识到必须采取足够的预防措施，采取措施阻止侵害的发生。国家保护义务可以是预防性义务，也可以是补救性义务，即国家在侵害发生后给予权利受损人援助。国家保护义务具有直接性与现实性。经济权利、社会权利与文化权利的国家保护义务是指国家有保障权利人的经济权利、社会权利与文化权利免于被侵害的义务，这是国家保障人权的第二层次义务。这意味着国家需要前摄性或后援性地确保其司法管辖范围内的权利人免于第三方的侵害。与此同时，国家有创造条件，确保权利人享有经济权利、社会权利与文化权利的义务。

---

　　① Harris, O'Boyle and Warbirck, Law of the European Convention on Human Rights (2nd ed.), Oxford, 2009,, p. 342.

《经济、社会和文化权利国际公约》为世界范围的经济权利、社会权利与文化权利保护提供了基本框架。在此基础上，非洲、美洲与欧洲建构了地区保护机制，为当前中国的经济权利、社会权利与文化权利保护提供了有益借鉴和成功范例。

1. 非洲人权与民族权委员会与经济权利、社会权利和文化权利的保护

（1）预防性立法保护。《非洲人权与民族权宪章》（ACHPR）有关经济权利、社会权利与文化权利立法保护特点有：一方面是传统意义上的经济权利、社会权利与文化权利立法，包括每个人有：公正和良好的工作条件权；① 同工同酬权；② 享有能达到的最高的体质和心理健康标准的权利；③ 受教育权；④ 自由参加文化活动权；⑤ 家庭与家庭生活权。⑥ 另一方面是非洲人权体系所特有的经济权利、社会权利与文化权利：老年人与残疾人获得特殊保护措施以满足身体与精神需要的权利；⑦ 民族生存与自决权；⑧ 民族自由处理财产与自然资源权；⑨ 民族经济社会文化发展权；⑩ 民族获得国家与国际和平与安全权；⑪ 民族获得友好环境顺利发展权。⑫ 非洲宪章突出了集体性经济权利、社会权利与文化权利。与《经济、社会与文化权利国际公约》相比较，省略了一些非常重要的有关个人的经济权利、社会权利与文化权利，

---

① ACHPR, Article 15.

② Ibid..

③ ACHPR, Article 16.

④ ACHPR, Article 17.

⑤ Ibid..

⑥ ACHPR, Article 18.

⑦ ACHPR, Article 18（4）.

⑧ ACHPR, Article 20.

⑨ ACHPR, Article 21.

⑩ ACHPR, Article 22.

⑪ ACHPR, Article 23.

⑫ ACHPR, Article 24.

如：休息休闲、合理限制工作时间、带薪休假、公共假期酬劳权；工会权；社会安全权；获取适当生活标准的权利（食物、住房与健康等方面）。另一个特点是非洲人权体系的公民权利与政治权利同经济权利、社会权利与文化权利有部分重叠，如每个公民平等享有本国公共服务等。非洲人权与民族权宪章有关经济权利、社会权利与文化权利立法具有鲜明的地区特点与时代背景。

（2）专门机构与监督程序保护。在非洲人权体系中，人权条约缔约国有履行经济权利、社会权利与文化权利保护的国家义务。人权条约成员国应当根据相关公约，在本国范围内建立专门机构确保人权保护条款实施。2004 年非洲人权与民族权法庭创设前，非洲人权与民族权委员会是监督人权实施的主体。为了实现人权保护，非洲宪章第 45 条授权非洲人权与民族权委员会：促进人权保护；[1] 解释宪章；[2] 确保人权保护实现。[3] 显然，非洲宪章第 45 条授权及人权专门机构极大地促进了非洲经济权利、社会权利与文化权利保护。

为了促进非洲宪章人权的保护，委员会得到特别授权，以下列方式促进权利保护：收集文件；从事研究；组织研讨会；举办会议；交流宣传信息；鼓励国家与地方机构关注人权；[4] 委员会给政府提供建议与可行性意见，形成理论或制定规则；与其他非洲或国际机构共同关注人权保护。[5]

非洲宪章第 45 条第三款授权非洲人权委员会应缔约国、非洲联盟机构、非洲联盟组织团体的要求解释非洲人权与民族权宪章。宪章解释扩大了非洲经济权利、社会权利与文化权利的范围，极大地缩短了宪章规定的财产权、工作权、健康权、受教育权与文化权实现的

---

① ACHPR, Article 45 (1).

② ACHPR, Article 45 (3).

③ ACHPR, Article 45 (2).

④ ACHPR, Article 45 (1).

⑤ Ibid..

距离。

　　为了确保非洲人权宪章所规定的经济权利、社会权利与文化权利的保护，非洲人权和民族权委员会根据宪章第 62 条规定，要求缔约国一年两次提交报告。缔约国提交报告是法定义务，同时缔约国应当采取措施，确保宪章规定的权利保护取得实际效果。委员会同时收取并审议非政府团体提交的相关宪章权利被侵害的报告。① 关于缔约国报告，委员会的指导方针是，国家定期报告，应当有专门关于经济权利、社会权利与文化权利部分，提供特别是工作权、社会安全权、受教育权、家庭获取适当生活标准的权利（食物、住房与健康等方面）及享有能达到的最高的体质和心理健康标准的权利方面的信息。

　　2. 欧洲人权公约与经济社会利益

　　由于经济权利、社会权利与文化权利的争议性，除了受教育权以外，欧洲人权公约实际上并没有专门条款保护经济权利与社会权利。当然，欧洲人权公约有关公民权利、政治权利与经济权利、社会权利与文化权利有交叉重叠部分。例如，有关公民权利与政治权利的工会组织，同时又与保护工人利益的组织权相重叠，尽管二者设立标准与目的并不相同。本书在此部分不讨论经济权利与社会权利的性质、经济权利与社会权利是否为人权或能否成为人权问题。

　　与非洲人权保护机制相比较，欧洲人权公约的重要实践意义是对公民权利与政治权利相联系的附属的经济社会利益方面的保护。案例法中的相关案件体现了国家对权利保护的积极义务。欧洲人权公约与经济社会利益相联系的，最有价值的是其中的程序条款与非歧视保护。

　　（1）公正审判。《欧洲人权和基本自由公约》（ECHRB）第六条第一款规定，在对其民事权利和义务或任何针对他的刑事指控做出裁决时，赋予每个人在合理时期内得到独立、公正且依法设立的法庭的

---

① ACHPR，Article 55.

公平审判与公开听证的权利。① 人权法庭认为，公民权利是一个自动的概念，具有国内法意义上的个人利益特征，也可以说是公法基本权利或者条件权利，不是由公约目的而决定的。② 因此，人权法庭的任务是审查成员国国内法的法律条款是否真实地创制了公约意义上的公民权利。也就是说，只要申诉人在法律或事实上构成申诉，申诉人将会在法律上有权得到利益，且利益不能被剥夺，从而实现权利救济。

《欧洲人权公约》第六条第一款的内涵是，不是规定权利人得到获取利益的公约意义上的权利，而是规定了权利人的程序权利，即得到独立、公正且依法设立的法庭的公平审判，由成员国国内法决定权利人能否得到补偿。这样，人权法庭通过程序权利连接了人权公约与成员国国内法，从而使欧洲人权公约所保护的公民权利与政治权利相联系的经济与社会利益进入了权利人的国内法范围。当然，欧洲人权法庭主观上不是为了保护作为人权意义上的经济权利与社会权利，其目的是保护《欧洲人权和基本自由公约》（ECHRB）范围内的公民权利与政治权利。

程序条款的实践价值在于帮助权利人获取国内法已规定的权利，并没有扩大权利的范围。当然也不是要求成员国设立某些福利计划，提供具体标准的利益。但程序条款的公正审判，事实上直接为权利人的经济与社会利益提供了保护，或者可以说间接为经济权利与社会权利提供了保护。

（2）禁止歧视。《欧洲人权和基本自由公约》（ECHRB）第十四条规定，人权公约所规定的权利享有与自由应当得到保障，不因性别、种族、肤色、语言、宗教、政治或其他不同见解、国家或社会身份、少数民族、财产、出生或其他情形与理由而受歧视。③ 在欧洲人权保护体系，我们知道第十四条"禁止歧视"之规定仅仅适用于公约

① ECHRB, Article 6 (1).

② Konig v Germany (1978) ECtHR A/27, 2 EHRR 170.

③ ECHRB, Article 14.

人权保护范围，本身不创设权利。当然，也没有创制反不被歧视的权利。但是人权法因为禁止歧视的理念与精神，激活了整个权利体系。

如前所述，与权利人相联系的利益往往会进入《欧洲人权和基本自由公约》（ECHRB）第六条第一款范围。因为权利人取得了程序权利，从而可能获得一定的与公民权利与政治权利相关的经济与社会利益。而欧洲人权法庭认为，非歧视原则要求任何主张获取相似利益（如福利）的申诉者与公民权利与政治权利保护适用相同的程序。此外，同一制度内的请求也应当无差别对待。① 这样，程序保护与反歧视保护对接，实现了权利保护与申请权利相关利益保护的贯通与一致性，也即权利与其相关利益的平等与非歧视保护。

事实上，禁止歧视的与众不同是它作为自动的人权，禁止歧视构成了国家完整义务的重要内容。② 这些规定可见于《公民权利和政治权利国际公约》（*International Covenant on Civil and Political Rights*）第二条第一款、《社会、社会与文化权利国际公约》（*The International Covenant on Economic Social and Cultural Rights*）第二条第二款。综上所述，只要在司法实践中实现了"公正审判"与"禁止歧视"，无论是称之为"权利的相关利益"，还是称之为"人权的经济权利"、社会权利与文化权利，都能实现有效保护。

自中国加入《经济、社会和文化权利国际公约》后，经济权利、社会权利与文化权利的研究受到国内学者前所未有的重视。如何实现"经济权利、社会权利与文化权利"保护成为研究的重点。所谓"凡权利皆有救济，没有救济就没有权利"。司法救济成为法治社会权利保护的根本，也是最重要的选择。鉴于"经济权利、社会权利与文化权利"与"公民权利与政治权利"的差异性，世界各国理论界对于经济权利、社会权利与文化权利的救济或称之为"可诉性"，存在针锋相对的争执与巨大分歧。《欧洲人权和基本自由公约》（ECHRB）甚

---

① Stec v UK（2005）ECtHR no. 65731/01（decision）.

② ECtHR（Grand Chamber），EB v France，Application No. 4354/02（2008），p. 48.

至没有专门经济权利、社会权利条款。有美国学者甚至认为经济权利、社会权利与文化权利不是真正意义上的人权。欧洲地区国家所涉及的权利方面的利益保护通过社会政策推动,但无碍欧盟地区是人权保护最好的地区之一。非洲与欧洲地区人权保护机制的特点为中国经济权利、社会权利与文化权利保护提供了新思维新视角。

因此,对于经济权利、社会权利与文化权利的保障,当务之急不是推动存在巨大分歧的权利进入司法救济,而是实现"公正审判"与"禁止歧视",推进"经济权利、社会权利与文化权利的立法"、设立"专门机构与监督程序",对于中国目前呼声日高的"民生"①问题的保障更切实际、更为紧要。这也是"经济权利、社会权利与文化权利""可诉"与"不可诉"争论的最大交集。

(三) 经济权利、社会权利与文化权利保障的国家实现义务

经济权利、社会权利与文化权利的"国家实现义务"在概念上是指国家有义务采取行动从而使经济权利、社会权利与文化权利得到充分实现。从国际人权法角度看,实现义务涉及国家有义务采取适当的法律实现条约国的国际承诺,包括将《经济、社会和文化权利国际公约》吸收到或包含于国内法。国家实现义务是第三层次的义务,国家应当确保经济权利、社会权利与文化权利在实际上尽可能最大限度得到实现,要求国家采取立法的、行政的、教育的多方面措施建立法律方面、机构方面与程序方面的基础,全面实现所涉及的经济权利、社会权利与文化权利。

经济权利、社会权利与文化权利的国家实现义务是现实的、直接

---

① 2001 年 6 月 27 日中国加入了《经济、社会和文化权利国际公约》,《公约》成为促进中国经济、社会与文化权发展的推动力与标准。时任中国政府总理温家宝于 2010 年 2 月 4 日在省部级主要领导干部专题研讨班上发表《关于发展社会事业和改善民生的几个问题》的讲话。这是"中国式的权利话语模式"。"民生"在内容上包括了教育、劳动就业、社会保险、社会救助、医疗卫生、社会分配等方面,基本与《经济、社会和文化权利国际公约》所规定的经济、社会和文化权利的内容一致。因此,"民生"这一政治词语与"经济、社会与文化权"法学术语存在一定的对应。

的，特别是当权利人因自身条件限制而不能满足需要时。诸如此类情形或原因可能是多样的，如失业或看守所的在押人员等。从这种意义上说，经济权利、社会权利与文化权利的国家实现义务的产生有其必然属性。

真实的权利与权利可实现的程度依赖于权利的保障。经济权利、社会权利与文化权利的国家义务的范围与实现程度依赖于国家能力。其中主要因素是它履行相关义务所能得到的资源。也就是说，不是要求缔约国家脱离它们的经济能力履行同样标准的义务。经济权利、社会权利与文化权利的国家义务的基本原则条款是："每一缔约国家承担尽最大能力个别采取步骤或经由国际援助和合作，特别是经济和技术方面的援助和合作，采取步骤，以便用一切适当方法，尤其包括用立法方法，逐渐达到本公约中所承认的权利的充分实现。"① 可以概括为：（1）缔约国家必须在批准条约后立刻实施；（2）最大能力利用资源；（3）采取一切适当方法，包括国际援助；（4）采取步骤充分实现条约权利。

经济权利、社会权利与文化权利会可能被认为不是真正意义上的人权，理由是经济、社会与文化不适合受法院审判。但经济、社会与文化权利委员会强调"采取步骤，以便用一切适当方法，尤其包括用立法方法，逐渐达到本公约中所承认的权利"。意思是，国家应当认为经济权利、社会权利与文化权利的司法救济条款是可以适合受法院审判的，是与国内法律体系相一致的。② 经济权利、社会权利与文化权利委员会进一步认为一些具体的权利应当马上得到实施，强调"《经济，社会和文化权国际公约》的第三条、第七条（甲）（1）、第八条、第十条之三、第十三条之二（甲）（丙）（丁）、第十五条之三能有条件通过司法方式与国内法律体系的其他机构得到马上实施"③。

---

① ICESCR, Article 2.

② CtteeESCR, General Comment No. 3 (1990), p. 5.

③ Ibid..

经济权利、社会权利与文化权利的国家实现义务在下列范围认为可以受法院审判，实现司法救助。

1. 最低需要。① 联合国经济、社会与文化权利委员会认为经济权利、社会权利与文化权利条款在一定程度上包含了一个最低需要的核心权利。如果最低需要不能得到满足，相关权利就会失去存在的理由，也会变成毫无意义。因此，缔约国家的核心义务就是必须确保经济权利、社会权利与文化权利基本层面的需要得到满足。举例说明，如果《经济、社会与文化权利国际公约》缔约国内相当人数的基本食物、基本层面的健康护理或基本的住房与教育被剥夺，第一个结论是缔约国没有实现经济权利、社会权利与文化权利的国家义务。② 联合国经济、社会与文化权利委员会据此推断，认为缔约国不履行在经济权利、社会权利与文化权利相关方面的国家义务，违反了国际法义务。这个推断是无可反驳的，特别是发达工业国家。发达工业国家关于经济权利、社会权利与文化权利最低需要的国家义务应当立刻实现。发展中国家没有履行相关义务，可能会这样辩护：认可国家违反了义务，展示原因是它们最大限度地利用了所能得到的资源和国际社会的援助，但仍然没有取得所要求的结果。这种不充分的理由其实是国家实现目标的无执行力与执行得不乐意。

2. 国家完全控制人员的国家实现义务。国家对处于自身不能满足个人生存的人员，如在押人员或国家完全控制人员，承担具有法律约束力的国家实现义务。这些人员有权利获取最低需要的物品、服务与其他经济、社会与文化利益。比如，强制进行精神病治疗的人员、收容所的难民、军事服务的军人、受政府安排从战争或灾区撤出或重新安置的人员等，有权得到适足的食品、住房、衣着和医护等。这种情形的国家实现义务的范围取决于权利人不能满足自身需要的程度。此

---

① 黄金荣主编：《〈经济、社会、文化权利国际公约〉国内实施读本》，北京大学出版社 2011 年版，第 109 页。

② CtteeESCR, General Comment No. 3 (1990), p. 10.

类型的国家实现义务在国际人道法中也能得到体现。

3. 个人是否有权反对国家履行经济权利、社会权利与文化权利义务已有一定实现程度后的倒退行为？《经济、社会和文化权利国际公约》的第二条第一款规定了国家逐步实现的"行动义务"，当然也会产生可能出现的国家义务的倒退问题。公约第二条事实上说明，国家义务的取消或倒退行为是需要区别对待的。缔约国并没有被要求超出它们最大能利用的资源的能力去实现国家义务。经济、社会与文化权利委员会认为，国家实现义务的倒退在理论上并没有被禁止，但强调"任何有目的的倒退措施需要充分论证，需要明确证明公约所规定的权利已经最大限度地利用了所有资源，但倒退措施仍然合乎情理"①。也就是说，国家一方面应当以一定方式消除随之而来的问题，另一方面应当证明倒退措施"实施是在详细论证了所有选择之后"。② 毋庸置疑，国家最大能力利用资源实现义务是不可避免的。

经济权利、社会权利与文化权利越来越广泛地得到认可，相关理论与实践在世界各地逐步得到实施。虽然经济权利、社会权利与文化权利的法律性质在理论与实际上还存在诸多争议，但无论是称之为"人权"的经济权利、社会权利与文化权利，还是称之为"经济与社会利益"的保护与实现，都离不开国家义务。经济权利、社会权利与文化权利的国家尊重义务主要是对自由的尊重。非洲宪章有关经济权利、社会权利与文化权利的立法、专门机构与监督程序，为非洲的经济权利、社会权利与文化权利的保护提供了法律、机构与程序上的保障。《欧洲人权和基本自由公约》（ECHRB）有关公正审判与禁止歧视规定，为公民权利、政治权利、经济与社会利益提供了保护。《欧洲人权和基本自由公约》（ECHRB）甚至没有专门经济权利、社会权利条款，所涉及的利益的保护通过社会政策推动，但无碍欧盟地区是

---

① CtteeESCR, General Comment No. 3（1990）, p. 9. CtteeESCR, General Comment No. 15（2002）, p. 19.

② CtteeESCR, General Comment No. 13（1990）, p. 45.

人权保护最好的地区之一，揭示了"公正审判"与"禁止歧视"对于人权保护的独特价值。而"最低需要"是整个经济权利、社会权利与文化权利的国家实现义务的基础。因此，权利或权利相关利益的保护，不在于冠以什么名称，关键在于司法能否真正"公正审判"与"非歧视"对待权利。否则即使进入司法范围，权利仍然得不到救济。推进相关民生立法、平等与反歧视立法，设立人权专门监督机构，实现司法独立、公正审判，非歧视对待权利，是解决民生问题的关键，也是实现经济权利、社会权利与文化权利保护的核心。

第三节　基本权利的平等与非歧视保护

所有人拥有相同的基本权利是权利保护与建构权利保护体系的基本理念。在权利保护语境中，国际人权保护理论对国内法的权利保护具有导向功能。[①] 从人权保护角度看，不管是第一代人权、第二代人权还是第三代人权，所有保障体系都确立了权利保护的平等与非歧视。国际人权公约或缔约国国内立法为反歧视提供了直接法律依据。国际人权法禁止直接性歧视与间接性歧视，不管歧视是有意识的还是无意识的。国际法特别是国际人权法对于权利保护具有很好的导向作用，有助于法庭与律师解释国内法保护的权利，相关权利在国内法还没有得到认可的情况下也同样具有解释功能与价值。本节主要论述基本权利的平等与非歧视保护的相关理论与方式。

一　平等与非歧视内涵

人人平等，因而应受平等对待的理念具有强大的直观感召力。它是西方启蒙运动的中心思想之一，也是民主国家理论的核心内容。

---

① 何志鹏：《权利基本理论：反思与构建》，北京大学出版社 2012 年版，第 31 页。又见文正邦《法哲学研究》，中国人民大学出版社 2011 年版，第 152—156 页。

1776 年的美国独立宣言宣称"人生而平等"。今天所有的民主国家在宪法中都确认了权利平等。平等与非歧视理论在国际法中具有同等重要的位置，1993 年的世界人权会议把它概括为国际人权法的基本原则。然而，平等与非歧视在实践过程中的具体标准是不容易确定的。此外，为了适用平等与非歧视原则，我们需要设立标准，判断人们的相同与不同。平等与非歧视原则是否为所有人应当得到相同对待，是否为给予相同的机会，还是他们与其他人应当处于相同的位置？因此，平等与非歧视原则应当明确"平等的内容""什么构成了平等对待""平等的效力"等相关理论。现代意义的平等是与反歧视联系在一起的。美国 1964 年的民权法案被视为平等与非歧视法相互联系的开端。① 该法案认为，因为个人种族、肤色、宗教或国籍进行"歧视"是非法的。② 此后，众多的司法判例与国际公约及成员国国内立法关于权利的平等保护最为关注的内容主要是形式平等与实质平等。

（一）形式平等与实质平等

亚里士多德关于形式平等的经典格言：平等是公平对待，更为准确的是指一视同仁对待人。③ 形式平等强调过程而不是结果。也就是说在类似情况下，如果个人得到平等对待，平等就得到实现。形式平等的基本理念是国家中立与个人主义的自由思想。也就是国家不能给予任何群体优先权，个体应当唯一性地根据个人能力受到对待，而不考虑群体成员。因此，形式平等的确切含义是，人应当得到平等对待。因而，形式平等具有均衡性与对称性的特点，用法律术语说，法律既保护男人也保护女人，既保护黑人又保护白人。那么什么是平等对待？可以从以下几方面深化理解：（1）平等对待不是完全的良性。一般而言，只要法律的平等实施，平等对待成为法治的结果。但是不

① 该法案的目的是纠正非洲裔美国人（美国黑人）历史上遭受的不平等。
② Title Ⅶ，s. 703（a），codified as 42 USC s. 2000e-2.
③ Aristotle，The Nicomachean Ethics of Aristotle（1911）Book V3，paras 1131a-1131b.

能阻止歧视性法律，如种族隔离法令的制定与平等实施。平等对待的法律是远离不平等法律的第一步，但它的实施也有可能出现不公平的结果。（2）平等对待的中心问题是相互比较的平等对待方式。与之相互比较的方式存在技术与哲学方面的难题：技术方面问题的存在是因为这种方式不允许不同群体之间存在差异，然而现实中平等对待如宗教问题，权利请求人常常要求实现差异性，而不是纯粹意义上的平等对待；哲学方面问题的存在是因为相互比较的不是抽象的个人，而是现实世界的男人、女人、基督教徒、残疾人或同性恋等，同时平等对待方式在哲学上所提供的只是"人为设立的平等标准"而已，给出的是"女人有权与男人一样"① 模式的答案。（3）机械的平等对待可能阻止更有利的对待，由此可能阻止积极行动。当然积极行动是平等对待的例外。（4）平等对待方式是指每个人都应当得到这样的对待，而不是仅仅依靠针对特定群体的专门立法。因为专门的群体性立法限于平等对待某些群体，容易引起形式上没有得到平等对待人的不满与怨恨。

实质平等的倡导者认为，形式平等尽管过程公正，但事实上存在很多问题。比如，事实上国家与法律不可避免地对人进行分类，归为不同群体，并区别对待。实质平等主要包含两方面内容：机会平等与结果平等。机会平等是真实平等的具体形式之一，不仅要平等对待而且要给予同样的机会。结果平等更进一步，认为平等的目标是平等地取得社会产品的分配，如教育、就业、社会保健与政治代表等。因此，实质平等不是由单一理论解释或定义，更应当把这种平等看作多维度的概念。"实质平等追求四个相互联系与交叉的目标：打破处于不利位置的弱势群体或个人的循环状态；促进尊严与价值得到尊重；容纳差异，取得社会结构改变；便利社会的全面参与，包括社会与政

---

① T. Ward, Beyond sex equality: the limits of sex equality in the new Europe, in T. Hervey and D. O'Keeffe (eds.), *Sex Equality Law in the European Union*, Chichester: John Wiley, 1996, p. 370.

治方面。"① 关于实质平等的多个维度，我们可以做出这样的解释：
（1）矫正维度：打破劣势循环。实质平等是非对称性的。因此，实质平等不是不论人的身份或状态，不加区别地同等对待，而是致力于已经遭受不利条件的群体或个人，如女人比男人、黑人比白人、残疾人比正常人、同性恋者比异性恋者更容易处于劣势。实质平等的首要目标是矫正权利人因为社会身份或其他受保护特征所形成的不利条件。这里的劣势可以理解为正常机会与追求自我价值选择的剥夺。（2）认识维度：尊重与尊严。劣势或不利条件不能完全解释与不平等相联系的错误，如基于性别、人种、性取向及其他状态与原因存在的刻板印象、耻辱等。这个维度的平等就是常说的基本人性，要求尊重平等尊严与所有价值。（3）变革维度：允许不同与改变结构。这里的实质平等认为性别、种族及其他状态作为个人的身份特征是非常重要的。因此，问题原因不是差别本身，而是与差别相联系的伤害或不合理。这意味着应当改变存在的社会结构，容纳不同与差异，而不是要求非群体成员遵从同一的标准。（4）参与维度：社会包容和政治声音。这里给定的条件是歧视与其他社会机制已经阻碍了特定少数人政治参与的通道，因此需要平等法为政治声音的缺失进行救济、拓宽政治参与渠道，从而实现平等。当然是实现全面参与，不仅仅限于政治参与。

　　平等既是原则又是权利。平等权作为一项权利，依据不同标准存在不同分类。形式平等与实质平等之间存在相互联系、不可偏废的关系。② 形式平等与实质平等处于同等重要位置。由于权利存在不同的分类，因而权利保护的目标、过程与侧重点也会有所差异。三代人权分类对国际立法和国内立法产生了深远影响。自由权类如表达自由、

---

① S. Fredman, The Future of Equality in Great Britain（working paper no. 5, Equal Opportunities Commission, Manchester, 2002）.

② 朱应平：《平等权的宪法保护》，北京大学出版社 2004 年版，第 48 页。作者认为：形式平等又称为机会平等，实质平等一般处于从属和补充地位。本书认为：形式平等是过程平等，实质平等是结果平等，机会平等其实是实质平等的一种；形式平等与实质平等处于同等重要位置，这是由权利保护的对象、目标与过程所决定的。二者只是分类。

信仰自由、宗教自由、言论与出版自由、集合自由、迁徙自由、公平审判等一般坚持形式平等为主，而经济权利、社会权利、文化权利如工作权、社会保障权、受教育权、休息权等一般应当坚持实质平等。形式平等与实质平等分类对于实现权利保护具有重要意义。

（二）什么是歧视

歧视是不公正的对待。受不公正的对待是因为人的差别性，而这种差异是人的自然的固有特征。在人类所经历的文明与文化中，人们曾经因为宗教、种族、人种、性别或其他相类似的原因遭受排斥、驱逐或迫害。受国家保障的权利必须由人们平等享有是一项基本原则，需要得到持续的支持与维护。这个原则得到联合国宪章认同。联合国的主要功能之一是"促进与鼓励尊重人权和所有人的基本自由，不因为人种、性别、语言或宗教而区别"。非歧视原则是权利保护的基石：非歧视原则保护特别群体成员或具有其他固有特征群体成员的权利，免受排斥、驱逐或迫害而成为人权的二等公民。

歧视的核心是在相似情况下区别对待人，没有客观的与合理的理由。[①] 如无正当理由，对地位平等的两个人给予不同的对待就构成了歧视。[②] 歧视是指被法律禁止的、针对特定群体或个人实施的、其效果或目的在于对承认、享有和行使基本权利进行区别、排斥、限制或优待的任何不合理的措施，即歧视的表现形式是在相同的情况下无合理理由而恣意取消或损害特定群体或个人平等享有权利的任何区分、排除或选择的措施。[③]《公民和政治权利国际公约》定义歧视为"区别、排斥、限制或偏见行为"。人权事务委员会还指出，"并非所有的差别对待都构成歧视，如果该差别标准是合理且客观的，或其目的符

---

① EctHR, Willis v The United Kingdom, Reports 2002-Ⅳ, p. 48.

② ［芬］凯塔琳娜·佛罗斯特尔：《实质平等和非歧视法》，中国—欧盟人权网络秘书处译，《环球法律评论》2005 年第 1 期。

③ 周伟：《论禁止歧视》，《现代法学》2006 年第 5 期。

合公约的规定，且为合法的，即不构成歧视"①。

更为确切地说，国际法领域的"歧视"概念是指在一些具体案例中的有目的的不平等对待或者基于种族、民族、肤色、性别、语言、宗教、政治或其他观念、社会出身、财产和出生或其他状况为理由的造成不利后果的区分。而这种个体之间或群体之间的差别是构成人的身份特征不可或缺的要素成分。在所有的歧视案例中，造成这种不平等对待的差别是不可变更的，或者变更是以牺牲人的尊严为代价的。

（三）在国际人权法范畴的平等与非歧视

平等与非歧视是人的基本权利。平等与非歧视权利为整个国际人权法体系与权利保护体系提供了基本理念与具体表述：所有人不论他们的社会地位或为某群体成员，赋予相同权利。平等是人权保护的基础，不仅是权利而且是原则。平等的重要价值在现实中得到体现和运用，世界人权宣言（UDHR）认为：所有人生而自由，尊严平等与权利平等。

1. 平等与非歧视权在国际法范围的来源

联合国宪章第一条第三款明确表述，联合国的宗旨是促进所有人的权利没有差别地得到平等保护。同时，平等与非歧视权在以下条款中得到体现：《世界人权宣言》（UDHR）第一条、第二条第一款、第七条；《公民权利和政治权利国际公约》（ICCPR）第二条、第三条与第二十六条；《经济、社会文化权利国际公约》（ICESCR）第二条第二款、第三条。此外涉及多个特别的关于各种反歧视的人权条约：《消除一切形式种族歧视国际公约》（ICERD）；《消除对残疾人歧视国际公约》（CRPD）；《消除对妇女一切形式歧视公约》（CEDAW）；《儿童权利公约》（CRC）；《外来务工及家庭成员权利保护公约》（ICRMW）。上述公约明确包含了平等与非歧视条款。《禁止酷刑和其他残忍、不人道或有辱人格的待遇或处罚公约》（UNCAT）与《禁止秘密逮捕公约》是唯一没有明确有关平等与非歧视条款的人权公约。

---

① 联合国文件 A/45/40（1990），第 173—175 页。

　　同时，平等与非歧视得到了世界主要地区性人权公约的确认和保护：《非洲人权与民族权宪章》（ACHPR）的第二条、第三条、第十八条第三款与第四款、第二十八条；《美洲人权公约》（ACHR）第一条与第二十四条；《阿拉伯人权宪章》（ArCHR）第二条、第九条和第三十五条；《欧洲人权与基本自由保护公约》（ECHR）第十四条与第十二条；《欧盟基本权利宪章》第二十条、第二十一条第一款与第二十三条。除此之外，一些专门性区域公约，如《非洲人权与民族权宪章》关于妇女权利保护、美洲各国关于消除对残疾人歧视公约等，为反歧视提供了依据。

　　2. 平等与非歧视条款的分类与范围

　　从属性规范与自动性规范或独立性规范。依据权利与自由享有的条件、范围及普遍性，非歧视条款可以划分为从属性规范与自动性规范。从属性禁止歧视规范仅从权利与自由的享有方面进行规定。例如，《公民权利和政治权利国际公约》第二条第一款：本公约每一缔约国承担尊重和保证在其领土内和受其管辖的一切个人享有本公约所承认的权利，不分种族、肤色、性别、语言、宗教、政治或其他见解、国籍或社会出身、财产、出生或其他身份等任何区别。从属性禁止歧视规范的权利主体有归属性。自动性规范或独立性规范禁止歧视不仅从权利的上下文方面，而且从权利的普遍性方面做出规定。例如，《公民权利和政治权利国际公约》第二十六条：所有的人在法律面前平等，并有权受法律的平等保护，无所歧视。在这方面，法律应禁止任何歧视并保证所有的人得到平等的和有效的保护，以免受基于种族、肤色、性别、语言、宗教、政治或其他见解、国籍或社会出身、财产、出生或其他身份等任何理由的歧视。自动性禁止歧视规范的权利主体具有自动性。

　　3. 禁止区别的理由

　　哪些区分的理由是不可以接受或者应当禁止的，对于这个问题，没有直接的答案，主要依靠社会、个人的道德与政治境界。因为任何区分标准可以认为是正当的，也可以认为是不正当的。目前一定程度的共识是个人固有的或内在的特征，如人种、肤色或性别不能成为区别对待的标准。此外，大部分人权条约认为，对不同群体的成员，因为信仰、国籍或社会出身进行区别对待是不合法的。我们把1966年批准和加入生效的《公民权利和政治权利国际公约》（ICCPR）与1990年批准和加入生效的《外来务工及家庭成员权利保护公约》（ICRMW）比较，可以看到不可接受区别的理由是随着时间变化而发展的。《外来务工及家庭成员权利保护公约》扩展了禁止区别的范围，即种族、年龄、经济状况和婚姻状况。时至今日，禁止区别的范围进一步得到了扩大，包括了残疾人。也许将来不久，性取向与变性人也会进入禁止区别的范围。

用平等与非歧视标准界定禁止区别的理由，具有很大的差异性与弹性，其主要方式有：第一，以平等与非歧视标准支持普遍意义上的平等，并以此界定禁止区别的理由。《美洲人权公约》（ACHR）第二十四条：所有人在法律面前一律平等。因此人平等地受到法律保护，不能有歧视。相关主体用这个标准决定哪些区分是合理的，哪些区分是不合理的。第二，平等与非歧视标准用直接否定式方法概括了一个详细的穷举式禁止区别理由的清单。例如，《消除对妇女一切形式歧视公约》（CEDAW）第一条禁止基于"性别"的歧视。《消除一切形式种族歧视国际公约》（ICERD）第一条第一款禁止基于"人种、肤色、血统、国家、种族"的歧视。第三，基于平等与非歧视标准确定禁止歧视的清单，但列举项是开放式的、可扩充的。例如，《欧洲人权与基本自由保护公约》（ECHR）第十四条：禁止任何歧视理由，如性别、种族、肤色、语言、宗教、政治或其他见解、国籍或社会出身或其他身份、少数民族、财产、出生与其他状况。"其他状况"是开放的可扩充的列举项。

二　禁止歧视：实现权利的形式平等

"平等"与"非歧视"其实是同一原理的正面与反面定义。因为最大限度的平等，要求平等对待、禁止歧视、排除不合理的区别对待。①"非歧视"相应的是形式平等。"禁止歧视"在术语上更多强调相关方不得任意限制或妨碍公民权利的享有，相关方具有消极义务，从而实现权利人权利的形式平等。禁止歧视常常通过反歧视立法，一方面明确规定相关方负有消极义务，不得歧视；另一方面赋予权利人权利启动反歧视相关条款。反歧视方式主要有：一是程序或技术方式反歧视，通过启动反歧视条款保护整个条约与法律规定的权利，或是在某条款直接规定禁止具体理由或类似理由进行歧视，这一方式主要体现在反歧视条款的启动与适用范围及具体的立法技术，如附带性禁止歧视与自动性禁止歧视；二是实质方式反歧视，通过定义具体形式的歧视为非法，禁止歧视，如直接性歧视禁止、间接性歧视禁止与禁止歧视性意图。无论是程序或技术性方式还是实质方式反歧视，其功能是实现平等。这两类方式不可或缺，共同构成了反歧视整体。

（一）附带性禁止歧视与自动性禁止歧视

附带性禁止歧视只有在相关条约或法律规定了实质意义上的权利保障的基础上才可能启动。例如，《公民权利和政治权利国际公约》（ICCPR）第二条第一款禁止因为"种族、肤色、性别、语言、宗教、政治或其他见解、国籍或社会出身、财产、出生或其他身份"方面的原因对个人的公民与政治权利进行歧视。《经济、社会文化权利国际公约》（ICESCR）第二条第二款、《儿童权利公约》（CRC）第二条、《美洲人权公约》（ACHR）第一条、《非洲人权与民族权利宪章》（ACHPR）第二条、《欧洲人权与基本自由保护公约》（ECHR）第十四条等国际人权保护公约有着相似的条款规定。根据欧洲人权法庭、欧洲人权与基本自由保护公约的附带性禁止歧视规定，当个人权利在某一领域受到欧洲人权公约具体保护，遭受歧视时，《欧洲人权与基

---

① Eg OC‐4/84, Proposed Amendments to the Naturalization Provisions of Constitution of Costa Rica, IACtHR Series A No. 4 (1984).

本自由保护公约》（ECHR）第十四条禁止歧视条款①启动。在欧盟国家，成员国国内法扩大了《欧洲人权与基本自由保护公约》所涵盖的权利与自由的适用范围，个人被赋予权利启动第十四条禁止歧视条款，甚至歧视还没有真正危害权利，而仅仅是碰触到国内法保护的更为广阔的权利保障边界。② 法国国内法律一般允许单身人士收养小孩，法庭据此认为拒绝同性恋成为候选人进入收养程序违反了第十四条禁止歧视条款。③ 尽管法庭持开放态度，收养权是否由《欧洲人权与基本自由保护公约》（ECHR）第八条个人与家庭生活受尊重的权利保障。④ 在欧盟国家的一些判例中，法庭认为财产权并没有给权利人权利去获取财产，但因为权利人的权利拥有，国家因此给整个社会提供了制度安全。当权利人认为某制度具有歧视，损害财产权时，《欧洲人权与基本自由保护公约》（ECHR）第十四条禁止歧视条款启动。

　　《公民权利和政治权利国际公约》（ICCPR）第二十六条⑤包含自动性禁止视条款。因为 Zwaan-de Vries case⑥，人权委员会要求成员国不得制定、实施带有歧视性质的法案或法律。这就意味着政府行为的

---

① Convention for the Protection of Human Rights and Fundamental Freedoms, Article 14 - Prohibition of discrimination: The enjoyment of the rights and freedoms set forth in this Convention shall be secured without discrimination on any ground such as sex, race, colour, language, religion, political or other opinion, national or social origin, association with a national minority, property, birth or other status.

② EctHR (Grand Chamber), EB v France, Application No. 43546/02 (2008), p. 48.

③ Ibid., p. 49ff.

④ Convention for the Protection of Human Rights and Fundamental Freedoms, Article 8 (1) -Everyone has the right to respect for his private and family life, his home and his correspondence.

⑤ 《公民权利和政治权利国际公约》第二十六条：所有的人在法律前平等，并有权受法律的平等保护，无所歧视。在这方面，法律应禁止任何歧视并保证所有的人得到平等的和有效的保护，以免受基于种族、肤色、性别、语言、宗教、政治或其他见解、国籍或社会出身、财产、出生或其他身份等任何理由的歧视。

⑥ HRCttee, Zwaaan-de V The Netherlands, Communication No. 182/1984 (1987).

具体领域对于禁止歧视的人权监督是开放的。公民经济权利、社会权利与文化权利禁止歧视，不仅受到《公民权利和政治权利国际公约》的保护，且保护范围扩展至人权保护的各个领域。

（二）直接性歧视的禁止

直接歧视是指禁止区别但又对权利人进行的不利区别。构成直接歧视的区别理由常常是不客观、不充分的，是禁止区别的理由。有学者认为："直接性歧视是指在本质相同或相似的情况下，由于特定群体或个人的权利因法律禁止的区别事由而受到或者可能受到比他人不利或优惠的对待。"① 直接性歧视的概念说明不是所有客观上的对人的区别都是法律意义上的歧视。构成直接歧视通常需满足下列四个要件。

1. 不平等对待。"歧视"在概念上是指在区别意义上存在不平等对待，包括限制、排除或选择等。判断存在区别对待的方法是，分析是否存在比较情况。如果做出与决定相关的各方面的情况相似，但存在不同或不平等对待，则认为是不平等对待。

2. 不受欢喜对待。需要进一步明确的是，歧视的概念意指所涉及的个人或群体与其他相似或相同情况下的个人或群体比较，处于不利位置。不受欢迎对待是有目的区别对待的结果。其主要方式有：差别、排斥、限制、惩罚、有选择性地对待其他群体或其他情节。需要指出的是，歧视意图或目的并不是构成歧视的必要因素。歧视的发生是结果，即使实际上没有任何人想去歧视。

3. 基于不合理的分类。从根本上说，构成歧视的不利于权利人的区别是基于非本质的负面因素特征，但又是个人身份的一部分。这些特征用枚举的方法，在反歧视条款中称之为禁止区别理由或不合理分类。这是因为这些区别特征不能成为差别对待的理由。不合理分类的清单或内容不能由一个抽象的标准来决定，而应当建立在明确而又具体的公约或法规基础之上。虽然各种禁止歧视条款包含了不同的不合理分类清单，但核心内容包括种族、人种、性别、肤色、语言、宗

---

① 周伟：《论禁止歧视》，《现代法学》2006 年第 5 期。

教、政治或其他见解、国籍或社会出身，或其他身份、少数民族、财产和出生。在许多禁止区别理由条款中的"其他状况"明确表达的意思是，清单不是穷举，而是可以依据法理进行扩展，如包括年龄或残疾人。不合理的分类或禁止歧视理由是对边缘化特殊群体的来源于历史经验的态度。随着时间的变化，不合理的分类或禁止歧视理由会得到进一步的丰富。

4. 没有正当理由。基于任一不合理的分类所引起的不利区别会产生偏见。不平等对待与不受欢迎的对待是利益与尊严受到贬损的一种形式。这就是为什么不利区别用于区分目的，但在没有自动禁止的情况下会受到质疑。当然，只有当不平等对待不能证明存在法定或合理理由，才能认定歧视的存在或发生。缺乏正当理由的区分所引起的贬损，可以是目的性的也可以是结果。反之，如果不利区别可以证明存在客观公正的理由，则贬损或歧视一般不会发生。遵从的基本原则是不存在正当的歧视。也就是，区别要么是正当的，要么是因为缺乏有效的正当的理由而构成歧视。

那么什么是正当理由的区别？遵循什么样的标准？根据人权委员会："不是每一个区别都构成了歧视，只有违反了《公民权利和政治权利国际公约》（ICCPR）第二十六条。但区别必须有合乎情理的与客观公正的理由，区别的目的是合法的、符合公约的。"① 事实上，人权委员会回答了上述问题，即区别理由是否正当与合乎情理在于：是否实现法定目的；实现法定目的是否适当、必要与合理。概括来说，正当理由的区别必须满足：法定性、适当性与必要性。

反歧视的基本原理要求政府不仅不能进行基于禁止理由的不利区别，而且应当采取积极行动消除私领域空间的传统方式的歧视，消除事实上某些群体所处的不利地位。② 从这个维度说，国家有义务反歧

① HRCttee, Love et al v Australia, Communication No. 983/2001 (2003), pp. 8, 2.

② See CtteeESCR, General Comment No. 16 (2005), p. 18; and HRCttee, General Comments Nos 28 (2008), paras 3ff, and 18 (1998), p. 5.

视。《公民权利和政治权利国际公约》（ICCPR）第三条，要求国家：
"承担保证男子和妇女在享有本公约所载一切公民和政治权利方面有
平等的权利。"需要指出的是，人权委员会与地区性法庭认为实质上
的国家义务的积极行为仍然是含糊的。因此，认为临时性的目的是实
现社会边缘化特殊群体的实质平等的积极行为，不会构成歧视。因为
此类积极行为符合正当区分理由的全部要件。

（三）间接性歧视的禁止

间接歧视是指规则、实践与要求表面上是中立的，没有基于任何
禁止区别理由或不合理分类，但对援引某一标准所确定的特殊群体或
个体产生不成比例的不利影响。因此，尽管不存在区别对待，但由于
结构性偏见，平等地对待不等同的情况，导致了不平等的结果。

间接歧视的概念最先起源于美国与欧共体，但现在已经成为国际
人权法与地区性人权法及权利保护的法理依据。尽管人权委员会没有
明确地定义间接歧视，但在 Singh Bhinder v Canada 一案中，① 意识到
间接歧视的存在。此后，在 Althammer v Austria 案中，人权委员会明
确指出了间接性歧视的概念，认为：表面上中立的规则或措施，没有
歧视意图，但同样能产生违反《公民权利和政治权利国际公约》（IC-
CPR）第二十六条的歧视后果。因此，根据《公民权利和政治权利国
际公约》（ICCPR）第二十六条，如果某项规则或制度会因为"种族、
肤色、性别、语言、宗教、政治或其他见解、国籍或社会出身、财
产、出生或其他身份等任何理由"，从而导致权利人有害后果或不成
比例的不利影响，构成间接歧视。② 同样，在 2007 年的 DH and others

---

① 在 Singh Bhinder v Canada 一案中，案件所涉及的 Singh 被加拿大铁路公司解雇，理
由是他拒绝遵从工作时间应当戴安全头盔的法定要求。Singh 的宗教规定是他只能戴穆斯林
头巾。委员会认为该要求相当于事实上的歧视：尽管法律规定是中立的，对所有人无区别
地实施，但对所有 Singh 的宗教信仰的人产生了不成比例的不利影响。需要说明的是：该规
定没有违反《公民权利和政治权利国际公约》（ICCPR）第二十六条，因为安全头盔的规定
是基于合理与客观理由。

② CCPR/C/78/D998/2001（8 August 2003）p. 10, 2.

v Czech Republic 案中，欧洲人权法庭对间接歧视的概念进行了明确的定义，并认为间接歧视不需要歧视意图。① 非洲人权与民族权委员会同样认识到了间接歧视。②

（四）禁止歧视性意图

通常认为，直接歧视存在歧视意图；反之，间接性歧视常常没有歧视意图。在一定范围，上述结论是正确的，这些概念是相互关联的。但不是绝对的，因为具体案件中，直接歧视、间接歧视与歧视意图仍然存在一定的模糊性。在一些法律体系中，如美国，受歧视的申诉者需要说明歧视的意图或歧视的目的，从而认定歧视。③ 在国际人权法中，没有这样的要求，原因是为何受到不平等对待或不受欢迎的对待，与构成歧视并无关系。

有目的或没有意图的歧视，在国际人权法中都是被禁止的。这一点在国际人权法所包含的具体的关于歧视的定义中得到了体现。《消除一切形式种族歧视国际公约》（ICERD）把"歧视"定义为基于任何禁止区分理由或分类的区别，从而导致平等基础上的人权与基本自由的取消、弱化或产生不利后果。④《消除对妇女一切形式歧视公约》（CEDAW）对歧视的定义基本相似。⑤ 人权委员会认为歧视意图不是构成歧视的必要因素。⑥

三 积极行动：实现权利的实质平等

权利的平等与非歧视保护在内容上包括权利的形式平等与实质平

---

① App no 57325/00, Judgment of 13 November 2007, p. 184.

② Purohit and Moore v The Gambia, Communication No. 241/2001, 16th Activity Report (2002) pp. 53-54.

③ Washington v Davis 426 US 229 (1976). p. 53.

④ ICERD, Art. 1 (1).

⑤ CEDAW, Art. 1.

⑥ Simunek et al. v The Czech Republic, CCPR/C/54/D/516/1992 (19 July 1995) p. 11, 7.

等。随着对平等与非歧视原则理解与研究的加深，学界认为平等不仅需要相关方的非歧视的否定义务，也需要在认可人与人之间存在差别的基础上相关方采取积极行动，实现真实的权利平等。

（一）积极行动的正当性

积极行动又称临时性特别措施、肯定措施（affirmative action）等。积极行动是纠偏行动，目的是纠正歧视或由于歧视造成的不利于权利人的形势，实现实质平等。如前所述，"非歧视"所能实现的平等是形式平等，而"平等"在术语上同时强调实现实质平等。因此，尽管国际人权法扩展了对歧视的理解，但直接歧视和间接歧视的概念在实现"过程平等""机会平等"和"结果平等"的过程中仍然存在局限性。因此我们需要采取特别措施，如"特别保护措施"和"特别援助、赔偿和纠正措施"。①

积极行动（positive Action）的概念涵盖了范围广泛的各种政策与行动的主动性。积极行动的内核是这些措施能产生预期的积极效果。例如，采取措施消除个人平等参与的障碍、帮助处于不利位置群体等。因此，广义上的积极行动包括禁止歧视、采取积极步骤改变社会不平等现实、改变群体受排斥或处于不利位置的社会运行方式等各种措施。② 积极行动可以理解为任何具有前瞻性的作用于不利群体的行动。因而在范围上涵盖政策与举措，可以从采取步骤消除歧视延伸到主流倡导、特殊经济援助与一定背景下的就业优先等。

积极行动不仅得到国际人权法的认可，同时在一定程度上要求国家采取特别的保护措施。人权委员会在关于反歧视的一般性意见中认

---

① Hanna Beate Schpp-Shilling，《〈消除对妇女一切形式歧视公约〉第 4 （1）条一般性建议的反思》，载 Ineke Boerefijn et al. 编《临时特别措施》，第 18 页，安特卫普 Intersentia 出版社 2003 年版。转引自［芬］凯塔琳娜·佛罗斯特尔《实质平等和非歧视法》，中国—欧盟人权网络秘书处译，《环球法律评论》2005 年第 1 期。

② C. Bell, A. Hegarty and S. Livingstone, "The Enduring Controversy: Developments on Affirmative Action Law in North American" (1996), International Journal of Discrimination and the Law 233-234.

为：平等原则在一定程度上要求国家相关方采取积极行动，消除或减轻公约禁止歧视的理由。例如，在一国之内，一般情况下，如果某一部分人不能享有人权或人权享有受损，国家相关方应当采取特别措施纠正此类情况。此类措施应当保证在一定时期内所涉及的特殊群体或个人，与其他人相比较，在某些方面能够得到优待。① 经济、社会与文化委员会同样强调国家应当采取特别措施。② 只要涉及种族与妇女权利保护，国家有义务根据《消除一切形式种族歧视国际公约》（ICERD）第二条第二款与《消除对妇女一切形式歧视公约》（CE-DAW）第三条，承担责任。在地区人权保护层级，美洲人权法庭认为，国家有义务采取积极行动改变其社会内部存在的对某一具体群体人们的不利状况。③ 欧洲人权法庭更是强调，国家没有尝试通过积极行动以纠正不平等，等同于违反不受歧视的权利。④

（二）积极行动的实现

正如其他人权保护，平等与非歧视权的实现蕴含了多种形式的国家义务。国家的尊重义务要求国家不得进行任何歧视，确保国家法律或实践与平等和非歧视保持一致。国家的保护义务要求国家采取措施阻止或消除非政府方的歧视。联合国条约要求成员国广泛立法禁止诸如就业、教育、健康保险、住房、商品供应与服务等领域的歧视。禁止歧视，国家义务在相关人权条约的不同条款中得到体现：《消除一切形式种族歧视国际公约》（ICERD）第二条（d）规定，缔约国应以一切适当方法，包括依情况需要制定法律，禁止并终止任何人、任何团体或任何组织所施行的种族歧视。《消除对妇女一切形式歧视公约》（CEDAW）第二条（d、e、f）规定，缔约各国谴责对妇女一切

---

① HRC, General Comment 18, HRI/GEN/Rev. 9（Vol. I）16, p. 10.

② CESCR, General Comment 16, HRI/GEN/Rev. 9（Vol. I）113, pp. 15, 35.

③ Juridical Condition and Rights of the Undocumented Migrants, No. 11, p. 104.

④ Stec and other v UK, App nos 65731/01 and 65900/01, Judgment of 12 April 2006, p. 51.

形式的歧视，协议立即用一切适当办法，推行消除对妇女歧视的政策。为此目的，国家承担不采取任何歧视妇女的行为或做法，并保证政府当局和公共机构的行动都不违背这项义务；采取一切适当措施，消除任何个人、组织或企业对妇女的歧视；采取一切适当措施，包括制定法律，修改或废除构成对妇女歧视的现行法律、规章、习俗和惯例。因此可以发现，国家承担禁止歧视的义务既包括了消极的尊重义务，同时也包括了积极的保护义务。

然而，通过处罚歧视的加害人或补偿受害者解决歧视个案或孤立事例，应当受到严格的限制。事实上，歧视是深刻的排斥制度与受损模式的结果。因此，歧视只有通过改变社会与机制结构才能得到纠正。根据现有的国际人权法，对于国家方来说，制定反歧视法是远远不够的。事实上，国家有义务通过采取各种步骤消除结构性的不利模式与社会排斥，促进、保障与实现平等。① 国家采取积极行动的义务，包括立法、行政与政策措施，从机构重组与机制转换到合适住房的供给。对于具体环境的个人而言，包括从教育活动到利用公共供给等促进平等。

积极行动的一个重要方面是肯定性行动计划。在国际法范围，通常被称作特别保护措施。这些措施的目的是纠正目标群体成员一方面或多个方面的社会生活的不利位置，从而实现实质平等。② 这些措施包括优先对待以前处于不利地位的群体成员的就业、入学或其他利益。例如，两个条件相同的人申请一份工作，女士优先；为少数民族的大学入学保留一定比例的名额。

尽管此类优先对待与形式平等并不一致，但国际人权法允许这

---

① ICERD, Arts 2 (1) (e), 2 (2), and 7; HRC, General Comment 4, HRI/GEN/1Rev. 9 (vol. I) 175, para.

② Progress report on the concept and practice of affirmative action by the Special Rapporteur of the Sub-Commission on the promotion and protection of Human Rights, E/CN. 4/Sub. 2/2001/15 (26 June 2001) p. 7.

样，并认为在一定范围内为取得实质平等而非一致对待是合法的。《消除一切形式种族歧视国际公约》（ICERD）第一条第四款规定：专为使若干须予必要保护的种族或民族团体或个人获得充分进展而采取的特别措施，以期确保此等团体或个人同等享受或行使人权及基本自由者，不得视为种族歧视，但此等措施的后果须不致在不同种族团体间保持各别行使的权利，且此等措施不得于所定目的达成后继续实行。我们可以概括得出特别措施的范围、效力与时效性。

另外，《消除对妇女一切形式歧视公约》（CEDAW）第四条第一款有着相似的内容。为了实现《公民权利和政治权利国际公约》（IC-CPR），人权委员会明确表示只要特别措施旨在实现合法与合理目的，并以适当方式，是被许可的。[①] 通过相关公约背景，特别措施应当遵从：优先对待的是处于不利群体的成员；临时性的；一旦合法与合理目的实现必须停止；不能影响不同群体与不同权利的保障。

平等与非歧视既是原则又是权利，因而在纠正歧视过程中离不开国家义务所蕴含的积极行动。同时，反歧视又是多维度多向度的共同结果。平等与非歧视的法律调节包括了多种法律形式：国际法，人权法，宪法，刑法，民法与其他公法等。长期结构性或制度性歧视是特定群体成员缺乏社会、政治与经济力量的结果，因而单凭反歧视法与个人难以纠正集体性与结构性歧视。因此，政府应当重视非法律手段实现对歧视的纠正。这些途径可以概括为：个人或集体纠正，执法机构的内部纠正，非法律与经济措施，社会政策等。

自从《世界人权宣言》（UDHR）宣告以来，平等与非歧视原则与理念对国际人权法产生了深刻的影响。所确立的准则为人权主体与法庭提供了充分的法理依据，丰富了平等的概念。虽然间接歧视仍然存在诸多的不同看法，但近来引起了国际人权研究的重视。间接歧视相关法理细节，如间接歧视的确认标准与评估、证据规则等，需要进一步地明确与细化。但最为关键的是平等与非歧视原则、理念在国家

---

① Stalla Costa v Uruguay，CCPR/C/30/D/198/1985（9 July 1987）p. 10.

层面的实现。时至今日，仍然有许多国家没有制定反歧视法律。

　　权利保护最为重要的任务是确保每个人能平等地享有他们的权利。据联合国发展项目报告，世界上20%富有阶层的人均收入是20%底层人口人均收入的50倍，最富有的500人的总收入超过了41.6亿最为贫穷人口的总收入。① 平等权对于大部人来说仍然是一个没有实现的理想。国际人权法的最新研究与发展认识到，禁止歧视对于实现平等扮演了关键角色。同时，国家有解决结构性不平等的义务。实现平等目标需要各个方面的努力。其中最为有效的策略是在平等的基础上确保每个人能参与经济、政治、社会各个领域，包括平等决议的实施。

---

① UN Development Programme, Human Development Report 2005, pp. 36-37.

第四章

人权保障与经济发展：从理论到实践

从规范性与功利性视角而言，环境权保障、受教育权保障及适足生活水准权保障成为以权利为基础的经济发展、经济发展视域中权利保护的典型代表。同时，无论是从经济发展还是从权利保障角度的必要性而言，这三个权利保障的相关理论与实践正是中国现实社会的迫切需要。

人权、环境与发展问题是发展中国家经济与社会的重要课题，也即理顺人权、环境与经济发展关系问题。发展权有关发展的定义，为经济发展提供了新视角。作为《联合国关于人权与环境的特别报告》附件的《人权和环境草案原则》关于构想中环境权的特征，为环境保护与经济发展提供了有益探索。环境权的环境评估、知情权与公众参与权，对经济发展的计划与项目具有重要的现实价值。从而为以环境权为基础实现经济的可持续发展提供了理论支持。

经济发展计划的最终目标是人的发展，从而将人纳入其过程成为可能。以权利为基础促进义务教育的方式在实践上使一组国际认可的义务方承担履行义务对应权利持有方的请求发挥作用，从而使权利人的请求与义务承担者政府的义务成为受教育权保障的中心问题。

适足生活水准权的实现遵从：辅助性原则、国家义务、平等与非歧视原则。食物权、住房权与健康权构成了适足生活水准权最主要的具体权利形态，其实现标准主要有：有效、真实与可接受。适足生活水准权的保障与实现不是孤立的，是与其他人权，如财产权、工作权等，特别是公民权利与政治权利，密切相关。公民权利和政治权利的保障是实现适足生活水准权救济的有效方式。适足生活水准权的实现为呼声日高的民生保障研究提供了新视角。

第一节　环境权保障：论环境保护与经济发展

一　人权、环境与经济发展问题的提出

粗略地将人权、环境与发展进行比较，我们可以发现：经济发展似乎成为促进适足生活水准权、受教育权、工作权与社会安全保障权等方面人权实现的首要工具；相类似地，环境保护与环境恢复应当优先于经济发展。然而，目前许多发展中国家所进行的发展已经取代贫困，成为侵犯人权与环境退化的过程。这里有不胜枚举的例子，如印度博帕尔工业灾害、中国京津地区沙尘暴与雾霾。

环境方面不可持续发展的项目不仅会恶化农民的生存条件，同样也能危及渔民的生活方式，大规模的基础设施建设如修建堤坝更有可能让成千上万的人民无家可归。偏离了主旨的农业发展的绿色革命，将带来能源密集需求及对能源的过度依赖，从而变为夸大其词的口号。不适当的农业发展对水的供应产生多重消极影响，如地下水污染、气候干旱与沙漠化等。滥伐森林与不可持续使用森林资源导致了干旱与沙漠化现象。拖网渔船捕捞正在使渔业资源被过度开发，许多国家沿海渔民的生计出现危机。

城市化一方面能快速拉动 GDP 的增长，提供就业机会，但另一方面可能带来巨型贫民窟，增加空气污染、交通阻塞及对能源无止境的需求。而对能源无止境的需求往往通过破坏环境的发展计划得到满足。面对几乎让人无法生存的空气污染、水污染、声音污染，人们必须反思发展方式及不计代价对利润的追求。人权、环境与经济发展存在什么关系？如何实现对发展的有效控制，进而实现"既能满足当代人的需要，又不对后代人满足其需要的能力构成危害的发展"。[①] 这正是本节的着力点。

[①] 世界环境和发展委员会（WECD）于 1987 年发表的报告《我们共同的未来》。

二　作为人权的环境权：对经济发展的定义

1992 年 180 个国家的领导人会聚于里约，商议 21 世纪可持续发展计划，成为历史上最大规模的联合国环境与发展峰会，他们强调提高生活水平同时应当确保人类资源消耗不超过环境的承受能力。基于传统模式的发展不仅危及环境，而且有损主权及数以万计个人的人权。由于计划不周的经济发展项目、环境事故、土地恶化及由脆弱环境引发的自然灾害甚至威胁到比贫困人口更多数量的人们的生活。因此，经济发展的首要问题必须明确人权与环境二者之间的关系。

（一）作为人权的环境权与发展

"环境权"在 1972 年的联合国关于人类环境会议（UNCHE）上得到确认，斯德哥尔摩关于环境权的明确表述成为国际环境政策、经济与生态均衡发展的依据。[①] 1972 年《斯德哥尔摩人类环境宣言》规定："人类有权在一种具有尊严和健康的环境中，享有自由、平等和充足的生活条件的基本权利，并且负有保护和改善这一代和将来世世代代的环境的庄严责任。"斯德哥尔摩会议是国际社会为保护环境迈出的一大步。同一时间联合国环境规划署的成立，为实现国际责任与提高生存资源的维持创建了标准和机制。但会议过分强调政府主权，政府常常利用主权原则绕开联合国的环境指令，甚至违反了本国人民的权利与利益。

保障环境权得到了世界环境与发展委员会的支持。该委员会建议实施保护环境与可持续发展的法律原则，主要包括人民有权利获取良好的环境从而实现他们的健康和福祉。有生活在健康环境的权利或有利于人的发展环境的权利，同样在各个地区人权保护公约当中得到体现，如《美洲人权公约》与《非洲人权与民族权宪章》。

1992 年的《里约宣言》包括了 27 个基本的环境义务，重申了联合国人类环境会议宣言，同时它把重点转向于可持续发展。然而，

---

① Melissa Thorme, Establishing Environment as a Human Right, 19 DENV. J. Int'lL. & POL'Y303（1991）.

《里约宣言》仅仅是认可人类"有权同大自然协调一致从事健康的、创造财富的生活"。① 义务主要包括通过采取预防措施保护地球的代际责任、共同责任、保护个人权利。② 其他义务包括保护本地人、促进环境教育与环境意识。③ 这些原则制定为决议,优先考虑长期可持续发展,要求公众能获取环境信息、公众参与,要求环境评估应当"应对可能会对环境产生重大不利影响的活动,要由一个有关国家机构做出环境影响评估,且作为一种国家手段"。④ 跨国关系原则包括,为避免对其他国家造成伤害,应当事先通告、磋商及各国和人民应真诚地本着伙伴关系的精神进行合作。⑤ 最后,原则要求必须努力避免产生环境难民,政府应当促进跨国环境危害赔偿。⑥

　　联合国人权和环境特别报告员 Fatma Zhora Ksentini 女士持续进行了环境权相关问题的研究,并于 1994 年提交了最终报告,她为联合国大会与世界上许多国家已经实施了的各种权利(有关环境权)进行了辩论。⑦ 她认为环境权是群体权利或集体权利,而不是个人权利,要求一定程度的国家和国际责任。⑧ 其他评论员认为环境权应当既不是让步于经济发展的短期政策,也不是归属于环境的抽象的权利,而应当把环境权放在与其他人权平等的一个水平。⑨ 因此,许多提倡者把环境权定义为正当程序权利,要求实施环境评估的国际标准、告知

---

① 《里约宣言》,原则一。

② 《里约宣言》,原则一、原则三、原则四与原则五。

③ 《里约宣言》,原则十、原则二十二。

④ 《里约宣言》,原则十、原则十二、原则十七。

⑤ 《里约宣言》,原则十九、原则二十七。

⑥ 《里约宣言》,原则十三、原则十四。

⑦ United Nations, Sub-Commission on Prevention of Discrimination and Protection of Minorities, Human Rights and the Environment, Preliminary Reprort Prepared by Mrs. Fatma Zohra Ksentini, Special Rapporteur, pp. 21–24, U. N Doc. C/CN. 4/Sub. 2/8.

⑧ Ibid..

⑨ Dinah Shelton, Human Rights, Environmental Rights, and the Right to the Environment, 28 Stanford J. Int'L L. 103, 108–110 (1991).

权、广泛参与权，对违反这些标准有取得补救措施的权利。①

（二）发展权关于发展与环境

为了避免不可持续发展，环境保护应当包括 1986 年联合国大会通过的发展权有关条款。② 发展权被认为是个人权利与群体权利。人民有效参与，有助于在国际环境中实现可持续发展。这样所有人权与基本自由得到全面实现。③ 在可持续发展的背景下，发展权应当看作一个令人鼓舞的重组国际发展机构的机制，目的是实现对人权与环境权更加广泛的认可。

发展权有关发展的定义体现了对经济发展相关方面的定义，将对环境保护产生积极作用：（1）把发展定义为"经济、社会、文化与政治"多方面的综合过程，发展的目的是不断提高全体人民与所有个人的幸福，良好环境成为幸福的基础；（2）实现"所有人权"是发展的基本要义，经济发展包含了环境保护要素；（3）重申"有效、自由与全面"参与权，包括参与个人与集体的所有与发展相关的决定，因此任何涉及环境因素的经济发展必须保障权利相关人的充分参与；（4）规定发展不得存在歧视与排斥，发展计划不得歧视本地人与特定群体的环境权、环境保护与经济利益；（5）规定发展必须合理分配利益，发展利益应当及于每个人，发展成果共同享有，因此环境受损的本地人有权得到合理的补偿；（6）规定了发展必须以人为本，所以经济发展不能破坏人类赖以生存的自然环境；（7）要求"所有人权的实现"是评估发展的基本标准，从而环境评估成为判断经济发展的基本

---

① Dinah Shelton, Human Rights, Environmental Rights, and the Right to the Environment, 28 Stanford J. Int'L L. 444 (1991).

② 《发展权宣言》，G. A. Res. 41/128, U. N GAOR, 41st Sess., Supp. No. 53, at 15, U. N. Doc. A/41/53 (1986).

③ United Nations, Commission on Human Rights, Global Consultation on the Right to Development as a Human Right, Report Prepared by the Secre. Tary-General Pursuant to Commission on Human Right Resolution 1989/45, at 40, U. N. Doc. E/CN. 4/1990/Rev. 1 (Sept. 26, 1990).

标准。

（三）联合国关于人权与环境的特别报告

作为 1994 年《联合国关于人权与环境的特别报告》附件，《人权和环境草案原则》在序言部分重申："违反人权将导致环境退化，环境退化将导致人权违反。"① 报告分析了环境对实现基本权利的作用，对于自决权、生命权、健康权、食物权、住房权、健康与安全工作条件的权利、知情权、公众参与权、结社自由与文化权利尤其重要。因此，人权的实现，包括公民权利、政治权利、经济权利、社会权利与文化权利，为环境权保护提供了策略。

尽管环境权仍然没有取得国际法的认可，但已经有四十多个国家认同了环境权。实质性背景下的环境权从清洁权、安全权到良好生活环境权而不同。程序背景下的环境权应当包括下列要素的一方面或多方面：知情权与行动权；参与权；司法或行政救济包括预防性救济。参与权伴随的是要求进行环境影响评估。

作为《联合国关于人权与环境的特别报告》附件的《人权和环境草案原则》预设了构想中的环境权的基本特征。草案原则的第一部分详细说明了关键性的有关环境权的一般概念。原则一重申了生态良好的环境和可持续发展作为人权的相互依存与不可分割性。原则二再次确认了环境行动与决策不受歧视的权利。原则四确定了代际公平。

第二部分详细规定了实质性环境人权：（1）免于污染的权利（原则五），作为生命权、健康权、工作权、隐私权、个人安全权、发展权利的主要部分。原则五明确地认为，免于污染的权利能够在国内、国际与跨国界适用。②（2）能达到的最高标准的健康与免于环境伤害

---

① Sierra Club Legal Defense Fund, The 1994 Draft Declaration of Principles on Human Rights and the Environment, http：//www. tufts. edu/departments. fletcher/multi/www/1994 - decl. html.

② Sierra Club Legal Defense Fund, The 1994 Draft Declaration of Principles on Human Rights and the Environment, 原则五。

的权利。① （3） 个人幸福有关的安全和健康的食物和足够的水的权利。② （4） 充足住房、土地占有、安全的生活条件、健康与生态良好的环境的权利。③ （5） 免于驱逐、有效参与安置决定的权利。④（6） 出现自然或其他灾难，能及时得到救助的权利。⑤ （7） 平等受益于保护或可持续利用自然资源的权利。⑥

　　草案原则第三部分规定了环境权的程序方面的内容，如下所述：（1） 知情权；⑦ （2） 持有和表达意见、传播有关环境思想和信息的权利；⑧ （3） 环境与人权教育的权利；⑨ （4） 积极、自由和有成效的参与权利，事先评估拟采取的行动对环境、发展与人权影响的权利；⑩（5） 为保护环境，自由与和平集会的权利；⑪ （6） 获得有效行政、司法救济与赔偿的权利。⑫

　　草案原则第四部分规定了环境权的相关义务：（1） 所有人、个人与集体应当保护和维护环境。⑬ （2） 政府保护环境的义务包括作为与不作为各种行为，⑭ 在环境方面评估、控制、许可、调节、禁止、公众参与、监督、管理，减少浪费的生产过程与消费模式方面政府存在多个相

　　① Sierra Club Legal Defense Fund，The 1994 Draft Declaration of Principles on Human Rights and the Environment，原则七。

　　② 同上书，原则八。

　　③ 同上书，原则十。

　　④ 同上书，原则十六。

　　⑤ 同上书，原则十二。

　　⑥ 同上书，原则十三。

　　⑦ 同上书，原则十五。

　　⑧ 同上书，原则十七。

　　⑨ 同上书，原则十六。

　　⑩ 同上书，原则十八。

　　⑪ 同上书，原则十九。

　　⑫ 同上书，原则二十。

　　⑬ 同上书，原则二十五。

　　⑭ 同上。

关职责；政府义务包括"采取措施旨在确保跨国公司所有方面执行它们环境保护的义务与尊重人权"。① （3）特殊义务，与武装冲突相联系的环境破坏的恢复义务。② （4）所有国际组织与机构有遵守原则的义务。③

草案原则第五部分阐述了环境权的特别考虑：（1）给予弱势个人与群体，包括妇女、儿童、本地人、难民与贫困伤残人特别关爱；④ （2）原则所确认的权利只能受法律规定的限制，并且是为保护公共秩序、公共健康与其他人的基本权利与自由所需要；⑤ （3）所有人有权在社会与国际秩序中全面实现原则所载权利。⑥

草案原则通过推动标准的制定，提高公众、国家政府与国际组织的意识，通过推动监督与纠正机制的创立，通过对公众保护与促进人权与环境要求的动员，有可能对于保护人权与环境做出显著的贡献。草案原则的基本理论解决了涉及人权与环境关系的关键问题。通过确认、履行与实施环境人权，草案原则广泛的传播、讨论与实际行动有助于促进、保护人权与环境。

综上所述，人权、环境与发展的相互关系已经在多个国际人权法中得到规定，也就是三者之间存在法定关系。《斯德哥尔摩人类环境宣言》是阐明环境与可持续发展关系的开拓性文件。《发展权》宣言明确了发展的多维度含义、发展计划与环境之间的关系。作为1994年《联合国关于人权与环境的特别报告》附件的《人权和环境草案原则》阐述了环境权基本要素，环境与人权的基本关系，"违反人权将导致环境退化，环境退化将导致人权违反"。因此，人权、环境与发展作为相互联系的问题以多种形式得到了公众的认可。来自世界的经

---

① Sierra Club Legal Defense Fund, The 1994 Draft Declaration of Principles on Human Rights and the Environment, 原则二十二。

② 同上书，原则二十三。

③ 同上书，原则二十四。

④ 同上书，原则二十五。

⑤ 同上书，原则二十六。

⑥ 同上书，原则二十七。

验表明，对发展任务不采取相应措施、忽略人权与环境的发展将会导致更大的损失。国际社会已经认识到人权作为广泛含义的概念涵盖了经济权利、社会权利等，包括了发展权、各种形态的人权及健康良好的环境。保护环境服务于人类的共同利益成为共识，同时环境问题将直接影响人类福利，因为环境的退化将降低人的生活。

从人权、环境的相互关系及发展权有关经济发展的定义，可以得出如下结论：（1）降低环境的经济发展同样产生违反人权的结果；（2）容忍违反人权行为的经济发展计划或发展项目在其实施过程易于容忍降低环境的行为；（3）有意识促进环境保护的经济发展计划与发展项目最终也会促进人权的实现；（4）有意识促进贫困群体与弱势群体的发展计划与经济发展最终也会促进环境保护。

三　环境权的派生权利与经济发展

有关环境另外的权利表达是这些来自于更为成熟的人权或上述所论述的环境权，称之为环境权的派生权利。与草案原则所规定的程序方面的权利相比较，下列派生权利——环境评估权；相关环境影响的知情权；对环境产生更为实质影响的相关决策行动的全面参与权利，包括对相关侵权行为的救济——这些权利对本地经济发展的发展计划、发展项目产生重要作用，同时得到了国际社会的认可。

（一）环境评估

破坏环境违反人权是事后的结果。因此，必须设计特殊的程序保护这些权利，通过预防性措施避免环境质量下降。"进行环境评估的权利或义务出现于国际法律。"[1] 环境评估起源于接受和传递信息的权利、受教育权。[2] 依据联合国环境与发展会议，这项权利要求告知所

---

[1]　Alexander Kiss & Dinah Shelton, International Environmental Law (1991), at 25.

[2]　《世界人权宣言》第19条：人人有权享有主张和发表意见的自由；此项权利包括持有主张而不受干涉的自由；和通过任何媒介和不论国界寻求、接受和传递消息和思想的自由，第26条。

有国际政府组织有关活动。① 世界银行已颁布程序确保发展项目的环境后果被考虑进去，认识到由发展项目带来的损失能够破坏本地经济与危及本地人。② 世界银行与联合国的工作变得更加协调，为确保在其他独立的世界银行发展计划与发展项目，特别是这些通过重新配置的全球环保基金项目实施环境标准，联合国组织应当发挥更大的作用。因此，为了克服体制上的偏见，监督是必要的，以避免经济发展出现如前所述的环境问题。

世界银行业务指令 4. 01 在发展项目进行前要求进行环境评估③，世行认识到预防措施能够避免由于计划不周密的发展造成的损失，预防在经济上更合算。世界银行的规则是，根据对环境不同影响的环境评估，发展项目被分成四大类，然后再根据分类对发展项目进行不同水平层次的审查。对于发展项目的环境评估，政府应当保障技术要求，提供经济资助。发展项目的政府评估应当代表受环境影响群体的意见。所要求的项目评估成为项目实施的环境方面的监管基础。

值得关注的是，意识形态与政治倾向被排除在环境问题之外。当发展项目因为破坏环境而违反人权，由此引起的人权问题与政府的政治属性无关，而是依据正当程序尊重环境权。因此，环境问题作为全球问题超越了国界，成为世界问题。

（二）知情权

知情权代表环境评估的另一个方面，环境因为发展决策或措施受到影响的个人应当提前被告知。"关于工厂产生的化学品与长期受某

---

① Information for Decision-making (Agenda 21, Chapter 40), p.40, U. N. Doc. A/ CONF. 151/PC/26 (part Ⅳ) available in Econet, Conference en. unced. document.

② World Bank, Operational Directive 4. 00, Annex A: Environmental Assessment 1 (June 19, 1990 version for comments).

③ International Bank for Reconstruction and Development, Operational Directive 4. 00, Annex A: Environmental Assessment (Oct. 1989).

一工业计划影响的信息，对于社区多个中心的决策是必要的。"① 然而，发展计划通常归类为政府的机密，甚至发展评估与公众访问都受到限制。此外，发布的有关受发展计划或发展项目影响最严重或最为关键的环境信息常常是不全面、不充分的。联合国环境与发展组织、国际社会面临的挑战，是可持续发展的相关信息发布的形式和信息发布所需要的时间。正因为这方面的原因，政府应当设立专项资金，平衡市场信息不对称，确保这些信息的传播，并且能为环境利益相关者利用。为保障信息的有用性与可能性，非政府组织，特别是本地市民组织、本地人或本地人代表、妇女等在接受这些信息及协助进行项目审查过程中，应当充分发挥作用。

关于环境方面的公共研究的应当把环境恶化带来的损失与个人从发展中的受益联系起来，也就说信息交换应当是全面的，既包括正面的也包括负面的。通过信息交换，工人、消费者及相关者能获取关联信息。美国有关法律为信息流动的实现提供了可作为国际经验的参考模式。在 20 世纪 70 年代，美国开始实施环境标准，要求雇主为工人的化学危险发出警告，1985 年上升为《职业安全和健康法案》（OS-HA）。有关危害通识的标准要求，对于一个给定的工业产品需要一个标准化的材料安全数据表。② 如果这一经验能够推广到国际社会，由国际组织如联合国环境规划署进行监督，则产品所使用的材料安全数据表必须是全面的、兼容的和符合国际标准的。

此外，美国的《紧急应变计划和社区知情权法案》（EPCRA）反映了知情权的内容。③《紧急应变计划和社区知情权法案》要求地方委员会对于工业事故应当有紧急反应计划。国际层面而言，《21 世纪

---

① Mary L. Lyndon, Information Economics and Chemical Toxicity: Designing Laws to Produce and Use Data, 87 MICH. L. REV. 1795, 1796 (1989).

② Occupational Health and Safety Act, 29 U. S. C. § 655 (b) (7) (1985).

③ Emergency planning and Community Right to Know Act (EPCRA) tit. Ⅲ of the Superfund Amendment and Reauthorization Act of 1986, 42 U. S. C. § 11001-11050 (1986).

议程》鼓励各国生产标准化、规范化，并记录全球范围内的有关信息。① 美国的《紧急应变计划和社区知情权法案》有关条款明确了国家有毒物质清单的规定，遵照了联合国环境规划署的清单要求。因此，国家应当根据国际标准制定相关法律，同时国家内部需要一个强有力的组织实施这样的计划。

促进信息交流与知情权的实现不会造成工业、发展计划与发展项目的额外负担。这是因为，这些方式纠正了明显的市场失灵。市场信息不对称使个人没有机会或缺乏渠道接受应当被告知的相关情况。因此，信息交流是实现全球与地区可持续发展的基础。

（三）公众参与权

公众的有效参与权从长远看对于实现可持续发展是必要的。《人类环境宣言》提出了综合与协调发展原则。公众参与权在许多认可的国际人权公约中得到解释。②《世界自然宪章》规定："人人都应当有机会按照本国法律个别地或集体地参加拟订与其环境直接有关的决定；遇到此种环境受损或退化时，应有办法诉请补救。"③ 宪章要求政府为个人提供机会直接参与与环境有关的决定，当环境退化时政府应当提供各种纠正措施。

公众参与权可以看作一种政治需要，成为任何可持续发展计划的关键部分，因为发展计划与发展项目的重复失败往往在于缺乏与受发展计划影响人们的协商。联合国环境与发展会议（UNCED）意识到

---

① 《21 世纪议程》是 1992 年 6 月 3—14 日在巴西里约热内卢召开的联合国环境与发展大会通过的重要文件之一，是"世界范围内可持续发展行动计划"，它是从当时至 21 世纪在全球范围内各国政府、联合国组织、发展机构、非政府组织和独立团体在人类活动对环境产生影响的各个方面的综合的行动蓝图。

② 《世界人权宣言》第 21 条；《公民权利与政治权利国际公约》第 1 条；《经济、社会与文化权国际公约》第 1 条。

③ 《世界自然宪章》是由联合国大会于 1982 年 10 月 28 日通过的一个法律文件。该《宪章》规定，应尊重自然，不损害自然的基本过程，不得损害地球上的遗传活力，各种生命形式都必须至少维持其足以生存繁衍的数量，保障必要的栖息地。

需要给特别目标群体，如穷人、牧民、没有土地的家庭、妇女、本地人与其他特别群体授权。因此，与环境相联系的发展决策包括发展政策与发展项目审批应当采取一定形式的正当程序的保障。

人权法的主体部分已经取得了一定程度的国际共识，但是许多国家仍然与可接受的环境实施标准存在差距，许多国家特别是发展中国家实际的环境标准仍然不能确保可持续发展。从人权衍生而来的基本原则如参与原则并不能全面保护最受发展项目影响的个人。只有环境保护的国际标准成为习惯法，相关标准得到政府批准并实施，相关发展计划与发展项目根据标准进得审批，才能实现环境权对经济发展的规制，实现经济的可持续发展。

四　结语：以环境权为基础实现经济的可持续发展

综上所述，关于经济发展政策取得了新的认识：除非消除各方面的压制，包括践踏人权、环境恶化画上句号，否则全球性贫困与饥饿问题不会结束，这是基于以自由看待发展得出的共识。人们日益认识到环境评估流于形式，自然资源过度消耗的旧的经济增长模式必须由平衡、可持续的发展模式取代，包括债务调整、自然环境转换、增加面向当地的发展能力建设、全面的环境评估、告知所有环境受发展计划影响的人、技术转移。个人对于危害环境的发展项目应当有法律追索权。与 GDP 挂帅的经济发展对环境的挤压相对比，个人法律追索权应当如同人权反对政治专制一样坚定有力。

为了实现可持续发展，环境与人权保障成为发展决策与发展计划的首要因素。人权标准、环境权与环境友好型经济成为 21 世纪平衡发展方式的基本要素。从国际层面而言，人权标准通过保护个人免于政府活动带来的不利影响，能够用于发现并阻止环境恶化。因此，为了避免发展项目与发展过程的人权受损，人权与环境标准及其相关程序权利的需要成为关键。此外，如果国际治理组织与法律框架不足以实现对不可持续发展的控制，国内法律体系应当提供其他方式、途径影响或控制发展政策与发展项目，从而实现可持续发展。

另外，关于环境权方面的经济可持续发展可以通过多种程序方式在法庭提起诉讼。在印度、巴基斯坦和孟加拉国，公益诉讼常常成为群体使用的方式用以保护环境。[①] 由司法提供实质性的健康环境权保障，需要通过受发展影响的群体充分的知情与参与才能得到加强，才能实现环境保护，进而实现可持续发展。因此，关联方的参与是社会、环境与发展关注相互衔接的关键。例如，诉诸法院、获取信息与参与决策制定这些程序工具常常与环境治理的过程相联系。

第二节　受教育权保障：义务教育与人性尊严

统计资料显示，世界范围内仍然存在数以千万计的儿童被剥夺了最基本的教育。这引发了严重后果，得不到教育的儿童习惯性地被推进童工、早婚或流浪队伍。教育的被剥夺也可能导致长期贫穷、文盲、工作与生存能力降低、获取信息困难和不能有效实现社会参与。从广泛意义上说，个人受教育权的剥夺将阻碍一个国家的经济增长。尽管长期以来，受教育权被认为是基本人权，但有关促进儿童义务教育部分的发展计划大多数情况把教育定义为发展目标，而不是权利。结果是，作为普遍人权的教育的工具性价值的丧失。本节着重分析以权利为基础促进义务教育的方式、内容与途径，基于规范性与功利性的双重视角，确定它们的价值与效益，从而维护人性尊严。

一　受教育权保障的规范性与功利性的双重视角：权利保障与经济发展

受教育权作为一项人权，在世界各国立法中得到了体现。基于人权规范来源与作用的不同认识和理解，目前权利保障理论可分为规范

---

① Jona Razzaque, Linking Human Rights, Development and Environment: Experiences from Litigation in South Asia, 18 Fordham Envtl. L. Rev. 593, 2006–2007.

性人权为基础的权利保障理论和功利性人权为基础的权利保障理论两类。受教育权保障与实现正好体现了权利保障理论的两种类型。

（一）以规范性人权为基础的受教育权保障理论

规范性人权保障理论认为权利保障以人权公约为基础，人权规范构成了援引法律与道德义务，从而人权规范成为权利保障实施框架的必要部分。以规范性人权为基础的受教育权保障理论所反映的事实是受教育权的实现是目的。受教育权的固有价值及受教育权在国际与国内法律体系中日益增长的广泛表达，意味着教育在经济与社会发展各项工作中必须得到专门的、明确的考虑。因此，受教育权具有规范性地位，不能在经济发展政策的选择过程中被交换或被克减。

在国际层面，受教育权规范来源于联合国体系内的人权公约及其批准生效承担人权义务的国际公约。"《世界人权宣言》与其他核心人权标准在制度上与《联合国宪章》相联系，并详细阐述《联合国宪章》所规定的基本人权的目的。"[1] "人权是普遍的，是因为所有国家自愿批准了相关的法律文件。"[2] 140 多个国家已经批准了 1966 年的《公民权利与政治权利国际公约》与《经济、社会与文化权利国际公约》。[3] 《世界人权宣言》不仅包括了传统的公民权利与政治权利[4]，同时也包含了新的权利群即经济权利、社会权利与文化权利。[5] 这两个权利集合随后在 1966 年的《公民权利与政治权利国际公约》与《经济、社会与文化权利国际公约》中分别得到体现和细化。因此，国际人权法体系所列举的权利清单不仅是普遍的，而且是不可分割的。公民权利、政治权利、经济权利、社会权利与文化权利构成了一个整体的权利。因而，相关国家只要是联合国会员国，认可《世界人

---

① Sigrun I. Skogly, The Human Rights Obligation of the World Bank and International Monetary Fund（2001）.

② De Feyter, Koen, World Development Law. Antwerp：Intersentia（2001），p. 247.

③ 《世界人权宣言》第 29（1）条。

④ 《世界人权宣言》第 2—21 条。

⑤ 《世界人权宣言》第 22—27 条。

权宣言》，事实上就承认了上述权利的普遍性与统一性及其相应的政府义务。

《世界人权宣言》第 26 条成为进一步保证受教育权的基础，为受教育权提供了三个基本特征，即人人都有受教育的权利、教育目的参照与保障父母在教育事务实践方面的权利。《世界人权宣言》关于受教育权的第 26 条通过《经济、社会与文化权利国际公约》第 13 条与第 14 条两个条款转化为具有法律约束力的规范，与其他人权公约条款比较，更为具体。《经济、社会与文化权利国际公约》第 13 条把受教育权规定为普遍权利，每个人都能享有，不论年龄、语言、社会或种族及其他状态。第 13（1）条列举了教育应当实现的社会目标。为了全面实现受教育权，第 13（2）条列举了政府应当采取的不同步骤。值得特别关注的是，政府履行具体义务过程当中，应当采取非歧视方式，使每个权利人能够获取教育和利用教育设施。为了履行这方面的义务，政府在第 13 条标准范围内有一定程度的自由裁量权。第 2（1）条规定为：每一缔约国家尽最大能力或经由国际援助和合作，特别是经济和技术方面的援助和合作，采取步骤，用一切适当方法，尤其包括立法方法，逐渐达到本公约中所承认的权利的充分实现。

第 14 条是关于义务教育实施的问题，许多国家仍然没有实现这一目标。第 14 条要求政府"制定和采取一个逐步实行的详细的行动计划，其中规定在合理的年限内实现一切人均得受免费的义务性教育的原则"。第 13（3）与（4）条保障父母在教育方面的权利和"选择非公立的但是符合于国家所可能规定或批准的最低教育标准"方面的自由。

联合国教科文组织（UNESCO）1960 年通过了包含反教育歧视的规定，主要目的是消除教育歧视、促进平等机会与平等对待。教育反歧视条款对于反对教育歧视与教育排斥仍然是一个相当重要的解释。《消除对妇女一切形式歧视公约》第十条要求政府"采取一切适当措施以消除对妇女的歧视，以保证妇女在教育方面享有与男子平等的权利"。《儿童权利公约》同样包含了保障受教育权条款。第 28 条列举了政府为逐步实现儿童有受教育权利应当采取的一切适当措施。第 28

条包括了以前国际文件所缺乏的新的元素，这就是"确保学校执行纪律的方式符合儿童的人格尊严"的义务。这可以理解为禁止学校实施体罚。第29（1）条主要规定了教育的目的。然而第29（2）条保障"个人和团体建立和指导教育机构的自由"。第32（1）条号召采取措施，缔约国确认儿童有权受到保护，以免受经济剥削和从事任何可能妨碍或影响儿童教育或有害儿童健康或身体、心理、精神、道德或社会发展的工作。

（二）以功利性为基础的受教育权保障理论

以功利性人权为基础的理论动因在于确信权利保障能够实现减少贫困、防止暴力，能产生更有成效的经济增长和社会发展效果。以功利性人权为基础的受教育权保障理论认为：受教育权的保障会导致更好的经济社会发展，更加全面地激发发展行为者各方面的兴趣。这种受教育权保障理论利用人权思想与人权活力，帮助弱势群体与边缘群体，加大政府机构的义务。

教育是社会产品，它能创造机会，给人们提供选择。在这种意义上，教育本身是一个结束。然而，教育也是实现目的的手段，因为教育有助于经济增长、健康、缩减贫困、个人发展与民主。因此，以功利性为基础的受教育权保障理论认为受教育权应当定性为授权性权利。"受教育权为个人提供了控制个人生活过程的能力，特别是控制……政府。"[1] 换句话说，授权性权利的实践能使个人体验其他权利的利益。"维护权利的社会行动的关键……是能够传播权利思想、组织权利保护的受过教育的公民。"[2] 教育使人作为独立和解放的公民为社会做出贡献。一个人受过教育，才可能更好地获取言论自由、结社自由或政治参与权等公民权利与政治权利的实质。因此，教育不仅使民主成为可能，

---

[1]　Donnelly and Howard, Assessing National Human Rights Performance: A Theoretical Framework (1998) 10 HRQ 214, p. 215.

[2]　Donnelly and Howard, Assessing National Human Rights Performance: A Theoretical Framework (1998) 10 HRQ 234-235.

也成为民主的基础。"教育不仅带来了了解公共任务的人口的存在，同样创造了听取他们意见的需要。"① 从这种意义上说，教育是专制统治的威胁。政府通过教育体系建立国家，如通过国家统一语言的推广。但这又常常会不利于少数民族和土著群体的语言和文化。对于这些群体，受教育权是保护与加强他们文化同一性的必要手段。

教育提高了社会流动性：有助于人们摆脱基于社会地位与社会身份的歧视，提升个人的社会阶层；此外，教育能够促进其他社会权利、经济权利与文化权利的实现，如工作权、食物权与健康权。一个受过良好教育的人将会有更好机会找到工作、更好地取得他或她的食物供给、对于公共健康威胁有更加清醒的意识。总体而言，教育促进了适足生活水准权的实现。教育为所有社会成员提供了获得知识与技能的权利和其他机会。从儿童权利角度而言，教育有助于社会化的儿童理解和接受与他们自己不同的观点。

教育开启了其他人权的享有，是促进人权本质实现的重要途径，即人在尊严中生活。受教育权与公民权利存在明显的重叠，如宗教信仰自由和隐私权。"家长决定其子女的教育（宗教）的自由不仅是受教育权的一部分，同时也是宗教信仰自由。"② 受教育权也有属于私生活权利事务的方面。相类似地，教育权通过自由设立私立教育机构与自由集会权相联系。通过与其他权利的联系，受教育权强调所有人权的统一性、不可分割性和相互依存性。因为自由的维度，受教育权与公民权利、政治权利相联系，因此政府有义务不得干预这方面的自由。因为社会的维度，受教育权与经济权利、社会权利与文化权利相互联系，因此要求政府采取行动实现受教育权。

---

① Galbraith, The Good Society: The Humane Agenda（Houghton Mifflin, 1996）.

② 《经济、社会与文化权利国际公约》第 13（3）条："本公约缔约各国承担，尊重父母和（如适用时）法定监护人的下列自由：为他们的孩子选择非公立的但是符合于国家所可能规定或批准的最低教育标准的学校，并保证他们的孩子能按照他们自己的信仰接受宗教和道德教育。"《公民权利与政治权利国际公约》第 18（4）条："本公约缔约各国承担，尊重父母和（如适用时）法定监护人保证他们的孩子能按照他们自己的信仰接受宗教和道德教育的自由。"

二　以权利为基础的教育保障的基本要素

基于权利方式的教育计划在于实施各种国际与国内人权法、人权标准和人权承诺，它建立在权利为基础的理论上。因此，为了在实践上落实教育保障计划，有效实施这些理念与标准，完全有必要探索这些权利标准、以权利为基础的教育保障的形式与内容。

（一）基于权利方式的教育发展计划的形成

不到 20 年以前，人权保障很少置于发展政策背景下进行思考。原因是多方面的：一些经济学家认为人权是政治事务，比较而言，发展问题更多的是发展经济的技术挑战。另一些经济学家认为人权问题无法有效地进行量化，因此很难分解成发展指数。还有一些人赞同这样的观点，尊重公民权利与政治权利首先需要达到相当程度的经济发展。一些人则认为经济权利、社会权利与文化权利的概念与自由市场的运作背道而驰。直到 20世纪 90 年代早期，更为复杂的争论开始了。部分原因是旧的发展方式的失败，另一部分原因是发展过程中的善治、参与、义务与透明不可避免地有了人权维度。1998 年诺尔贝经济学奖获得者阿玛蒂亚·森做出了当前最为突出的论述，他把发展定义为人的能力的扩展与实质性的人的自由，经济的发展就其本性而言是自由的发展。[1]

这种更为广泛的方式把发展解释为不仅是经济增长的产生、商品与服务供给的扩大，而且是人的能力的扩大，最终目的是个人实现什么样的生活。人权与人的发展已逐渐被认为相互联系和相互增强。2000 年的人类发展报告认为，人类发展的基本理念所包含的意思是，普通人的生命与自由是基础，由人权声明得到共同表达。促进人的发展与实现人权享有在许多方面是一致的目标，体现了保护社会所有个人的自由、幸福与尊严的一个基本承诺。[2] 这里的更为广泛的人的发

---

[1]　［印度］阿玛蒂亚·森：《以自由看待发展》，任赜、于真译，中国人民大学出版社 2002年版。

[2]　联合国开发计划署：《2000 年的人类发展报告》，2000 年。

展（扩展自由与能力）概念被采纳为发展规划的最终目标。人权法与人权标准能够提供有用的工具。人权提供了一套国际认可的、具体的义务和权利请求，这些能用于指导发展过程，并且提供了一个可用于取得人的发展的可操作的框架。本质上，人权框架有助于确定权利人、突出对应义务承担者的责任，从而实现和保障权利，最终扩大了个人的自由与能力。因而，受教育权与经济发展紧密联系。

　　联合国在 1986 年的《发展权宣言》首次确定人权与发展的联系。宣言认为发展权：人是发展的主体。因此，人应当成为发展权利的积极参与者和受益者。① 1997 年联合国秘书长安南在他的《共同理解的声明》特别指出："所有合作发展项目、发展政策与技术援助应当促进《世界人权宣言》和其他批准生效的国际人权公约所规定人权的实现。"② "《世界人权宣言》和其他批准生效的国际人权公约所规定的人权标准与人权原理指导所有发展合作与发展计划的各个方面及发展过程的所有阶段。"③ 联合国机构在 2003 年的一次研讨会上设定了以权利为基础发展的一般原则与要素，这也称作以权利为基础发展的共识。共识要点包括：所有合作发展项目、发展政策应当促进《世界人权宣言》和其他批准生效的国际人权公约所规定人权的实现；④ 《世界人权宣言》和其他批准生效的国际人权公约所规定的人权标准引导

---

① 《发展权宣言》第 2（1）条。

② UN Secretary General, Kofi Anan, Reform at the United Nations, http：//www. un. org/reform.

③ Ibid..

④ The Second Interagency Workshop on Implementing a Human Rights Based Approach in the context of UN reform（Stamford, Connecticut, 3 - 5 May 2003）：The Human Rights Based Approach to Development Cooperation：Towards a Common Understanding among UN Agencies（Statement of Common Understanding）http：//www. undp. org/content/dam/aplaws/publication/en/publications/environment-energy/www-ee-library/external-publications/un-the-human-rights-based-approach-to-development-cooperation/UN_ Common_ Understanding_ on_ Human_ Rights-Based_ Approach_ to_ Development_ Cooperation_ and_ Programming. pdf. 最后访问时间：2012 年11 月 20 日.

发展规划的所有部分；发展合作为了义务承担者的能力发展能够满足他们履行义务或者权利持有人的请求。① 因而，以权利为基础的发展为基于权利方式的教育发展计划奠定了理论基础和提供了法理依据。

（二）实现全民初等教育的义务：国际与国内人权标准

国际社会第一次在《世界人权宣言》第 26 条确认了受教育权，认为："人人都有受教育的权利，教育应当免费，至少在初级和基本阶段应如此。初级教育应属义务性质。技术和职业教育应普遍设立。高等教育应根据成绩而对一切人平等开放。"② 初等教育的权利得到了《经济、社会与文化权利国际公约》确认，认为"人人有受教育的权利"③，特别是"初等教育应属义务性质并一律免费"。④ 这一条款在《儿童权利公约》第 28（1）（a）条再次得到重申。《教科文组织反对教育歧视公约》认为：本公约缔约国承诺……制定、发展和实施一种国家政策，通过适当的情况和国家使用的方法，在教育事务中特别是为了实现初等的免费义务教育，应当促进机会平等与平等对待。⑤

国际社会已经采纳了实现普及初等教育的承诺。例如，《联合国千年宣言》导致了千年发展目标的采纳，因而政府同意："确保在2015 年前，使世界各地的儿童，不论男女，都能上完小学全部课程，男女儿童都享有平等的机会，接受所有各级教育。"《达喀尔宣言》同样重申了普遍实现初等教育的国际承诺。

国际法与国内法通过确认提供免费和义务的初等教育实现每一个儿童的基础受教育权利。当然受教育权的性质不受上述条款限定，但

① The Second Interagency Workshop on Implementing a Human Rights Based Approach in the context of UN reform（Stamford, Connecticut, 3–5 May 2003）: The Human Rights Based Approach to Development Cooperation: Towards a Common Understanding among UN Agencies（Statement of Common Understanding）.

② 《世界人权宣言》第 26（1）条。

③ 《经济、社会与文化权利国际公约》第 13（1）条。

④ 《经济、社会与文化权利国际公约》第 13（1）（a）条。

⑤ 《教科文组织反对教育歧视公约》第四条。

确认了基础教育方面的人权因素。人权之间的相互联系、相互依存关系是公认的。例如，非歧视有助于实现受教育权的标准内容。因此，受教育权与其他权利密切联系。

（三）受教育权的标准内容

经济、社会与文化权利委员会在关于受教育权利的一般性意见中把初等教育定义为"家庭之外儿童基础教育的主要输送系统"。提供免费义务教育的政府义务已被广泛解释为不只是学生进入教育机构，因为在实践上的受教育权实施存在其他多方面的内容。经济、社会与文化权利委员会阐明受教育权要求政府实现可得到的、可利用的、可接受的、适应性的初等教育。① 政府有义务尊重、保护与实现受教育权的所有基本要素。

1. 教育的可得到性：提供初等教育设施义务。政府实现教育的可得到性的义务要求政府发展"学校体系包括教室、交付项目、提供教育器材、培训教师与支付教师在国内水准有竞争性的薪水"。② 提供的初等教育的学校设施必须是免费的，经济、社会与文化权利委员会解释为，"初等教育的可得到性是指不得向儿童、父母与监护人收取费用"。③ 一般而言，受教育权要求政府逐步实现《经济、社会与文化权利国际公约》所规定的权利。这就是说，不是要求政府马上具体化实现受教育权，但要求采取措施确保权利的实现。经济、社会与文化权利委员会确认的包含在《经济、社会与文化权利国际公约》的受教育权存在一个最低核心义务，以确保满足各个权利的基本水平。④ 免费的初等义务受教育权利很可能构成受教育权利的最低限度的核心。

2. 教育的可利用性：消除歧视义务。教育的可利用性的义务要求

---

① Committee on Economic Social and Cultural Rights, at pp. 6, 8.

② Ibid..

③ Ibid..

④ Committee on Economic Social and Cultural Rights, General Comment No. 3: The Nature of States Parties Obligations, 14 December 1990 E/1991/23, p. 10.

政府应当确保初等义务教育及于每个人，不得有任何歧视，也就是学校在距离方面的可到达性与经济方面人人都能负担。有关政府的初等受教育权的非歧视义务在多个人权公约中得到体现。《经济、社会与文化权利国际公约》包含了非歧视条款：本公约缔约各国承担保证，本公约所宣布的权利应予普遍行使，而不得有例如种族、肤色、性别、语言、宗教、政治或其他见解、国籍或社会出身、财产、出生或其他身份等任何区分。① 《儿童权利公约》第二条包含了类似条款。② 联合国教科文组织（UNESCO）协定有反对教育歧视规定，禁止教育歧视。此外，其他许多条约规定了禁止教育歧视的具体理由，如性别、族群、外地人等。因此，政府履行教育义务，应当保障每个孩子平等地享有免费义务受教育权利。

3. 教育的可接受性：质量的需要。经济、文化与社会权利委员会认为教育的形式与内容包括课程和教学方法必须是可接受的，文化上是适当的、优质的。适格的教育质量要求政府必须满足学生学习的基本需要，主要内容包括：人能够生存、发展他们全方位的能力；得到生活与工作的尊严；全面参与发展；提高生活质量、做出决定和继续学习所需要的基本的学习技能（如识字、口头表达、计算与问题解决）和基本的学习内容（如知识、技巧、价值和态度）。③ 然而教育的目的在于"教育应鼓励人的个性和尊严的充分发展，加强对人权和基本自由的尊重，并应使所有的人能有效地参与自由社会"。④ 《儿童

---

① 《经济、社会与文化权利国际公约》第 2（2）条。

② 《儿童权利公约》第 2（1）条："缔约国应尊重本公约所载列的权利，并确保其管辖范围内每一儿童均享受此种权利，不因儿童或其父母或法定监护人的种族、肤色、性别、语言、宗教、政治或其他见解、民族、族裔或社会出身、财产、伤残、出生或其他身份而有任何差别。"

③ Committee on Economic Social and Cultural Rights, General Comment No. 13: The Right to Education（Art. 13），8 December 1999, E/C. 12/1999/10, p. 9.

④ 《经济、社会与文化权利国际公约》第 13（1）条。

权利公约》相关条款阐明了教育的目标与目的。① 儿童权利委员会认为从根本上说，"教育必须以孩子为中心、适合儿童、授权儿童"。② 根据《儿童权利公约》第三条，为了儿童的最大利益原则，全面实现可接受的教育义务，政府必须提供一个安全和舒适的学习环境。政府有义务采取所有适当措施确保学校纪律管理方式符合儿童的尊严，并与目前所有人权公约相一致。

4. 教育的适应性：满足学习需要的多样性。经济、社会与文化权利委员会认为：教育应当具有灵活性，适应不断变化的社会需要、满足不同社会和文化背景学生的需要。③ 因此，提供初等教育的义务要求教育设施能够适应不同文化与社会背景。因而，关于受教育权的政府义务不仅仅是修建学校，而且必须确保教育设施具有广泛的适应性，每个孩子对于教育设施的使用能享有实质性的平等。学校具备高品质学习环境，能够满足不同文化与社会背景的所有孩子的学习需要。受教育权具有引导性规范价值，它设定了一个明确的标准：每一个孩子有免费的义务教育；概述了定量和定性的义务教育的基本元素；提供了有效的实施步骤，从而受教育权的义务承担人能够为全民免费义务教育的实施采取措施。

三　以人权原则促进受教育权保障

以人权原则促进受教育权保障是以权利持有人与对应的义务承担

---

① 《儿童权利公约》第 29（1）条：缔约国一致认为教育儿童的目的应是：（A）最充分地发展儿童的个性、才智和身心能力；（B）培养对人权和基本自由以及《联合国宪章》所载各项原则的尊重；（C）培养对儿童的父母、儿童自身的文化认同、语言和价值观、儿童所居住国家的民族价值观、其原籍国以及不同于其本国的文明的尊重；（D）培养儿童本着各国人民、族裔、民族和宗教群体以及原为土著居民的人之间谅解、和平、宽容、男女平等和友好的精神，在自由社会里过有责任感的生活；（E）培养对自然环境的尊重。

② Committee on the Rights of the Child, General Comment No. 1: The Aims of Education, 17 April 2001, CRC/GC/2001/1, para. 2.

③ Committee on Economic Social and Cultural Rights, General Comment No. 13: The Right to Education（Art. 13）, 8 December 1999, E/C. 12/1999/10, p. 6.

者为基本结构，它以权利为基础实现受教育权保障为特征，授权孩子。孩子作为权利持有者，要求从义务主体获得免费的义务教育，受教育权作为法定请求而不能看成援助或福利目标，从而重新定义了受教育权。以人权原则促进受教育权保障的终极效果是授权与确权：鼓励孩子与父母积极要求得到服务；提高自尊、促进自主独立、鼓励参与。

（一）以权利为基础的分析

第一，把初等义务教育定义为权利，成为义务承担者直接的法律与政治义务部分，确保初等义务教育的普遍性，从而每个孩子能及时有效地获得初等义务教育的设施。教育作为经济发展目标，体现了功利性，而不是普遍性。以人权原则促进受教育权保障把教育确认为权利，允许每个权利人向作为义务人的政府提出请求。这样极大促进了基础教育的全国范围的普遍性，确保一代又一代的孩子不为获得基础教育设施而等待。第二，基于权利方式的受教育权保障培养了问责机制。它设置了一个明确的规范标准，从而确立了政府作为义务主体的具体义务。因此，政府对权利人的教育请求有责任采取措施并实施，从而一个明确的请求标准得到建立。对于没有实现的教育请求，公众以此为据，要求相关义务人承担责任。第三，权利持有者与义务承担者模式顺应社会需要，操作方向从下至上，而不是从上至下。也就是说，基于权利方式的受教育权保障在机制方面为缺乏政治力量与资源的边缘或弱势群体提供可以改善他们处境的措施。

（二）专门针对被边缘化的群体

如前所述，以人权原则促进教育保障在于确保国家范围内基础教育的普及，特别是针对不成比例地排除在获得初级教育范围之外的边缘群体。因为以人权原则促进受教育权保障方式的一个特征是非歧视的人权原则，要求对弱势群体的状态给予特别的关注。此外，人权是普遍的保障。为了保障相关权利的普遍实现，以权利为基础的教育保障方式使目前没有享有受教育权的弱势群体成为必然选项。因此，以权利为基础的教育保障方式能够对于弱势群体采取更为集中的干预，具有工具性价值。在教育体系中对弱势群体的特别关注将对教育事业产生积极的作用。

（三）学校适应当地需要的能力

以人权原则促进教育保障作为取得普遍初等义务教育的有效方式植根于具体的社会与文化背景当中。以此为条件，学校实现了正常的运转，从而创造灵活的学习环境成为可能，这也是对社会要求的回应。学校适应当地需要的能力的增强有助于实现更高的入学率和保留率。例如，时间与入学要求的弹性可能吸引父母亲把他们的孩子送到学校。

（四）社区参与和问责制

以人权原则促进受教育权保障要求对教学的数量和质量进行监督。在这种方式下，学校的创立源于权利的要求，鼓励有效的社区参与，这是以权利为基础发展教育的基本要素，要求来自社会的更高程度的参与，从而适应受益者的利益。这种方式的优点在于不仅加强了本地社区所看重的相应的社会与文化学习环境，同时确保了教学的数量和质量。通常而言，父母亲在教学质量与学习环境方面有着强大的个人利益。事实证明，孩子的父母亲与社区其他成员的直接参与产生积极的效果。从而乡村或社区将对初等教育和学校产生兴趣，为教育创造了一个积极的氛围。

以权利为基础发展基础教育的方式在于：人赋予了权利，成为发展的核心内容，而不是福利或发展目标的对象；授权每个人；阐明了他们的需要；促进了义务方政府实现它的义务。政府作为义务承担者，被认为负有明确、规范的义务，政府在限定时间内实现权利持有人的请求。其结果是实现了普遍的免费的初等义务教育。当然，即便如此，受教育权的实现仍然存在挑战，特别是弱势与边缘群体的受教育权的保障。因此，把人权原则与发展计划相结合，有助于克服这些挑战。

第三节　适足生活水准权保障：市场经济与弱势群体及少数人权益

适足生活水准权（the right to an adequate standard of living）作为国际人权法的一项人权最先出现于《世界人权宣言》（UDHR）。[①] 适足生活水准权条款主要受美国总统罗斯福于 1941 年在国会山关于四大自由演说的启示。[②] 罗斯福总统在演说中指出人的四大基本自由：言论自由、信仰自由、免于匮乏的自由和免于恐惧的自由。《世界人权宣言》序言指出："而一个人人享有言论和信仰自由并免于恐惧和匮乏的世界的来临，已被宣布为普通人民的最高愿望。"序言体现了四大基本自由的精神。《世界人权宣言》（UDHR）的第一条很好地阐释了第二十五条所包含的"适足生活水准权"。[③] 也就是说，适足的生活水准是维护人的尊严的需要。人权基于一个设想：人不仅是理性的人，而且有社会同情心，关心同类的尊严。这种理性与良心通过国家适当的人权措施，如提供涵盖全国范围的社会公共产品，从而转变成现实。这样，适足生活水准权与《宣言》第二十二条及宣言精神三位一体，相互联系。[④] 适足生活水准权的组成部分，如食物权、住房权

---

① 《世界人权宣言》第二十五条第一款："人人有权享受为维持他本人和家属的健康和福利所需的生活水准，包括食物、衣着、住房、医疗和必要的社会服务；在遭到失业、疾病、残废、守寡、衰老或在其他不能控制的情况下丧失谋生能力时，有权享受保障。"

② On the origin of Roosevelt's concern with freedom from want, see Mcgovern, The Third Freedom: Ending Hunger in Our Time (Simon & Schuster, 2001).

③ 《世界人权宣言》第一条：人人生而自由，在尊严和权利上一律平等。他们赋有理性和良心，并应以兄弟关系的精神相对待。

④ 《世界人权宣言》第二十二条：每个人、作为社会的一员，有权享受社会保障，并有权享受他的个人尊严和人格的自由发展所必需的经济、社会和文化方面各种权利的实现，这种实现是通过国家努力和国际合作并依照各国的组织和资源情况。

与健康权是民生的基本内容。因此，适足生活水准权的保障与实现对于解决目前的民生问题①有重要意义。

一 适足生活水准权内涵、特征与实现原则

《世界人权宣言》（UDHR）第二十五条、《经济、社会和文化权利国际公约》第十一条、《儿童权利公约》第二十七条以及相关国际公约条款是"适足生活水准权"的主要法律来源。《世界人权宣言》（UDHR）第二十五条所指的生活水准，包括"食物、衣着、住房、医疗和必要的社会服务"。根据《经济、社会和文化权利国际公约》第十一条，"适足生活水准权"是指"足够的食物、衣着和住房，并能不断改进生活条件"。②《儿童权利公约》第二十七条所指的"适足生活水准权"包括"营养、衣着和住房方面"。③ 尽管适足生活水准权所包含的具体权利形态在国际法律文件中没有比较明确的界定，但是得到国际社会普遍认可的权利形态至少主要包括食物权、住房权、健康权、照顾权等。④

---

① 时任中国政府总理温家宝于 2010 年 2 月 4 日在省部级主要领导干部专题研讨班上发表《关于发展社会事业和改善民生的几个问题》的讲话。这是"中国式的权利话语模式"。"民生"在内容上包括了教育、劳动就业、社会保险、社会救助、医疗卫生、社会分配、食品与住房保障等方面，基本与《经济、社会和文化权利国际公约》所包括的经济、社会和文化权利的具体权利形态相对应。

② 《经济、社会文化权利国际公约》第十一条（一）：一、本公约缔约各国承认人人有权为他自己和家庭获得相当的生活水准，包括足够的食物、衣着和住房，并能不断改进生活条件。各缔约国将采取适当的步骤保证实现这一权利，并承认为此而实行基于自愿同意的国际合作的重要性。

③ 《儿童权利公约》第二十七条（3）：缔约国按照本国条件并在其能力范围内，应采取适当措施帮助父母或其他负责照顾儿童的人实现此项权利，并在需要时提供物质援助和支助方案，特别是在营养、衣着和住房方面。

④ ［挪］A. 艾德：《包括食物权在内的适当生活水准权》，载［挪］A. 艾德、［芬］C. 克罗斯、［比］A. 罗萨斯编《经济、社会和文化的权利》，黄列译，中国社会科学出版社 2003 年版，第 153 页。转引自郑智航《适当生活水准权"适当标准"的确定》，《公法研究》2010 年第 0 期。

　　人的基本生存包括食物、衣服、住房与健康这类需要，适足生活水准的要求就是不能再低于这些需要。确切地说，这些需要的量与标准难于用一般性的术语准确说明，主要依靠所生活的社会条件与状况。适足生活水准的基本点是每个人都能体面地、全面地参与人际交往、社会交流，不会自惭形秽或存在其他不合理的阻碍。换言之，就是每个人应当在维护人性尊严的条件下能享有他们的基本需要，没有人通过以降低或剥夺基本自由与尊严作为满足生存的唯一途径，如通过乞讨、卖淫或抵债性劳动获取生存。用经济学术语说，适足生活水准是指社会贫困线以上的生活标准。根据世界银行，适足生活水准包含两方面的内容：一是用于购置最低标准的营养品和其他基本生活品的必要开支，这部分在不同国家有增减；二是参加正常社会日常生活的费用。① 适足生活水准权的实现在整体上遵从以下原则与要求。

　　（一）辅助性原则

　　适足生活水准权的实现需要成年人努力满足自身生活要求，照顾被抚养人，同时国家采取措施确保人人享有该权利三者相结合。也就是说，与个人责任相比较，国家的责任是辅助性的。只有当个人无能力或无条件满足自身生活需要、照顾被抚养人、实现适足生活，国家责任才能产生。同样，国际社会的责任也是辅助性的。国际社会在国际人权法框架内鼓励各国政府实现他们的义务，援助资源匮乏国家实现义务。

　　因此，个人应当通过自身努力、利用自有资源，寻求更多方式满足自身需求。然而，对于自有资源利用的前提是，个人有能够使用的资源，如土地、其他资本或劳力。例如，对于食品和住房的占有的实现依靠：（1）私人能拥有财产或占有其他资源的权利，如土地所有权或资本所有权；（2）工作收入，不管是自主就业还是被雇用；（3）社会安全与稳定环境。对于大部分儿童，他们的生活水平依赖于他们的父母亲。妇女也可能依靠她们的家庭或丈夫，尽管妇女的经济自主性得到了极大的提高。

---

① Word Bank, World Development Report 1990（OUT, 1990）26.

综上所述，适足生活水准权的辅助性原则表明：（1）适足生活水准权的主体是社会贫困线以下成员或个人无能力、无条件满足自身基本生活标准要求成员，包括贫困人口、在押人员或国家完全控制人员、强制进行精神病治疗人员、收容所的难民、军事服务的军人、受政府安排从战争或灾区撤出或重新安置人员等；（2）适足生活水准权的实现与财产权、工作权、自由、社会安全等息息相关。

值得注意的是：将社会保障制度的建立与完善视同"适足生活水准权"的实现，是不准确的。社会保障法的调整对象、内容、责权关系与适足生活水准权的主体、内容与实现方式是不同的。农民工并不必然成为适足生活水准权的主体。① 同时，经济发展不是适足生活水准权实现的前提条件。② 可见，明确"适足生活水准权的主体"对于该权利的实现与救济及相关研究具有重要意义。

（二）国家义务

从权利保护的角度分析，任何权利的实现离不开国家的义务。如前所述，国家在适足生活水准权实现过程中承担辅助性责任。国家的辅助责任因为权利主体的能力水平、国家所能运用的资源及生活水准权的不同权利形态而变化。举例说明：国家义务的实现程度取决于相关权利人的不同能力水平。大部分国家认为在住房权、食物权与健康权的实现过程中国家所扮演的角色是不同的。此外，从经济角度看，住房与食品被认为是个人物品，而医疗健康被认为是公共产品，因而国家对健康权保护承担主要义务。然而，尽管存在这些不同，从国际

---

① 不同理解，参见蔡高强《论农民工的适当生活水准与社会保障制度的完善》，《学术探索》2005 年第 6 期；张军莲、龚志民、李时华《论农民工的适当生活水准权——以完善我国社会保障制度为视角》，《前沿》2006 年第 3 期。

② 不同理解，参见刘海年《适当生活水准权与社会经济发展》，《法学研究》1998 年第 2 期。本书认为：适足生活水准权的权利主体是特殊人员，所关注的对象是少数人。生活水准与贫困线都是相对的，是比较的结果。即使是欧、美发达国家，仍然存在适足生活水准权的权利主体。因此，本书认为适足生活水准权的实现与计划生育或科技等无直接关系，因为适足生活水平权所言的生活水准与一个国家的生活水平是两个不同概念。

人权法角度看，国家仍然对所有权利承担义务，即使义务的内容随不同权利形态而变化。[①]

适足生活水准权的国家第一层次义务是国家的尊重义务。国家应当尊重个人行动自由、利用资源自由、社会交流自由。国家的尊重义务是国家的消极义务，意思是指国家不得限制法律范围内权利人的基本权利的享有。适足生活水准权的权利人因而获得了免于国家限制他们法律范围内权利享有。国家义务的产生本源是人权，适足生活水准权作为一项人权，有大量的国际公约、国际法与国内法作为法律依据。因此，适当生活水准权的权利人自动获得国家对其权利的尊重。

适足生活水准权的国家第二层次义务是国家的保护义务。国家保护义务是指国家有保障权利人的权利免于被侵害的义务。这意味国家需要前摄性或后援性地确保其司法管辖范围内的权利人免于第三方的侵害。与此同时，国家有创造权利人享有权利条件的义务。国家的保护义务在食品、住房与水方面的作用尤显重要。国家应当提供保护，为防止或制止商业欺诈、商业非道德行为、不安全产品、废水废气的排放等采取具体措施。

适足生活水准权的国家第三层次义务是国家的实现义务。国家实现义务理解为国家有义务采取行动从而使权利得到充分实现。国家实现义务主要通过以下几个方式：立法、机构与政策相关层面；行政、制度与程序相关层面；狭义上的具体利益层面。适足生活水准权的国家实现义务主要体现于：国家应当进行相应立法，在机构、政策、行政与制度方面确保适足生活水准权的实现；国家应当提供条件方便权利人利用资源，满足权利人生活；国家提供具体物质利益，如钱、食品、物与服务。上述方式是实现适足生活水准权的重要途径。

（三）平等与非歧视

平等与非歧视既是原则又是权利。国家有义务确保所有人平等与

---

① Eide, "State Obligations Revisited" in Barth Eide and Karacht (eds.), Food and Human Rights in Development, Vol. I (Intersentia, 2007), p. 137.

非歧视享有人权，包括经济权利、社会权利与文化权利，当然也包括适足生活水准权。联合国宪章第一条第三款，联合国的宗旨是促进所有人的权利没有差别地得到平等保护。《经济、社会和文化权利国际公约》（ICESCR）第二条第二款：本公约缔约各国承担保证，本公约所宣布的权利应予普遍行使，而不得有例如种族、肤色、性别、语言、宗教、政治或其他见解、国籍或社会出身、财产、出生或其他身份等任何区分。第三条：本公约缔约国承担保证男子和妇女在本公约所载一切经济权利、社会权利及文化权利方面有平等的权利。同时，平等与非歧视在以下公约条款中得到体现：《世界人权宣言》（UDHR）第一条、第二条第一款、第七条；《公民权利和政治权利国际公约》（ICCPR）第二条、第三条与第二十六条。此外涉及多个特别的关于各种反歧视的人权条约：《消除一切形式种族歧视国际公约》（ICERD）；《消除对残疾人歧视国际公约》（CRPD）；《消除对妇女一切形式歧视公约》（CEDAW）；《儿童权利公约》（CRC）；《外来务工及家庭成员权利保护公约》（ICRMW）。上述公约条款包含了平等与非歧视条款。

此外，平等与非歧视得到了世界主要地区性人权公约的确认和保护：《非洲人权与民族权利宪章》（ACHPR）的第二条、第三条、第十八条第三款与第四款、第二十八条；《美洲人权公约》（ACHR）第一条与第二十四条；《阿拉伯人权宪章》第二条、第九条和第三十五条；《欧洲人权与基本自由保护公约》（ECHR）第十四条与第十二条；《欧盟基本权利宪章》第二十条、第二十一条第一款与第二十三条。除此之外，一些专门性区域公约，如非洲人权与民族权利宪章关于妇女权利保护，美洲各国关于消除对残疾人歧视公约等，为反歧视提供了依据。

经济、社会和文化权利委员会详细说明了国家在平等与非歧视方面所承担的义务，从而为确保适足生活水准权的实现提供了法理支持。同时，委员会在一般性意见中详细阐述了相关公约权利包括住房权①、食物权②、健康权③与水权④的平等与非歧视定义。

二　适足生活水准权的内容、标准与保障

适足生活水准是指每个人都能体面地、全面地参与人际交往与社会交流，维护人性尊严的最低需要。因而，适足生活水准权的核心内容应当包括食物权、住房权与健康权。适足生活水准权在国际公约与国际文件中出现的英语表达为：the right to an adequate standard of living。这里的"adequate"的中文意思应当包含两层：充足；适当，所以适足生活水准权的每一个权利包括食物权、住房权与健康权都应当以"充足且适当"作为评价标准。经济、社会和文化权利委员会认为，"实用、可负担、便利与文化适应"（availability, affordability, accessibility, and cultural adequate）应当成为适足住房权评价标准。"有效、可得到与可接受"（availability, acceptability, and accessibility）应当成为适足食物权评价标准。⑤尽管对于什么是"充足"或称之为"适当生活水准权'适当标准'的确定"，⑥存在不同阐述。下列标准是实现适足生活水准权，任何需要提供充足物品与服务的核心指标：有效、真实与可接受。

有效：主要体现在数量与质量两个方面。显然，如果食物、居所、药品与医疗服务的数量与质量不能有效满足需要，适足生活水准

---

① CESCR, General Comment 4, HRI/GEN/1/Rev. 9（Vol. Ⅰ）11；General Comment 7, HRI/GEN/1/Rev. 9（Vol. Ⅰ）38.

② General Comment 12, HRI/GEN/1/Rev. 9（Vol. Ⅰ）55.

③ General Comment 14, HRI/GEN/1/Rev. 9（Vol. Ⅰ）78.

④ General Comment 15, HRI/GEN/1/Rev. 9（Vol. Ⅰ）97.

⑤ In its General Comment No 4, the following factors as elements of adequacy in the context of the right to adequate housing："availability", "affordability", "accessibility", and "cultural adequate". In its general comment No 12, the Committee identified relevant elements of the right to adequate food as "availability", "acceptability", and "accessibility".

⑥ 郑智航：《适当生活水准权"适当标准"的确定》，《公法研究》2010年第0期。

权包括食物权、住房权与健康权就不能实现。

真实：即使食物、居所、药品与医疗服务在数量与质量方面能有效满足实现适足生活水准权的需要，但并不意味着权利人能够得到。真实有着多个不同的维度，包括地理位置上的便利，相关物品与服务的开支在经济上的成本等，不是法律上肯定而事实上又被否定。

可接受：相关物品与服务在文化上可以接受。例如，应当尊重权利人的信仰与传统，尊重不同族群、社团、种族与性别差异。

（一）食物权

有关食物权的主要国际公约与条款：《世界人权宣言》（UDHR）第二十五条；《经济、社会和文化权利国际公约》（ICESCR）第十一条；《儿童权利公约》（CRC）第二十四条第二款与第二十七条；《消除对残疾人歧视国际公约》（CRPD）第二十八条；《阿拉伯人权宪章》（ArCHR）第三十八条；《美洲人权公约》（ACHR）第十二条；《1949年8月12日关于战时保护平民之日内瓦公约》第五十五条；《1949年8月12日关于战俘待遇之日内瓦公约》第五十一条；《1949年8月12日日内瓦四公约关于保护非国际性武装冲突受难者的附加议定书（第二议定书）》第五条（二）款、第十四条和第十八条。《1949年8月12日改善战地武装部队伤者病者境遇之日内瓦公约》第三十二条等。

1. 食物权的内容

根据《经济、社会和文化权利国际公约》（ICESCR）第十一条第一款，缔约各国承认人人有权为他自己和家庭获得相当的生活水准的权利。第二款进一步确认人人免于饥饿的基本权利。同时，经济、社会和文化委员会与人权委员会在一般性意见中明确认为人人有获得充足饮水供应的权利。①

条款文本相当简练，具有一定的模糊性。同时，国际社会也少有现成的食物权实现标准。但经济、社会和文化权利委员会确立了两个

---

① CtteeESCR, General Comment No. 15（2002），p. 3；CHR, resolution 2001/25, p. 9.

基本要求作为食物权的评论标准。（1）食物的有效性，在数量与质量方面能满足权利人的日常需要，不得提供不良食物与服务，具有文化上的可接受性。（2）食物的真实可靠性。食物供给是连续持久的，不会妨碍其他人权的享有。

当上述两方面的评价标准同时达到时，即可认为食物权得到完全实现。也就是说国家没有被要求无限度地提供食物。依据上述两个标准确定的食物权的实现，国家有着不同层次的义务。

2. 食物权的国家尊重义务

食物权的国家尊重义务是：（1）尊重个人获取食物的权利与获得食物的机会；（2）禁止破坏食物供给设施，下列是一些禁止的具体行为：在用于食物生产或制造区域安置危险物品，如地雷；实施目的是使人不能得到食物的禁令；以破坏食物来源方式驱逐本地民众；① 征用食品或粮食没有或补偿不合理；征用或没收用于生产必需食物的农场；不尊重当地居民的土地权，导致当地居民失去获取食物的传统来源，如种养、打猎、渔业与采集等；用饥饿作为武器。② 禁止破坏食物与设施特别是在武装冲突或占领时期。③ 这些行为违反了《经济、社会和文化权利国际公约》（ICESCR）第十一条。

3. 食物权的国家保护义务

国家保护义务对于食物权保障具有关键性的作用。经济、社会和文化权利委员会在一般性意见书中强调，如果国家不采取立法或有效措施保护人们免于第三方针对获取食物的攻击，将违反人权法。④ 基本原理是国家有保护义务。举例说明：当食品短缺时应当采取措施防止随后可能出现的食品供应价格上涨，避免贫困人口不能自我满足适

① ACmHPR, Social and Economic Rights Action Centre and the Centre for Economic and Social Rights V Nigeria, Communication No. 155/96（2001），papas64ff.

② Rome Statute, Art 8（2）（b）（xxv）；API, Art 54（1）；and ApⅡ, Art 14.

③ API, Art 54（2）；and ApⅡ, Art 14.

④ CtteeESCR, General Comment No. 12（1999），p. 19.

当需要；视察私人护理院、退休家庭与孤儿院里的病人或儿童是否得到适当护理；采取措施防止第三方针对食品供给的破坏；食品匮乏时期确保男女平等获取食物。

4. 食物权的国家实现义务

食物权的国家实现义务的核心内容是政府应急性行动，包括实现免于饥饿的自由。[①] 因此，国家在发生饥荒或人道灾难时有供给饥饿人口食物的义务。当本国不能有效解决，应当向国际社会寻求援助。[②] 食物权的国家实现义务在国际人道法、有关生命权的案例法、禁止非人道待遇与拘留期间获取适当条件的权利等中进一步得到体现。例如在灾难、武装冲突期间，或由于国家原因导致当地居民失去获取食物的传统来源情况下，国家承担食品权的实现义务。此外，国家有义务采取措施提高食品制造。[③] 此类国家义务的作用在于通过市场调节保障国家司法范围内所有人的充足食物供应，增强私人积极性，为长远的食品安全打下基础。

（二）住房权

有关住房权的国际公约与条款：《世界人权宣言》（UDHR）第二十五条；《经济、社会和文化权利国际公约》（ICESCR）第十一条；《公民权利和政治权利国际公约》（ICCPR）第十七条；《儿童权利公约》（CRC）第二十七条第三款；《消除对残疾人歧视国际公约》（CRPD）第二十八条；《消除对妇女一切形式歧视公约》（CEDAW）第十四条第二款；《消除一切形式种族歧视国际公约》（ICERD）第五条；《外来务工及家庭成员权利保护公约》（ICRMW）第四十三条；

---

① CtteeESCR, General Comment No. 12 (1999), p. 17.

② 《经济、社会和文化权利国际公约》第二条（一）：每一缔约国家承担尽最大能力个别采取步骤或经由国际援助和合作，特别是经济和技术方面的援助和合作，采取步骤，以便用一切适当方法，尤其包括用立法方法，逐渐达到本公约中所承认的权利的充分实现。

③ 《经济、社会和文化权利国际公约》第十一条（二）（甲）：用充分利用科技知识、传播营养原则的知识和发展或改革土地制度以使天然资源得到最有效的开发和利用等方法，改进粮食的生产、保存及分配方法。

《美洲人权公约》（ACHR）第十一条；《阿拉伯人权宪章》（ArCHR）第三十八条；《欧洲人权与基本自由保护公约》（ECHR）第八条；《1949年8月12日关于战时保护平民之日内瓦公约》（GCⅣ）第十四条；《1949年8月12日改善战地武装部队伤者病者境遇之日内瓦公约》（GCⅡ）第三十二条等。

1. 住房权的内容

根据《经济、社会和文化权利国际公约》（ICESCR）第十一条第一款，缔约各国承认人人享有适足住房权的权利。经济、社会和文化权利委员会第四号一般性意见，适足住房权的实现应当满足以下几个标准：①（1）住房的有效性，体现在量与质两个方面。住房能给居住者充足的空间，保护居住者免于寒冷、潮湿、炎热及其他危害，确保居住者身体安全。装备能源、供水与基本卫生设施，在法律上提供安全保护制度与措施，确保居住者抵御驱逐、骚扰及其他威胁，文化上具有可接受性。（2）住房的真实可靠性。住房对每个弱势成员，平等无歧视。同时，住房权的享有不以其他权利受损为条件。

2. 住房权的国家尊重义务

在人权审议报告中，经济、社会和文化权利委员会特别呼吁采取行动反对政府扩大化的非法与暴力驱逐。②《公民权利和政治权利国际公约》（ICCPR）第十七条、《美洲人权公约》（ACHR）第十一条、《阿拉伯人权宪章》（ArCHR）第二十一条与《欧洲人权与基本自由保护公约》（ECHR）第八条虽然没有直接的住房权条款，但要求相关方尊重个人家庭与住宅的权利，从而成为住房权的组成部分。因此，上述条款相对地为住房权提供了保护，禁止国家任意干扰家庭与住宅，如

① 经济、社会和文化权利委员会第六届会议（1991年）。载 E/1992/23 号文件。汇编于联合国文献 HRI \ \ GEN \ \ 1 \ \ Rev. 7（2004）。

② CtteeESCR, General Comment No. 17 (1997), and the report of the Special Rapporteur on adequate housing of 8 March 2004, UN Doc E/CN. 4/2004/48.

非法搜查住宅、非法电子监控行为，同时禁止暴力驱逐。① 上述权利同样要求国家为抵御有害或厌烦物质侵害住宅，如气体或噪声污染，提供保护。国际人道法有相关条款，目的是保护住宅，禁止对私人财产的破坏与掠夺，禁止对民用住宅的攻击。②

3. 住房权的国家保护义务

住房权的国家保护义务主要在于立法，要求采用法律方式确保居所拥有者或使用者能够抵御个人的任意驱逐。住宅应当满足一定程度的质量标准，居所占用者不受第三方侵害。实现这些目的在于立法进步，在于法律救济条款能够在抵御非法驱逐、第三方骚扰，归因于第三方原因引起权利受损时真正起到作用。③

4. 住房权的国家实现义务

住房权的国家实现义务要求国家采取措施，主要是立法或其他方式。措施包括私人住房的管理与促进、弱势群体的住房补贴及为流浪者提供居所等。④ 上述所有的措施应当总体规划分步推进，确保住房权的全部实现。此外，住房权包含了国家的最低核心义务，在理论上要求直接实现，包括为生活困难人员，为自然灾难、武装冲突受害者，无家可归者或其他必要人员，提供临时性住房。所提供住房应当符合住房权的内容要求，能够抵御自然环境及其他方面的危害。即时性的国家实现义务会因国家行为导致个人的住房权受损而产生。例如，因为政府征收个人财产或因为发展计划而变更权利人住所，国家应当重新安置或全额补偿。

（三）健康权

有关健康权的国际公约与条款：《世界人权宣言》（UDHR）第二

---

① ECtHR, Camenzind v Switzerland, Reports 1997-Ⅷ, paras 32 ff.

② GCIV, Art 33 and AP Ⅱ, Art 4（2）（g）, and GCIV Art 53; AP Ⅰ Art 52.

③ CtteeESCR, General Comment No 4（1991）, p. 17.

④ European Roma Rights Center v Greece, Complain No 15/2003（2004）, and European Roma Rights Center v Italy, Complaint No 27/2004（2005）.

十五条；《经济、社会和文化权利国际公约》（ICESCR）第十二条与第七条（二）；《消除一切形式种族歧视国际公约》（ICERD）第五条第五款之四；《消除对妇女一切形式歧视公约》（CEDAW）第十二条；《儿童权利公约》（CRC）第二十四条；《消除对残疾人歧视国际公约》（CRPD）第二十五条；世界卫生组织宪章序言（WHO）；《美洲人权公约附加议定书》（P1/ACHR）第十条；《美洲消除对残疾人歧视国际公约》（IACDAPD）；《阿拉伯人权宪章》（ArCHR）第三十九条；《1949 年 8 月 12 日关于战时保护平民之日内瓦公约》（GC Ⅳ）；《1949 年 8 月 12 日改善战地武装部队伤者病者境遇之日内瓦公约》（GC Ⅱ）第三十二条。《1949 年 8 月 12 日日内瓦四公约关于保护国际性武装冲突受难者的附加议定书（第一议定书）》；《1949 年 8 月 12 日日内瓦四公约关于保护非国际性武装冲突受难者的附加议定书（第二议定书）》等。

1. 健康权的总体思考

《经济、社会和文化权利国际公约》（ICESCR）第十二条包含了许多例外特征。对于健康权来说，没有哪一个国家能保证本国每一个公民身体健康。条款的核心价值在于维护权利人更好更理想的生活状况的权利，面对疾病能够得到充足医疗的权利。因此，国家有义务在整个司法管辖范围内通过致力于创造最高标准的居住条件与服务为每个人增补健康保健。健康权与其他人权存在相当广泛的联系，有着不可分割且相互依赖的关系。主要体现在三个方面：一方面，违反其他人权会影响到健康权，如食物权、住房权、禁止酷刑与拘留期间权利受损，可能对健康权产生极大影响；[①] 另一方面，未经许可的检查或医疗与拒绝给予检查或医疗都可能影响其他人权，如隐私权；此外，身体衰弱、精神疾病、残疾、患有传染性疾病往往会为歧视的产生提供土壤。

---

① ICESCR, Art 11 and Art 12.

2. 健康权的内容

由于健康权所涉及相关权利的复杂性，健康权的内容在很多方面仍然存在不确定性。根据经济、社会和文化权利委员会意见，适足健康权的实现应当满足以下标准：（1）有效性，公共卫生设施在数量与质量方面是充足的。例如，普通医院、精神病医院、健康中心与康复场所应当有足够的人员与设施匹配，能够满足可接受的、预防性的、治疗性的与缓解性的治疗要求。同时，诸如药品及其他项目也应当充足有效。（2）真实且非歧视。在一个国家的全部领土范围内，所有设施与服务及健康相关信息对所有应当照顾的弱势群体成员都是真实的，且无歧视。①

3. 健康权的国家尊重义务

国家的尊重义务用概括的方式归类如下：（1）根据《经济、社会和文化权利国际公约》《公民权利和政治权利国际公约》及地区性人权保护公约，② 禁止国家强制性诊断与治疗行为。但禁止也不是绝对的，如果涉及《经济、社会和文化权利国际公约》第四条规定之限制条款，没有得到个人同意的强制性治疗仍然可以进行。这类强制治疗是为了实现法定目的，并由法律规定，且被证明是适当的。例如，在高传染疾病案例中，为了保护第三方的健康等。（2）国家机关与国家机构阻挠或否定权利人就诊与治疗，违反国家的尊重义务。根据经济、社会和文化权利委员会，下列国家行为违反了尊重义务：通过直接或间接的怀孕信息审查制度否定权利人使用避孕用品；禁止传统的治疗方法与实践；限制特定群体人员，如妇女、没有合法身份的外国人，使用医疗设施。③ 此外，根据《公民权利和政治权利国际公约》第六条，人权委员会认为否定权利人去国外接受疗治，导致人员死

---

① Purobit and Moore v The Gambia, Communication No 241/2001 （2003）, paras 33 ff.

② ICCPR, Art 17and ECHR, Art 8.

③ CtteeESCR, General Comment No 14 （2000）, p. 34.

亡，国家违反了尊重义务。① （3）《经济、社会和文化权利国际公约》（ICESCR）第十二条禁止国家有危害健康的污染环境行为，如国有企业污染、武器试验释放有害物质等。② （4）武装冲突与国际人道法框架内的占领，国家不得攻击医疗设施与医护人员。③ 国家不得征用医疗设施与平民医院④，阻止救生通道⑤与医药运输⑥。

4. 健康权的国家保护义务

为了实现国家的保护义务，国家主要通过采取法律行动预防或制止第三方对健康权的侵害。国家相关方应当采取适当的保护性措施防止第三方行为的损害，如私人事务排放严重危害人体健康的有害气体。以人权保护为导向的立法应当包括如下：（1）不得歧视使用私人保健设施；（2）消除私下对病人与残疾人的歧视；（3）阻止传统的不良卫生实践与生活方式，如损害妇女身体健康的产前与产后护理；（4）通过建立基本管理制度保障私人工作场所的健康工作条件；（5）尽可能消除由家庭或个体事务所引起的有害健康的对环境的危害。

5. 健康权的国家实现义务

对于包括健康权在内的社会权，国家有义务在国内法涵盖最低需要，也即最低核心义务。⑦ 换言之，就是国家必须确保健康保障的最低标准。经济、社会和文化权利委员会认为除非缔约成员国能证明最大能力地利用资源，采取一切适当方法包括利用国际援助，仍然不能

---

① HRCttee, Mulezi v Democratic Republic of the Congo, Communication No 962/2001 (2004), paras 5. 4.

② Economic and Social and Cultural Rights Action Centre and the Center for Economic and Social Rights v Nigeria, Communication No/ 155/96 (2001), p. 50ff.

③ GCⅣ, Art 18; AP Ⅰ, Art 12, AP Ⅱ, Art 9.

④ GCⅣ, Art 55 (2) and 57; AP Ⅰ, Art 14.

⑤ GCⅣ, Art 23; AP Ⅰ, Art 70.

⑥ GCⅣ, Art 17 and Art 21-31; AP Ⅱ, Art 11.

⑦ 《公约》的最低核心义务，指一国不论处于何种发展状态，不论资源多寡而必须立即采取的某些措施。黄金荣主编：《〈经济、社会、文化权利国院公约〉国内实施读本》，北京大学出版社 2011 年版，第 109 页。

达到最低核心义务要求，否则就违反了《经济、社会和文化权国际公约》第十二条。也只有这种情况，才认为最低核心义务没有实现。健康权的最低核心义务包括，举例说明如下：确保维护基本健康设施的持有，包括对弱势群体成员提供有效可靠的必需药品、适足的能防止健康恶化的食品、水与住房；对所有妇女产前与产后的关怀；针对危险的传染性疾病的接种疫苗计划；阻止传染性与地方性疾病的措施；健康教育措施；对医护人员必要的公益培训等。超过或超出最低核心义务的举措被认为是进步的，当然依赖于国家的有效资源。①

三　适足生活水准权保障与其他相关人权

适足生活水准权与其他人权联系紧密。最为明显的是，适足生活水准权依赖于其他经济权利与社会权利的实现，如社会安全权。经济权利对适足生活水准权实现产生重要作用的是财产权与工作权。经济权利具有双重功能，最具有说服力的是财产权。财产权是权利的基础，是适足生活水准权的物质保障，同时，财产权又是独立与自由的基础。相类似的，工作权既是自由的基础，又是适足生活水准权的基础。

适足生活水准权与文化权利也是相联系的。《世界人权宣言》（UDHR）第二十七条与《经济、社会和文化权利国际公约》（ICESCR）第十五条，主要内容包括如下：参加文化生活的权利；享受科学进步及其应用所产生的利益的权利；对其本人的任何科学、文学或艺术作品所产生的精神上和物质上的利益并享受被保护利益的权利。这些权利与适足生活水准权相互交叉、相互联系。例如，享受科学进步及其应用所产生的利益的权利是申请获取经济承受范围内新的药品的基础，而这恰恰又可能成为治疗疾病的关键，如艾滋病（HIV）治疗等。同时，适足生活水准权又有可能与其他人权存在竞合关系。适足生活水准权的保障与以下人权相关。

---

① CtteeESCR，General Comment No. 14（2000），pp. 43-45.

（一）社会保障与社会救助

当个人自身不能获取适足生活水准，特别是他们因为失业、年老、残疾等原因丧失工作，又没有必要财产情况下，社会保障权成为基本的必不可少的权利。《世界人权宣言》（UDHR）序言精神与《宣言》第二十二条体现了社会保障是每个人获取适足生活水准的核心保证之一。

适足生活水准的一般性保障得到《世界人权宣言》（UDHR）第二十五条确认："人人有权享受为维持他本人和家属的健康和福利所需的生活水准，包括食物、衣着、住房、医疗和必要的社会服务；在遭到失业、疾病、残废、守寡、衰老或在其他不能控制的情况下丧失谋生能力时，有权享受保障。"《世界人权宣言》第二十二条更进一步，包含了社会保障权的专门条款。该条款认为，"每个人作为社会的一员，有权享受社会保障，并有权享受他的个人尊严和人格的自由发展所必需的经济、社会和文化方面各种权利的实现，这种实现是通过国家努力和国际合作并依照各国的组织和资源情况"。《经济、社会和文化权利国际公约》（ICESCR）第九条规定："本公约缔约各国承认人人有权享受社会保障，包括社会保险。"第十条指明了社会保障的范围包括家庭、母亲与儿童和少年。《消除对妇女一切形式歧视公约》（CEDAW）包含了妇女相关社会保障的广泛内容，包括妇女特别是在退休、失业、疾病、残废和老年或在其他丧失工作能力的情况下社会保障权。第十一条第五款包含了妇女享有带薪度假的权利。第十三条第一款包含领取家属津贴的权利。第十四条第二款之三包含妇女从社会保障方案直接受益的权利。《儿童权利公约》（CRC）规定了儿童从社会保障受益的权利。这些规定可见《儿童权利公约》第二十六条。社会保障的权利得到其他地区性人权公约确认。

社会保障必须与社会救助、社会慈善相区别。社会慈善所涉及的既不是个人权利，同时也不对国家产生义务，因此社会慈善不是人权问题。社会救助具有任意性与自由决定性，因而社会救助不是个人权利，也不产生国家义务。但在一些国家受到充分的法律调节，在实践上与人权法的要求相一致。

经济、社会和文化权利委员会表达了对社会保障的最低标准的关注。目前大约 80% 的全球人口缺乏恰当的社会保障, 20% 的人口生活极端贫困。委员会强调不实行社会保障或缺乏恰当的社会保障已经损害了《经济、社会和文化权利国际公约》权利的实现。① 当然也会损害适足生活水准权的实现。

（二）公民权利与政治权利

1. 公民权利和政治权利与适足生活水准权的关系

我们知道, 酷刑与虐待不仅违反了核心的公民权利, 而且违反了健康权。健康权或免于受饥饿权的严重损害又会导致违反生命权, 反过来又违反了公民权。同时, 不同内容的权利可能会存在冲突。例如, 在国际人权法范围内国家有义务采取措施保护健康权, 但这些措施必须与传染病携带者的身体完整权、隐私权与自由权相协调。在这些特别的例子中, 最大限度地保护公众健康的同时应当与个人利益相平衡。欧洲人权委员会认为运用强制隔离个人方式防止艾滋病（HIV）传播是最后的选择。也就是说, 还有其他强制性相对弱的保护公众利益的措施没有充分使用。② 因此, 公民权利和政治权利与适足生活水准权相互联系: 存在一荣俱荣、一损多损或损益冲突的权利交互现象。

2. 以公民权利与政治权利为视角分析适足生活水准权的实现

我们知道, 属于第一代人权的公民权利与政治权利是以"自由"为特征的, 而属于第二代人权的适足生活水准权是以"平等"为要求的。③ 以食物权、住房权与健康权为主要内容的适足生活水准权的缺失将直接导致饥荒、人口死亡。以"自由"为特征的公民权利和政治

---

① General Comment 19, n43, papas 7and 8（27 March 2009）.

② Enhorn v Sweden（2005）41 EHRR 633.

③ 三代人权的观点由法国学者瓦萨克（Karel Vasak）提出, 分别与法国大革命的口号相对应: 第一代人权对应"自由", 一般认为属于"消极权利", 主张政府不过多干预; 第二代人权对应"平等", 一般认为属于"积极权利", 多数要求政府采取措施才能实现。See Encyclopedia Britannica, 15th ed., Encyclopedia Britannica, Inc., 2010, Vol. 20, pp. 658-659. 转引自何志鹏《权利基本理论: 反思与构建》, 北京大学出版社 2012 年版, 第 33 页。

权利与适足生活水准权的食物、住房与医疗保健是否存在联系，有何关联？通过阿玛蒂亚·森关于"民主的重要性"①、"民主与饥荒的防止"②、"激励因素、信息与饥荒的防止"③及导论④中的相关论述分析，我们可以概括出以下要点：饥荒不会发生在民主国家，即使是贫穷的民主国家，如印度、津巴布韦；民主体制有效防止饥荒；选举、反对党民主体制与公民自由有效预防饥荒；以自由看待发展与经济利益。因此，我们可以得出关于公民权利和政治权利与适足生活水准权实现问题的启示：（1）以"自由权利"看待适足生活水准权的相关内容与利益；（2）适足生活水准权实现与国家获取的资源有关系，但公民权利和政治权利的有效保障是适足生活水准权实现的重要条件；（3）公民权利和政治权利是适足生活水准权实现救济的有效方式。

适足生活水准权在《世界人权宣言》中居于非常重要的位置。经济、社会和文化委员会的一般性意见与实践工作为适足生活水准权的实现标准提供了解释与分类。适足生活水准不同组成部分主要包括食

---

① "饥荒曾经发生在古代王国和当代权威主义社会，发生在原始部落与现代官僚专制体制，发生在受来自北方的帝国主义的统治的殖民地经济以及由君主式国家领袖或不宽容的单一政党统治的南方独立国家。""但饥荒从来没有发生在以下国家：独立，举行常规的周期的选举，有反对党提出批评，允许报界自由报道、并可对政府政策是否明智提出疑问而不受严密审查的国家。"参见［印度］阿玛蒂亚·森《以自由看待发展》，任赜、于真译，中国人民大学出版社2002年版，第153—154页。

② ［印度］阿玛蒂亚·森：《以自由看待发展》，任赜、于真译，中国人民大学出版社2002年版，第175—176页。"在具有民主制的政府和相对自由的传播媒体的任何独立国家，从来没有发生过重大饥荒。""但是，不发生饥荒，即使对那些非常贫穷的民主国家来说，如印度、博茨瓦纳和津巴布韦，也同样成立。"

③ ［印度］阿玛蒂亚·森：《以自由看待发展》，任赜、于真译，中国人民大学出版社2002年版，第177页。"如果没选举，没有反对党，没有不受审查的公共批评活动空间，掌权者就不会因为防止饥荒而承受政治后果。另一方面，民主却会把饥荒的惩罚作用传递给统治集团和政治领导人，这就给了他们以政治的激励因素去试图防止任何有威胁性的饥荒。"

④ ［印度］阿玛蒂亚·森：《以自由看待发展》，任赜、于真译，中国人民大学出版社2002年版，第5页。经济不自由带来的惩罚是死亡。

物、水、住房与健康。适足生活水准权的保障需要国家履行相关的义务，包括消极义务、积极义务及平等与非歧视义务。同时，适足生活水准权的实现不是孤立的，与其他相关人权的保障密切相关。公民权利和政治权利保障是实现适足生活水准权的基础，也是实现适足生活水准权救济的重要保障方式。对于目前"民生问题"，应当以"权利为视角"进行分析。"民生"其实是"民权"，否则民生就会变成慈善。人权包括适足生活水准权应当及于每个人。在实践中，部分群体因为他们自身的脆弱性，很容易受忽视，应当给予特别的注意，这类群体包括妇女、儿童与少数民族等特殊群体。

结　语

反思与展望

　　规范性与功利性的双角视角共同揭示了人权保障与经济发展问题的相互关系，一方面人权保障与发展经济因为人权规范成为国家义务，另一方面人权保障在一定程度上可以推动经济发展，经济发展为人权保障的实施提供了条件，从而人权保障与经济发展二者相互促进、双边加强，不可分割；此外，以权利为基础的经济发展的国际共识确立了新的经济发展方式。本书目的是论证以人权定义发展、人权引导发展、人权监控发展、人权促进发展的合理性与必然性，从而真正实现科学发展。经济发展的全球化成为不可逆转的趋势，同时市场机制是目前创造财富最有效的机制。但市场的设置并不是为了保护普遍的人权，跨国公司与企业界不是人权执行机构。在此背景下，全球化增大了国家之间的竞争，发展中国家为了吸收外资，不仅降低了经济权利与社会权利的公共开支，而且减少了跨国公司的负担，如工作场地的安全与环境保护。因此，在发展经济环境下保障权利必须加大国家的义务，坚持权利的平等与非歧视保护。

　　本书以联合国及相关机构的有关文件、共识作为理论支撑，以国际人权公约或地区人权公约为规范，进行规范论证。这样，一方面避免因为人权概念的不同理解陷入政治争执或意识形态的纷争；另一方面避免了臆测，使结论或分析显得更加客观，期待能够得出一般性的理论与经验。人权与发展相互联系、相互作用与相互融合的关系正好显示出它的现实价值。

　　目前中国正处于大变革、大发展的时代，一方面人们的权利意识日渐觉醒，另一方面政府越位、错位、缺位现象严重，地区之间、城乡之间差距拉大，贫富悬殊、两极分化严重，国内群体事件与暴力冲突增多。中国的经济经历了三十多年持续快速增长，然而依靠政府投资、出口贸易的粗放式发展，目前面临复杂多变的形势和前所未有的挑战。因此，中国必须从单纯追求财富增长、蛋糕做大的时代进入到合理分配财富、普惠民生的新时代。人权保障与经济发展的相关理论与实践对目前中国的经济社会问题具有很好的解释功能。近年来房价的高企是社会与媒体关注的焦点。房地产业的暴利成为众矢之的，而房地产企业则抱怨地价高，面粉价高过面包价。购房者戏称政府愈调控愈涨价。房价高企困局的根源其实是人权保障与经济发展的关系没有得到理顺：住房权与财产权是基本人权，然而房地产业在很多地方成为支柱产业，违背了以权利为基础的经济发展方式；对于住房权的保障，国家缺乏必要的保护义务，弱势群体如农民工的权利更加难以得到保障；土地等财产权没有得到充分保护，许多情况是政府的非法迁拆引发暴力与群体事件，权益受损者往往又不能从依附于行政权的司法获得救济。

　　发展经济曾流行"先经后政"与"蛋糕"理论，意思是：先有经济发展，后有公民权利与政治权利；先有蛋糕才有蛋糕分配，先做大蛋糕再分配蛋糕。也有市场倡导者认为：短期看，部分人会处于不利位置；长期看，人人都会因为经济增长，产品与服务供给增加与便利而受益。问题是，目前与现在及将来，有血有肉鲜活的个人与家庭得遭受痛苦？当缺乏人权保障时，"人人"也并不意味及于每个人，"蛋糕"理论往往陷入"大饼"理论。人权的基本特征是权利的普遍性、不可分割性与相互依存性。穷人总是系统性地处于市场劣势。当经济劣势与政治权利劣势结合，穷人的困境将会进一步恶化，形成恶性循环。因此，国际人权法体系所列举的权利包括公民权利、政治权利、经济权利、社会权利与文化权利构成了一个整体的权利，都应当得到保障。只有这样才能真正实现以权利为基础的经济发展方式。

　　对于中国目前环境而言，人权保障仍然存在重大挑战。从法律规范角度而言，人权概念早已成为国际与地区人权法规范。《世界人权宣言》以它自己的语言，确立了人权与自由"实现的共同标准"。《公民权利与政治权利国际公约》与《经济、社会与经济权利国际公约》作为条约对批准生效的国家具有直接约束力。欧洲地区有《欧洲保护人权与基本自由公约》和欧洲人权法庭。美洲地区有《美洲人权公约》。非洲、阿拉伯和东南亚地区分别有《非洲人权和民族权宪章》《阿拉伯人权宪章》和《东南亚国家联盟宪章》。但中国至今没有自己的人权法与人权保障机制，也没有包括中国在内的地区性人权法及地区人权保障机制。2004 年宪法修正案确立了"国家尊重和保障人权"之后，"尊重和保障人权"也被写入刑事诉讼法总则第 2 条，但从法律的规范角度而言，人权保障的实现仍然存在相当距离。中国已经向权利时代迈进，但对公众而言，人权仍然没有成为他们的习惯性权利。对于为数不少的政府官员而言，人权仍然是绊脚石或外来物种，人权没有体现应有的价值和得到足够的尊重。

　　人权与发展问题涉及法学与经济学两个学科，博大精深。由于资料与笔者水平的限制，本书对于人权保障与经济发展问题的探讨显得单薄和不够深入。由于篇幅限制、人权与发展问题的争议性，本书没有对中国现实问题做出过多解释与论述。在理论方面还有一些没有涉及的地方，如经济发展视域中的人权救济；全球化与市场化是现阶段经济发展的大环境，跨国公司的人权义务如何实现；市场竞争失利者与穷人的权利救济等问题，仍然值得进一步的研究。此外，从实践角度而言，发展中国家关于人权与发展的相关理论与实践经验也需要进一步探讨。

参考文献

一、中文著作

1. 龚向和：《作为人权的社会权》，人民出版社 2007 年版。

2. 夏正林：《社会权规范研究》，山东人民出版社 2007 年版。

3. 胡鞍钢：《中国：民生与发展》，中国经济出版社 2008 年版。

4. 郑功成：《科学发展与共享和谐：民生视角和谐社会》，人民出版社 2006 年版。

5. 陈步雷：《劳权与发展：权利论与功能论的多维度分析》，法律出版社 2009 年版。

6. 陈新民：《共法学札记》，法律出版社 2010 年版。

7. 陈新民：《法治国公法学原理与实践》（上、中、下册），中国政法大学出版社 2007 年版。

8. 王广辉：《比较宪法学》，北京大学出版社 2007 年版。

9. 刘志刚：《立宪主义视野下的公法问题》，上海三联书店 2006 年版。

10. 何勤华、张海斌主编：《西方宪法史》，北京大学出版社 2006 年版。

11. 张千帆：《西方宪政体系》（上册·美国宪法、下册·欧洲宪法），中国政法大学出版社 2004 年版。

12. 张千帆：《宪法学导论：原理与应用》，法律出版社 2007 年版。

13. 朱小青：《欧洲人权法律保护机制研究》，法律出版社 2003 年版。

14. 周伟：《宪法基本权利司法救济研究》，中国人民公安大学出版社 2003 年版。

15. 林喆:《公民基本人权法律制度研究》,北京大学出版社 2006 年版。

16. 林来梵:《从宪法规范到规范宪法》,法律出版社 2001 年版。

17. 郑贤君:《基本权利原理》,法律出版社 2010 年版。

18. 郑贤君:《基本权利研究》,中国民主法制出版社 2006 年版。

19. 董和平、韩大元、李树忠:《宪法学》,法律出版社 2000 年版。

20. 胡建淼主编:《宪法学十论》,法律出版社 1999 年版。

21. 胡锦光:《中国宪法问题研究》,新华出版社 1998 年版。

22. 李步云主编:《宪法学比较研究》,法律出版社 1998 年版。

23. 李龙:《宪法基础理论研究》,法律出版社 2001 年版。

24. 童之伟:《法权与宪政》,山东人民出版社 2001 年版。

25. 徐秀义、韩大元主编:《现代宪法学基本原理》,中国人民公安大学出版社 2001 年版。

26. 张庆福主编:《宪法学基本原理》,社会科学文献出版社 1994 年版。

27. 吴庚大法官荣退论文集编辑委员会:《公法学与政治理论》,元照出版公司 2004 年版。

28. 法治斌、董保城:《宪法新论》,元照出版公司 2006 年版。

29. 许宗力:《法与国家权力》,元照出版公司 2006 年版。

30. 林明昕:《公法学的开拓线——理论、事务与体系之构建》,元照出版公司 2006 年版。

31. 陈慈阳:《宪法学》,元照出版公司 2005 年版。

32. 吴庚:《宪法的解释与适用》,三民书局 2004 年版。

33. 钟秉正:《社会法与基本权保障》,元照出版公司 2010 年版。

34. 刘孔中、陈新民主编:《宪法解释之理论与实务》,"中研院"中山人文社会科学研究所 2003 年版。

35. 汤德宗、廖福特主编:《宪法解释之理论与实务》,"中研院"

中山人文社会科学研究所 2008 年版。

36. 谢荣堂：《社会法治国基础问题与权利救济》，元照出版公司 2008 年版。

37. 李震山：《多元、宽容与人权保障》，元照出版公司 2005 年版。

38. 苏永钦主编：《部门宪法》，元照出版公司 2005 年版。

39. 翁岳生教授祝寿论文编辑委员会：《当代公法新论》（上、中、下），元照出版公司 2002 年版。

40. 李薇薇：《反歧视法原理》，法律出版社 2012 年版。

41. 何志鹏：《人权全球化基本理论研究》，科学出版社 2008 年版。

二、译著

1. ［美］杰克·唐纳利：《普遍人权的理论与实践》，王浦劬等译，中国社会科学出版社 2001 年版。

2. ［印度］阿玛蒂亚·森：《以自由看待发展》，任赜、于真译，中国人民大学出版社 2002 年版。

3. ［日］芦部信喜：《宪法》，林来梵译，北京大学出版社 2006 年版。

4. ［日］阿部照哉等：《宪法·基本人权篇》，周宗宪译，中国政法大学出版社 2003 年版。

5. ［日］小林直树：《（新版）宪法讲义》（上），东京大学出版社 1980 年版。

6. ［日］大须贺明：《生存权论》，林喆译，法律出版社 2001 年版。

7. ［美］加里·贝克尔：《人力资本理论：关于教育的理论与实证分析》，郭虹等译，中信出版社 2007 年版。

8. ［美］本杰明·M. 弗里德曼：《经济增长的道德意义》，李天有译，中国人民大学出版社 2008 年版。

9. ［美］约瑟夫·威勒：《欧洲宪政》，中国社会科学出版社2004年版。

10. ［美］约拉姆·巴泽尔：《国家理论——经济权利、法律权利与国家范围》，钱勇、曾咏梅译，上海财经大学出版社2006年版。

11. ［美］亨廷顿：《变化社会中的政治秩序》，王冠华等译，生活·读书·新知三联书店1989年版。

12. ［美］施蒂格勒：《产业组织和政府管制》，潘振民译，生活·读书·新知三联书店1996年版。

13. ［美］博登海默：《法理学：法律哲学与法律方法》，邓正来译，中国政法大学出版社1998年版。

14. ［美］汉密尔顿、杰伊、麦迪逊：《联邦党人文集》，程逢如等译，商务印书馆1980年版。

15. ［美］庞德：《通过法律的社会控制》，沈宗灵、董世忠译，商务印书馆1984年版。

16. ［美］罗纳德·德沃金：《认真对待权利》，信春鹰、吴玉章译，中国大百科全书出版社1998年版。

17. ［英］尼古拉斯·巴尔：《福利国家经济学》，郑秉文、穆怀中等译，中国劳动社会保障出版社2003年版。

18. ［英］K. C. 惠尔：《现代宪法》，翟小波译，法律出版社2007年版。

19. ［英］克莱尔·奥维、罗宾·怀特：《欧洲人权法》，何志鹏等译，北京大学出版社2006年版。

20. ［英］杰弗里·马歇尔：《宪法原理》，刘刚译，法律出版社2006年版。

21. ［英］赫伯特·斯宾塞：《社会静力学》，张雄武译，商务印书馆2005年版。

22. ［英］哈特：《法律的概念》，许家馨、李冠宜译，法律出版社2006年版。

23. ［英］梅因：《古代法》，沈景一译，商务印书馆1959年版。

24. ［德］卡尔·施米特：《宪法学说》，刘锋译，上海人民出版社 2005 年版。

25. ［德］黑格尔：《法哲学原理》，商务印书馆 1982 年版。

26. ［德］弗里德里希：《超验正义》，生活·读书·新知三联书店 1997 年版。

27. ［德］奥托·耶迈：《德国行政法》，刘飞译，商务印书馆 2004 年版。

28. ［德］马克斯·韦伯：《经济与社会》（下卷），林荣利译，商务印书馆 1997 年版。

29. ［德］哈贝马斯：《在事实与规范之间——关于法律和民主法治国的商谈理论》，童世骏译，生活·读书·新知三联书店 2003 年版。

30. ［法］狄骥：《公法的变迁》，郑戈译，中国法制出版社 2010 年版。

31. ［法］狄骥：《公法的变迁·法律与国家》，郑戈、冷静译，辽海出版社、春风文艺出版社 1999 年版。

32. ［法］夸克：《合法性与政治》，佟心平、王远飞译，中央编译出版社 2002 年版。

33. ［挪］艾德等：《经济、社会和文化的权利》，黄列译，中国社会科学出版社 2003 年版。

三、中文论文

1. 龚向和：《和谐社会构建中的人权与发展》，《法学杂志》2008 年第 2 期。

2. 龚向和：《社会权的概念》，《河北法学》2007 年第 9 期。

3. 龚向和：《社会权司法救济之宪政分析》，《现代法学》2005 年第 5 期。

4. 龚向和：《社会权与自由权区别主流理论之批判》，《法律科学》2005 年第 2 期。

5. 龚向和：《以人权促进发展：工具性人权论》，《河北法学》2011 年第 5 期。

6. 张扩振、汪进元、王堃：《经济宪法学理论框架建构新探》，《北京化工大学学报》2011 年第 1 期。

7. 汪进元：《基本权利限制的合宪性基准》，《政法论丛》2010 年第 4 期。

8. 张晓玲：《论人权与发展的关系》，《太平洋学报》2008 年第 11 期。

9. 纬亘：《论人权与发展》，《江西社会科学》2002 年第 12 期。

10. 邓昌军：《人权的经济学和法学分析》，《学术探索》2003 年第 5 期。

11. 徐家林、胡再德：《人文发展与人权》，《江西师范大学学报》2007 年第 3 期。

12. 何志鹏：《以人权看待发展》，《法制与社会法制》2009 年第 4 期。

13. 吴峰：《知识产权·人权·发展》，《上海理工大学学报》2005 年第 9 期。

14. 陈美衍：《"经济人"假设与人的有限理性》，《经济评论》2006 年第 5 期。

15. 李振宇：《公民权利与经济发展》，《社科纵横》2006 年第 9 期。

16. 刘国：《消除权利贫困：人本法律观的和谐社会构建进路》，《法治研究》2007 年第 8 期。

17. 方竹兰：《中国转轨阶段的权利经济学初探》，《首都师范大学学报》2010 年第 2 期。

18. 邱本：《短缺权利的经济》，《江海学刊》1998 年第 6 期。

19. 蒋怀远：《论权利与义务的经济分析》，《政法学刊》2003 年第 2 期。

20. 周永坤：《论宪法基本权利的直接效力》，《中国法学》1997

年第 1 期。

21. 刘连泰：《我国宪法规范在审判中的直接适用的分析与述评》，《法学研究》第 18 卷第 16 期。

22. 李晓明：《宪政视角下的公民基本权利》，《学术交流》2006 年 2 月。

23. 邓世豹：《论公民基本权利的司法适用性》，《法学评论》2003 年第 1 期。

24. 刘旺洪：《公民基本权利宪法保障程序略论》，《江苏社会科学》2006 年第 5 期。

25. 赵世奎：《德国基本权利理论研究》，《德国研究》2004 年第 3 期。

26. 甘超英：《联邦德国宪法的基本原则》，《中外法学》1995 年第 3 期。

27. 张翔：《基本权利的受益权功能与国家的给付义务》，《中国宪法年刊》（2006），法律出版社 2008 年版。

28. 陈瑞华：《论程序正义价值的独立性》，《法商研究》1998 年第 2 期。

29. 李春成：《公共利益的概念建构评析》，《复旦学报·社会科学版》2003 年第 1 期。

30. 付子堂、常安：《民生法治论》，《中国法学》2009 年第 6 期。

31. 何士青：《保障和改善民生的法治向度》，《法学评论》2009 年第 3 期。

32. 李振宇：《公民权利与经济发展》，《社科纵横》2006 年第 9 期。

33. 姜峰：《自由与权力：如何超越零和博弈》，《北大法律评论》2008 年第 9 卷第 1 辑。

34. 关宇：《法治缺失经济学研究》，博士学位论文，辽宁大学，2011 年。

35. 臧得顺：《农地产权制度的经济社会学分析》，博士学位论文，中国社会科学院，2010 年。

36. 徐继强：《宪法权利衡量研究》，博士学位论文，苏州大学，2009 年。

四、外文论著

1. Michael Freeman, *Human Rights: An Interdisciplinary Approach*, Polity Press, 2002.

2. Peter Uvin, *Human Rights and Development*, Kumaria Press Inc., 2004.

3. Philip Alston, Mary Robinson, *Human Rights and Development: Towards Mutual Reinforcement*, London: Oxford University Press, 2005.

4. Henry J. Steiner, "Social rights and economic development: converging discourses?" *Buffalo Human Rights Law Review*, 25, 1998.

5. Shawn Michelle Morris, "Development and Human Rights at the United Nations Development Programme and the World Bank", *A Dissertation for Doctor of Philosophy*, University of Denver, 2002.

6. Naude, L. J. Van Rensburg, "Human Rights and Development: The Case of Local Government Transformation in South Africa", 27 *Public Admin*, Dev. 393, 2007.

7. Mac Darrow, Amparo Tomsa, "Power, Capture, and Conflict: A Call for Human Rights Accountability in Development Cooperation", *Human Rights Quarterly*, 27 (2005).

8. David P. Forsythe, "The United Nations, Human Rights, and Development", *Human Rights Quarterly*, 19 (1997).

9. Philip Alston, "Ships Passing in the Night: The Current State of the Human Rights and Development Debate seen Through the Lens of the Millennium Development Goals", *Human Rights Quarterly*, 27 (2005).

10. Hans-Otto Sano, "Development and Human Rights: The Necessa-

ry, but Partial Integration of Human Rights and Development", *Human Rights Quarterly*, 22 (2000).

11. Hanne Lund Madsen, "Development Assistance and Human Rights Concerns", *Nordic Journal of International Law*, 61/62: 129 – 138, 1994.

12. Jack Donnelly, "Human Rights, Democracy and Development", *Human Rights Quarterly* 21 (1999).

13. Elsa Stamatopoulou, "The Development of United Nations Mechanisms for the Protection and Promotion of Human Rights", 55 *Wash: & Lee L. Rev.* 687 1998.

14. Siggrun L. Skogly, "Structural Adjustment and Development: Human Rights-An Agenda for Change", *Human Rights Quarterly* 15 (1993).

15. Frans Viljoen, "Africa's Contribution to the Development of International Human Rights and Humanitarian Law", 1 *Afr. Hum. L. J.* 18 (2001).

五、网站

1. 联合国网站: http: //www. un. org

2. 世界银行网站: http: //www. worldbank. org/

3. 欧洲人权法庭: http: //www. echr. coe. int/ECHR/homepage_ en

4. 中国人权网: http: //www. humanrights. cn/cn/index. htm

以上网站最后访问时间: 2013 年 3 月 21 日

后　记

　　2009 年 9 月，我来到南京，有幸得到东南大学法学院龚向和教授的悉心指导，从事宪法学、行政法学与人权法研究。蓝天，碧水，芳草地，2010 年 9 月开始了留学生涯。都柏林大学祥和而平静，平静得变成了世外桃源。我在这片宁静中，暂且关心自己的喜好，师从都柏林大学法学院行政法与宪法学专家 John O'Dowd 先生，法学院人权法学科带头人国际人权法与国际公法专家 Suzanne Egan 女士，深深眷恋研究领域的最新理论与成果，守望着学术理想的一方春花与春光。2012 年 9 月的秋天，正是桂树飘香的季节，我又回到南京，在东南大学九龙湖校区度过了毕业论文写作时期艰辛而又美好的时光。美丽的校园陶冶了我的情趣、四年多的学习充实了我的人生、师长的教诲启发了我的心智、同学与同门的友谊让我回忆无限。

　　论文写作的顺利完成，首先要感谢我的东南大学导师龚向和教授，导师开朗豁达的性格、启发开放的教育思想，培养了我独立学习、独立思考的能力；本文从选题到结构与写作，导师都给予了精心的指导，同时又给了我充分的研究自由；导师严谨的学风和宽容的胸怀将使我终身受益。导师与师母谢老师在生活上给予我了极大的关心和照顾，使我克服了诸多困难，他们的关爱切切在心。

　　在东南大学法学院学习期间，我有幸得到了周佑勇教授、刘艳红教授、汪进元教授、孟鸿志教授、周少华教授等诸多老师专业知识的指导。他们深厚的学识、真知灼见的观点不仅开阔了我的视野，也让我感受到学者可亲可敬的人间情怀。此外，向所有给予我帮助和鼓励的老师和同学表示深深的谢意！

　　最后，本论文的完成，我得感谢我的家人，我是一个从大山里走来的农家子弟，逶迤而行的人生每一步，不仅仅需要自己比常人更加倍的努力，也离不开家人各方面的支撑。当我一路远行的时候，不能忘记的是父亲母亲长长的送行，哥哥姐姐多年无私的帮助，也不能忘记背后他们那期待的眼神。他们的爱与期待是我奋斗与不断进取的源泉。

　　三年时间又眨眼而过，我心戚戚然。当我再次翻开凝聚了并寄托着学术梦想的毕业论文时，眼前仿佛又舒展开了南京九龙湖畔与小巧别致又不失韵味的都柏林大学法学院的许多美好场景。愿博士毕业论文的出版成为我学术探索的新起点。

　　本书的顺利出版，中国社会科学出版社政治与法律出版中心任明主任给予了许多帮助，并为本书的编审付出了极大心力，特此表示诚挚的谢意。